Dieter Heymann · Fröhlich altern

Dieter Heymann

Fröhlich altern

Nützliche Tipps für ein erfülltes Leben

FSC
www.fsc.org
MIX
Papier aus verantwortungsvollen Quellen
Paper from responsible sources
FSC® C105338

Die Deutsche Nationalbibliothek verzeichnet diese Publikation in der Deutschen Nationalbibliografie; detaillierte bibliografische Daten sind im Internet über www.dnb.de abrufbar.

Satz und Layout: Buch&media GmbH, München
Umschlaggestaltung: Kay Fretwurst, Freienbrink
Herstellung und Verlag: BoD – Books on Demand
Printed in Germany · ISBN 978-3-7357-4422-7

Inhalt

Prolog

Ganz schön mulmig war mir damals. Doch wenn ich etwas ganz stark möchte, ist mir so etwas ziemlich egal. Und das schon mein ganzes Leben lang. Zugegeben, ich war mit meinen gerade mal 58 Jahren noch ziemlich jung, um mich auf das Altenteil zurückzuziehen. Aber genau im richtigen Alter, um noch einmal einen neuen Anfang zu wagen. Da stand ich nun vor einer jungen Dame von der Studienberatung der TU Darmstadt. Die war wohl etwas verwirrt, als sie mich sah. Normalerweise hatte sie es mit jüngeren Menschen zu tun, die zu ihr in die Beratung kamen. Sie dachte vermutlich, ich hätte mich in der Tür geirrt. Ich war wohl eher die Ausnahme mit meinem Wunsch nach einer etwas ausführlicheren Studienberatung. Wir entwickelten erstaunlich schnell ein herzliches Verhältnis zueinander und sie schien unendlich viel Zeit für mich zu haben. Sie nahm mir meine Unsicherheit mit ihrem fröhlichen, vielleicht auch ein wenig anerkennenden Lachen, als sie von meinen Plänen erfuhr. Ich war felsenfest davon überzeugt, mein weiteres Leben nach dem Ausstieg aus dem Beruf zunächst einmal mit einem Studium zu verbringen. Ein Wiedereinstieg in die Psychologie erschien mir sehr reizvoll. Auch während meines Berufslebens war ich diesem Fach treu geblieben. Immer, wenn es möglich gewesen war, ein wenig Zeit dem Beruf abzuknapsen, hatte ich ein Seminar belegt oder Vorlesungen besucht. Jetzt sollte Studieren meine nachberufliche Vollbeschäftigung werden.

An der Darmstädter Technischen Universität gibt es einen sehr gut besetzten Fachbereich der Humanwissenschaften, zu dem die Psychologie gehört. Da ich sehr viele »Wartesemester« nach meinem Reifezeugnis nachweisen konnte, wäre auch der vorgeschriebene Numerus clausus für ein Diplomstudium der Psychologie kein unüberwindbares Hindernis gewesen. Dennoch schrieb ich mich für ein Magisterstudium ein, mit dem Hauptfach Philosophie und den beiden Nebenfächern Psychologie und Kunstgeschichte. Im Wintersemester 2003/2004 startete ich. Ein einziges Mal hörte ich mir eine Vorlesung in Kunstgeschichte an, um gleich festzustellen, dass das doch nichts für mich war. Dem Fachbereich Philosophie widmete ich mich zunächst nicht; erst einmal studierte ich vier Semester lang Psychologie. Das bereitete mir sehr viel Freude. Vieles aus meinen früheren Studienzeiten begegnete mir wieder. Damals hatte ich mich fast ausschließlich auf Verhaltenspsychologie und Verhaltenstherapie spezialisiert. Jetzt kamen neue Fachrichtungen wie zum Beispiel die Freudsche Psychoanalyse, die Entwicklungs- und Gerontopsychologie, aber auch Klinische Psychologie und Psychotherapie dazu. Nach diesen vier Semestern, in denen ich viel Neues und Aktuelles hörte, bedeutete es auch eine Auffrischung schon einmal erworbenen Wissens. Nun fasste ich den Mut, mich der Philosophie zuzuwenden. Darüber hatte ich bisher noch nichts gehört, einmal abgesehen von einigen wenigen Unterrichtsstunden Ethik in der Oberprima vor dem Abitur. Meine ersten Vorlesungen bei Prof. Gerhard Gamm waren ein harter Einstieg. Es ging um Kant und ich verstand nur Bahnhof. Ich fragte mich, ob Philosophieprofessoren alle so schwierig zu verstehen seien. Der Besuch bei anderen bestätigte meine Vermutung. Sie verwenden eine eigene Sprache oder besser eine Fachterminologie, die ich nicht oder noch nicht verstand. Es dauerte seine Zeit, bis ich begann, besser zu verstehen. Auch das Lesen von philosophischen Fachbüchern eben dieser Professoren machte mir anfangs große Mühe.

Da fragte ich mich, für wen die eigentlich schrieben, das konnte doch kein Mensch verstehen. Aber das änderte sich nach einiger Zeit. Man hat zwar den Eindruck, dass derartige Fachliteratur nur für Fachkollegen geschrieben und veröffentlicht wird, aber um fachlich anerkannt zu werden, müssen scheinbar alle so schreiben. Schließlich sind Hochschullehrer zum ständigen Veröffentlichen gezwungen. Schopenhauer nannte dies »Kathederphilosophie« und Friedrich Nietzsche prangerte diese Sprache ebenfalls an. Nach fünf bis sechs Semestern hatte ich diese aber doch einigermaßen gelernt und konnte wenigstens einen Teil davon verstehen, interpretieren und wiedergeben.

Mein Alltag als Student beschäftigte mich voll und ganz. Montags bis freitags war mein Vorlesungs- und Seminarplan ziemlich eng getaktet. Es machte mir sehr viel Spaß und der Umgang mit anderen Studierenden, gleichermaßen mit Gleichaltrigen wie auch vielen Jüngeren, stärkte mein Selbstbewusstsein und vor allem meine Fähigkeit, mich auszudrücken und zu schreiben. Viele Vorlesungsmitschriften arbeitete ich zu Hause noch einmal gewissenhaft aus; für Seminare schrieb ich Hausarbeiten. Nach Ende eines Semesters meldete ich mich zu Abschlussklausuren an und kassierte die von allen Studierenden begehrten Scheine mit den Creditpoints.

Mein Leben als Studierender war ein völlig anderes als mein vorheriges. Da war es um Umsatz und Gewinn gegangen, um Kundinnen und Kunden, Mitarbeiterinnen und Mitarbeiter. Und das wurde im Laufe meiner 33 Jahre und drei Monate als selbstständiger Einzelhandelskaufmann in einem Familienunternehmen nicht leichter. Oft wurde ich gefragt, ob es mir denn gar nichts ausmache, einfach aufzuhören. Natürlich war ich traurig, die Tradition dieses über 130-jährigen in Familienbesitz befindlichen Unternehmens zu beenden. Doch Vernunft und Geist waren Gott sei Dank stärker und der materielle Druck wurde herausgenommen. Das Erstaunliche daran ist, dass ich dieses Unternehmen einerseits immer gern geführt habe und diese Tätigkeit mir bei allen Anstrengungen sehr viel Spaß machte, andererseits aber sehnte ich mich auch nach Neuem, Sinnvollerem, nicht Materialistischem. Das fand ich mit meinem Studium – auf eine äußerst spannende Weise, mit neuen Herausforderungen. Im Mittelpunkt standen auf einmal Bildung, frisches Wissen und Lernen. Ja, ich will noch sehr viel lernen, Neues entdecken und niemals damit aufhören. Golf spielen, Kreuzfahrten und andere dieser Ruhestandsbeschäftigungen sind einfach nicht mein Leben.

Und dann kam wie aus heiterem Himmel zufällig noch etwas ganz Neues hinzu. Zufällig? Gibt es Zufälle im Leben? Anfang des Jahres 2006 las ich im »Darmstädter Echo« einen Artikel über die Gründungsabsichten einer »U3A« in Darmstadt. Von dieser Idee war ich irgendwie begeistert. Sie gefiel mir. Eine »University of the third age«, eine Universität des dritten Lebensalters – das kannte ich bisher nur aus England und Frankreich. So etwas in Darmstadt aufzuziehen, da wollte ich dabei sein. Es dauerte nur wenige Monate und eine kleine Gruppe Gleichgesinnter gründete einen Verein: Akademie 55plus Darmstadt e. V. Diese Aka55plus wurde in Darmstadt sehr schnell bekannt. Ziel des Vereins ist es, Menschen, die vor dem Ausscheiden aus dem Beruf stehen oder bereits ausgeschieden sind, neue Möglichkeiten der Lebensgestaltung zu bieten. Nach sieben Jahren hat der Verein über 1 200 Mitglieder und ein Semesterprogramm mit über 100 Seiten und mehr als 200 Veranstaltungen im Halbjahr. Ich bin stolz darauf, beim Aufbau als zweiter Vorsitzender mit dabei gewesen zu sein. Alle Mitarbeiter, Kursleiter, Büromitarbeiter, Fachbereichsleiter und der gesamte Vorstand einschließlich Schatzmeister, Schriftführer und Datenschutzbeauftragter arbeiten ehrenamtlich.

Schneller als ich mich versah, hatte ich eine neue Fast-Vollzeitbeschäftigung für mich gefunden, obwohl ich sie eigentlich nicht gesucht hatte. Mein Studium vernachlässigte ich und meine Frau hatte von mir auch in ihrer nachberuflichen Phase nicht allzu viel. Fast so wie früher, als ich noch das Unternehmen leitete.

Doch wenn auch ehrenamtlich, so völlig uneigennützig war mein Engagement auch wieder nicht. Da ich diese Akademie nicht nur organisieren half, sondern auch selbst Kurse, Seminare und Vorträge veranstaltete, hatte ich außerhalb meines Studiums plötzlich ein völlig neues, interessiertes Auditorium gefunden. Ich konnte das weitergeben, was ich gerade gelernt hatte. Und tatsächlich kamen die Menschen in meine Veranstaltungen. Ich verwendete einfach meine Vorlesungsmitschriften und hielt Vorträge. Zuerst in kleineren Kreisen, dann erweiterte sich mein Zuhörerkreis immer mehr. Wenn ich heute zum Beispiel über das Programm der AKA55PLUS zu einem Vortrag in den Wohnpark Kranichstein in Darmstadt einlade, kann ich immer mit einem gut gefüllten Vortragssaal rechnen. Es hat sich herumgesprochen, dass ich interessante Themen anbiete. Auch auf meiner Homepage, die ich dann einrichtete, biete ich meine Vorträge öffentlich an. So werde ich von Serviceclubs wie Lions, Ambassador und Rotary zu den unterschiedlichsten Seniorenvereinigungen, auch von Firmen zu Gesprächskreisen, bei Kirchengemeinden, Literaturkreisen und Philosophieforen eingeladen. Das macht mir Spaß. Es erfüllt mich mit Freude und einem gewissen Stolz, dass es Menschen gibt, die mich hören möchten, meine Vorträge interessant finden und mit mir diskutieren wollen. Eine bis dahin noch nicht auf diese Art und Weise gekannte Wertschätzung und Anerkennung erfüllt mich seitdem.

Immer wieder werde ich nach meinen Vortragsmanuskripten gefragt. Bisher habe ich noch nie eines herausgegeben. Das lag meistens daran, dass sie mit allen möglichen handschriftlichen Einfügungen versehen sind und sich nicht unbedingt zur Veröffentlichung eignen. Jetzt habe ich mich entschlossen, die Vorträge zu einem Buch zu verarbeiten, ohne wissenschaftlichen, universitären Anspruch. Man kann dieses Buch von Anfang bis Ende durchlesen oder sich auch nur bestimmte Themen aussuchen. Jedes Kapitel ist in sich abgeschlossen. Keinesfalls möchte ich Handlungsanweisungen im Stil eines Ratgeberbuchs geben. Es geht mir darum, Zusammenhänge zu erklären und wertvolle Anregungen zu einem fröhlichen Altern zu geben. Deshalb habe ich diesem Buch den Titel »Fröhlich altern« gegeben.

Alle Lebewesen altern, nur uns Menschen wird dieser evolutionsbiologische Vorgang bewusst. Goethe nannte das Altern »stufenweises Zurücktreten aus der Erscheinung«. Obwohl keiner den Alterungsprozess aufhalten kann, erstreben wir alle körperliche, geistige und seelische Lebenskraft bis ins hohe Alter. Wer möchte nicht gesund bleiben, möglichst alt werden und dabei immer gut aussehen? Mir liegt sehr viel daran, dies möglichst »fröhlich« zu tun. Wie das geht, damit wollen wir uns in diesem Buch beschäftigen.

Glück

Die Philosophen und das Glück. Die Frage nach dem Glück zieht sich durch 2500 Jahre Philosophiegeschichte. Seit der griechischen Antike fragen Philosophen: Was ist Glück? Was bedeutet es für den Menschen? Zurzeit haben diese Fragen wieder Hochkonjunktur. Viele Medien haben Glück zum Titelthema gemacht. Die Zeitschrift »Psychologie heute« titelte im Januar 2006 »Die Balance des Glücks, warum wir positive und negative Gefühle brauchen«. Im Jahr 2007 erschien ein Kompaktheft mit dem Titel »Glücksmomente, was das Leben gelingen lässt«. Mir war es wichtig, das Thema Glück fachübergreifend, psychologisch, philosophisch und auch ganz allgemein zu betrachten. Mich interessieren auch die modernen Erkenntnisse der wissenschaftlichen Glücksforschung. Darüber gibt es eine Menge zu berichten. Den provokativen Fragen »Gibt es einen Schlüssel zum Glück?« oder »Glücksformeln, wie funktionieren sie?« bin ich nachgegangen. Ein wenig Glück gehört zu unser aller Leben und ganz besonders zum »fröhlichen Altern«.

Glauben Sie auch an den Schornsteinfeger als Glücksbringer? Klopfen Sie auf Holz, wenn Ihnen das Glück hold bleiben soll? Könnten Sie »zerspringen vor Glück« oder geben Sie »dem Glück eine Chance«? Sind Sie manchmal der »glücklichste Mensch der Welt« und könnten »vor Glück weinen«? Glauben Sie an eine gute Nachricht, wenn eine Katze von links nach rechts Ihren Weg kreuzt? Sind Sie richtig glücklich, wenn Sie Glück haben? Können Sie Ihr Glück immer so richtig genießen? Was bedeutet Glück für Sie? Was braucht man dazu? Gibt es einen Schlüssel zum Glück? Wie kann das gehen, über ein Thema ganz allgemein praktisch und theoretisch zu psychologisieren und philosophieren, das doch für jeden Einzelnen eher eine Sache des individuellen Erlebens bedeutet?

Vielen von uns ist die Operette von Johann Strauß »Die Fledermaus« bekannt und die Zeile in Alfreds Trinklied »Glücklich ist, wer vergisst, was doch nicht zu ändern ist«. Das kann man zwar als leichtfertig-ironisches Bekenntnis zum halbherzigen Kompromiss verstehen. Dass es sich bei diesem Wortlaut aber um eine verborgene Sentenz über eine zur Entstehungszeit der Fledermaus viel gelesene Übersetzung des »Oracolo Manual« (von Baltasar Gracián) durch Arthur Schopenhauer handelt und sich dahinter ein Aphorismus von Seneca versteckt, wissen die wenigsten. »Heilmittel wider Ungerechtigkeiten ist das Vergessen« – eine hilfreiche Lebensweisheit. Der spanische Schriftsteller und Theologieprofessor Baltasar Gracián (1601–1658) veröffentlichte 1653 eine Aphorismensammlung unter dem Titel »Oráculo manual y arte de prudencia« (»Handorakel und Kunst der Weltklugheit«), die zahlreiche provozierende Gedanken zur Kunst der taktisch klugen Lebensführung enthält. Dieses berühmteste Werk von Gracián wurde in den Jahren 1828 bis 1832 von Arthur Schopenhauer, wohl bemerkt dem Pessimisten unter den Philosophen, ins Deutsche übersetzt.

Zu diesem Thema lohnt sich auch ein kleiner Ausflug in die Geschichte. Vom habsburgischen Kaiser Friedrich III., 1415 in Innsbruck geboren und 1493 in Linz gestorben[1], dem Kaiser des Heiligen Römischen Reiches Deutscher

[1] FRIEDRICH III. (*1415, †1493) aus dem Hause Habsburg war Kaiser des Heiligen Römischen Reiches Deutscher Nation. Verheiratet mit Eleonore Helena von Portugal, der Tochter des portugiesischen Königs Eduard I. und dessen Gemahlin Eleonore von Aragonien. Als Nachfolger von Albrecht II. wurde Friedrich am 2. Februar 1440 in Frankfurt am Main zum römisch-deutschen König gewählt.

Nation[2] ist überliefert, dass sein Wahlspruch lautete: »felix oblivio«, das Glück liegt im Vergessen, was freilich nur die Kurzform eines Spruches sein soll, der vollständig »Rerum irrecuperabilium felix oblivio« lautet frei übersetzt: »Glücklich ist, wer vergisst, was doch nicht zu ändern ist« (was Strauß dann später, wie oben geschrieben, vertonte). Wer im Mittelalter vom Glück sprach, konnte auch das Gegenteil meinen. Ursprünglich bedeutete das Wort Glück mittelhochdeutsch »G(e)lücke« einfach nur das Glück oder Schicksal und das konnte beides sein, sowohl gut als auch schlecht. Bis ins späte 18. Jahrhundert wurde unter »Glück« neben dem gnädigen auch das widrige Schicksal, das Unglück verstanden. Auch in der Mythologie ist dieser Doppelsinn vorhanden: Göttin Fortuna ist die Herrin über Glück und Unglück, sie gebietet den glücklichen Zufall und das wandelbare Schicksal, konnte Glück schenken und aus einer Laune heraus verweigern.

Buona fortuna! Good Luck! Bonne chance! Mucha suerte! Überall auf der Welt in allen Sprachen wünschen sich Menschen »Viel Glück«. Zu Beginn eines neuen Jahres, zur Hochzeit, zum Geburtstag, beim Eintritt ins oder Ausscheiden aus dem Berufsleben. Das Glück hat viele Facetten und die Sehnsucht danach verbindet die Menschen. Dahinter scheint ein tiefes Bedürfnis zu stecken, mehr über Sinn und Fülle des Lebens zu erfahren. Die meisten Sprachen halten den glücklichen Zufall und die Glückseligkeit des Augenblicks begrifflich auseinander: lateinisch »fortuna«

[2] Heiliges Römisches Reich, offizielle Bezeichnung für den Herrschaftsbereich der römisch-deutschen Kaiser vom Mittelalter bis zum Jahr 1806. Der Name des Reiches leitet sich vom Anspruch der mittelalterlichen Herrscher ab, die Tradition des antiken Römischen Reiches fortzusetzen. Das Heilige Römische Reich ist der Ursprung der heutigen Nationalstaaten Deutschland und Österreich. Zur Unterscheidung von dem 1871 gegründeten Deutschen Reich bezeichnet die moderne historische Forschung es auch als Altes Reich.

und »beatitudo«, griechisch »eutychia« und »eudaimonia«, französisch »bonne chance« und »le bonheur«, englisch »good luck« und »happiness«. Im Deutschen muss dafür ein einziges Wort herhalten. Der Kontext entscheidet, ob man Glück hat, Glück empfindet oder glücklich ist. Die österreichische Schriftstellerin Marie Freifrau Ebner von Eschenbach (1830–1916) schreibt: »Man muss das Glück teilen, um es zu verdoppeln.«

Doch schauen wir uns das Glück von der Antike bis in die Moderne Schritt für Schritt an. In der Philosophie ist es immer gut, bei Aristoteles (384–322 v. Chr.) anzufangen. Ist Glück für uns ein wählbares Gut? Wenn ja, welche Wege gibt es zum Glück? Was bedeutet Glück im Zusammenhang mit unserer Gesellschaft? Wenn jeder sein Glück vermehren kann, wie kann ich das erlernen? Ist Glück eine Einstellung zum Leben? Ist Heiterkeit der Ausdruck eines glücklichen Menschen? Sind die glücklichen Menschen die besseren Menschen oder sind gute Menschen (Und was ist das eigentlich, ein guter Mensch?) einfach glücklich? Ist ein glückliches Leben überhaupt möglich oder sind wir unserem Schicksal ausgeliefert? Diese Fragen sind heute so aktuell wie damals, als sie in der antiken griechischen Philosophie von den meisten Philosophen behandelt wurden. Aristoteles meinte, Glück sei nicht von einem Zufall abhängig. »Wie könnte das Größte und Schönste von einem bloßen Zufall abhängig sein!« Aristoteles stellte in seiner »Nikomachischen Ethik«, die er für seinen Sohn Niko verfasste, fest, dass alle Menschen nach einem, dem höchsten Gut streben. Dieses Streben sei in jedem Menschen angelegt. »Denn das Glück erwählen wir uns stets um seiner selbst willen und niemals zu einem darüber hinaus liegenden Zweck.« Das Gut kann demnach gewählt werden und fällt einem nicht per Zufall zu. Diese Wahl dürfte einem Menschen nicht schwerfallen, da er für sich das glücklichste und schönste Leben wählen möchte. Mit welchem Gut er dieses Glück erreicht, bleibt ihm überlassen. Das Glück entsteht aus einem inneren Streben heraus, lautet die Feststellung von Aristoteles. Die Wahl des höchsten Gutes diene vornehmlich zur Orientierung für die eigene Lebensform. Sie bestimme den Rest des Lebens. Das Glück beruhe auf der Art des Lebens, die man für sich wählt. Wir werden gleich verstehen, wie Aristoteles das meint.

Aristoteles kannte drei verschiedene Lebensformen, bei denen der Mensch in seiner Wahl frei ist. Alle drei unterliegen dem Streben nach Glück. Die erste beschränkt sich auf die Befriedigung der Lüste und stellt das Genussverhalten in den Vordergrund. Die zweite Lebensform widmet sich der Arbeit im gesellschaftlichen Leben. Das Leben wird in den Dienst des Staates gestellt. Die dritte, für ihn höchste Form, ist die theoretische Lebensform, die vor allem die Hingabe zur Philosophie enthält. Durch die Wahl einer der drei Lebensformen, durch die Festlegung des höchsten Gutes, wird der Grundstein für Glück gelegt. Hierbei ist zu beachten, dass Glück nach Aristoteles kein einfach zu erlangender Zustand ist, sondern der ständigen, täglichen, intensiven »seelischen« Arbeit bedarf.

Nach dieser Darstellung geht aus der Tätigkeit der Seele im Hinblick auf die Tugend und Tüchtigkeit das Werk hervor. So können auch schon die banalsten Tätigkeiten des Lebens ein Glücksgefühl hervorbringen, wenn sie nur in ihrer Ausführung auf eine bestimmte Vollkommenheit zielen. Glück ist eine spezifische Tätigkeit. Weil man davon ausgehen kann, dass jede Tätigkeit auf Vortrefflichkeit aus ist, wird Glück durch individuelles Handeln erfahrbar. Das ist etwas verschwurbelt ausgedrückt. Doch man kann das zum Beispiel an Kindern beobachten, die beim Lesen völlig in dem, was sie gerade tun, aufgehen. So ist es gemeint. Die Außenwelt wird scheinbar abgeschaltet und der Mensch ist total versunken in das, was er gerade tut. An seinem Gesichtsausdruck ist oftmals eine Art von Glückseligkeit ablesbar.

Aristoteles teilt die Güter auf. Wie wir gehört haben, spricht er von dreierlei Gütern. Das Glück enthält hauptsächlich die seelischen Güter, dazu zählt er Tugend, Exzellenz, Klugheit und Weisheit. Diese Güter sind für ihn die höchsten, anspruchsvollsten und somit edelsten. Dann gibt es noch die leiblichen und die äußeren Güter. Die leiblichen Güter beziehen hauptsächlich die Lust und das lust- sowie freudvolle Leben mit ein. Dieses Leben gewinnt seine Freude aus all dem, was von einem selbst in besonderer Art und Weise geliebt wird. Es richtet sich also nach persönlichen Vorlieben. Alle diese Güter haben in bestimmter Weise ihre Verankerung im Seelischen, da nicht nur die Oberflächlichkeit mit einbezogen wird, sondern weil hier ein Leben verwirklicht wird, das auf das Beste und Schönste abzielt, so »dass der Glückliche gut lebe und gut handle«. Glück als gutes Leben und Wohlverhalten. Die äußeren Güter und Umstände beziehen in gewisser Weise auch die Gesellschaft ein. Zu ihnen gehören Reichtum, Wohlgeborenheit, familiäre und soziale Beziehungen, politischer Einfluss und auch die äußere Erscheinung. Die äußeren Güter bezeichnet Aristoteles als Hilfsmittel, »denn es ist unmöglich, zumindest nicht leicht, durch edle Taten zu glänzen, wenn man über keinerlei Hilfsmittel verfügt«. Auch erkannte Aristoteles, dass Glück in der Gesellschaft, der Familie, dem Freundeskreis und nicht zuletzt auch im Staat verankert ist. Der Staat hat die Aufgabe, die Erschaffung der äußeren Umstände für Glück politisch in die Tat umzusetzen. Wie das gehen kann, wird uns später noch begegnen.

Glück ist erlernbar. Laut Aristoteles müssen wir für unser Glück etwas tun. Die erforderlichen Tugenden, die wir dafür benötigen, teilt er in zwei Kategorien ein: in den dianoetischen[3], den denkenden, den Verstand betreffenden Bereich, der auf die Vorzüge des Verstandes hinweist und in den Bereich der ethischen, sittlich-moralischen Vorzüge des Charakters. Letztere können durch Gewöhnung und einen guten Willen verändert werden, während die Vorzüge des Verstandes zu ändern viel Zeit und Erfahrung benötigt. Die Vorzüge des Charakters sind nach Aristoteles unter anderem Großzügigkeit, Tapferkeit, Besonnenheit. Diese seien dem Menschen nicht angeboren und könnten oder müssten erlernt werden. Und das geht nach Aristoteles ausschließlich durch Handeln und Üben. Wobei mit der Zeit die immer gleichen Einzelhandlungen zu einer gefestigten Grundhaltung würden. Das theoretische Lernen, also das Aneignen von Wissen, das Durchschauen von Zusammenhängen und die Klärung von Begriffen spiele eine große Rolle. Dieses Aneignen von Wissen sei aber nicht als Selbstzweck zu verstehen. Es gehe nicht ausschließlich darum zu erfahren, »was ethische Werte sind, sondern [darum] ein wertvoller Mensch zu werden«. So diene das Wissen nicht der Theorie, sondern bilde die Grundlage für eigenes ethisches Handeln. Das Leben ziele aber nicht nur auf das bloße Handeln ab, sondern auf Erkenntnisse und die Erfahrungen daraus. Dies ziehe nach sich, dass sich der Mensch bewusst und freiwillig für eine bestimmte Handlung entscheidet.

In seiner Mesoteslehre, der Lehre von der Mitte, erklärt Aristoteles die Grundsätze der Einzelhandlungen. Er verdeutlicht, dass es bei allen Handlungen immer auch zu einem Übermaß kommen kann und damit Unzulänglichkeiten entstehen können. Zwischen diesen beiden Extremen steht der Weg der Mitte, der Weg des richtigen Mittelmaßes. In Bezug auf die Einzelhandlungen bedeutet dies, dass ein

[3] Dianoetische Tugenden: Klugheit, Gerechtigkeit, Tapferkeit und Mäßigung.

Mensch sich nicht jedem Ereignis stellen muss, sondern bei seinen Handlungen eine Auswahl treffen sollte, die es ihm ermöglicht, den Weg der Mitte einzuhalten. Zum Beispiel: »Die Körperstärke wird durch ein Zuviel an Sport genauso geschädigt wie durch ein Zuwenig«. Um den Weg der Mitte zu finden, müsse der Mensch sittlich vortrefflich handeln. Aristoteles stellt also die Frage nach den sittlichen Vorzügen. Irrationale Regungen wie Angst oder Zorn sind für ihn weder sittliche Vorzüge noch sind sie Fehler. Für sie erhalten wir weder Lob noch Tadel, wie es bei Vorzügen üblich wäre. Auch Anlagen sind keine sittlichen Vorzüge, da sie wie zum Beispiel Schönheit dem Menschen angeboren sind. Sittliche Vorzüge sind nach Aristoteles feste Grundhaltungen. Es sollte uns ein Trost sein, dass schon er erkannte, dass dieser Weg der Mitte ein schwerer und ständiger Kampf ist, da der Mensch immer zwischen zwei Extremen steht und sich fortwährend ausbalancieren muss.

Ein Mensch mit »großer Seele« bewältigt in seinem Leben auch ein Unglück durch sittliches und vortreffliches Handeln. Das ständige Handeln und »Tätigsein dürfen« ist das Glück, egal, ob wir uns in einer glücklichen oder unglücklichen Lebenssituation befinden. Ein glückliches Leben umfasst die gesamte Bandbreite des Positiven wie auch des Negativen. Ein vortrefflich handelnder Mensch aber wird die widrigsten Situationen noch auf die schönste Weise leben und sich so das Glück bewahren. »Entscheidend für das echte Glück ist die Verwirklichung sittlicher Vollkommenheit, während das Gegenteil zum Unglück führt.« Unter diesen Gesichtspunkten ist das Glück etwas Dauerhaftes und Unwiderrufliches, vorausgesetzt, wir arbeiten täglich daran.

Bei Sokrates (469–399 v. Chr.), dem Lehrer von Platon (427–347 v. Chr.), spielte die Bedürfnislosigkeit für ein glückliches Leben eine große Rolle. Epikur (341–

270 v. Chr.) definierte Glück im Gegensatz zu Aristoteles nicht positiv, sondern negativ als Abwesenheit von Schmerz und Bedürfnissen. Diese Philosophie liegt noch heute der Medizin zugrunde, die davon ausgeht, dass es genüge, Menschen zu heilen, um sie glücklich zu machen. Seneca (1–65 n. Chr.) und die Stoiker sind in ihrem Glücksbegriff jenem des Epikur ähnlich: Glück sei natürlich und werde lediglich durch Einflüsse von außen gestört. Abhilfe versprechen sich die Stoiker von bewusst gepflegter Unempfindlichkeit gegenüber Einflüssen, sprichwörtlich kennen wir das als »stoische Ruhe«. Aurelius Augustinus (354–430 n. Chr.), einer der bedeutendsten christlichen Kirchenlehrer, definiert: Glück sei, das zu bekommen, was man sich wünscht. Diese philosophische Definition liegt bis heute der soziologischen Glücksforschung zugrunde, die nach »Lebenszufriedenheit« forscht.

Für den portugiesisch-niederländischen Philosophen Baruch Spinoza (1632–1677) bedeutet Glückseligkeit ein vernünftiges, tugendhaftes Leben mit intellektueller Betätigung. Nach dem deutschen Philosophen Leibniz (1646–1716) besteht Glückseligkeit auch im tugendhaften Leben und in der Liebe zu Gott. Nach dem englischen Philosophen John Locke (1632–1704) ist Glück das äußerste Maß der Lust. Der schottische Historiker, Sozialethiker, Philosoph und Mitbegründer der Soziologie Adam Ferguson (1723–1816) schreibt: »Wenn eine Seele, die wohlwollend, weise und beherzt ist, die höchsten Vergnügungen und das wenigste Leiden hat, so ist diese allein für glücklich zu halten.« Ernst Platner (1744–1818), Anthropologe, Mediziner und Philosoph, definiert Glückseligkeit als »Zustand angenehmer Empfindungen«, als »die Mehrheit angenehmer Zustände in der Totalität des Lebens«. Johann Gottfried von Herder (1744–1803), einer der einflussreichsten Schriftsteller und Denker Deutschlands, der zusammen mit

Christoph Martin Wieland (1733–1813), Johann Wolfgang Goethe (1749–1832) und Friedrich Schiller (1759-1805) zu den sogenannten Klassikern von Weimar zählt, schreibt: »Mancher hat im Leben viel Glück gehabt und ist doch niemals glücklich gewesen.« Nach dem Philosophen Johann August Eberhard (1739–1809) soll man unter Glückseligkeit »einen Zustand, worin er wahres Vergnügen ununterbrochen genießt« verstehen. Der französische Mathematiker Pierre-Simon Laplace (1749–1827) und Daniel Bernoulli (1751–1834) von der niederländischen Gelehrtenfamilie unterschieden »fortune morale« (inneres, subjektiv gefühltes) und »fortune physique« (objektives Glück); »fortune morale« wächst nach Art des Weberschen Gesetzes.[4]

Gegen das im 18. Jahrhundert, dem Zeitalter der Aufklärung, florierende Streben nach Glückseligkeit wendet sich Immanuel Kant (1724–1804). Er setzte Pflicht und Sittlichkeit als obersten Maßstab vollkommenen Glücks: »Glückseligkeit ist das Losungswort aller Welt. Aber sie findet sich nirgends in der Natur, die der Glückseligkeit und der Zufriedenheit mit dem vorhandenen Zustande nie empfänglich ist. Nur die Würdigkeit, glücklich zu sein, ist das, was der Mensch erreichen kann.« Nach Kant darf das Bestreben nach Glückseligkeit kein Motiv des Handelns sein, soll dieses als sittlich gewertet werden. Glückseligkeit ist ein Bestandteil des höchsten Gutes, die notwendige Folge der Sittlichkeit. Glückseligkeit ist »der Zustand eines vernünftigen Wesens in der Welt, dem es, im Ganzen seiner Existenz,

[4] www.wikipedia.org: $k = \frac{\Delta R}{R}$

Webersches Gesetz. 1834 bemerkte der Physiologe Ernst Heinrich Weber, dass ein Sinnesorgan ab einem bestimmten Intensitätsbetrag eine Veränderung registriert (differenzielle Wahrnehmbarkeitsschwelle; englisch: »*just* noticeable difference« = gerade noch wahrnehmbarer Unterschied), die als Unterschied ΔR zum vorangehenden Reiz R in einem bestimmten, gleichbleibenden Verhältnis k zu diesem steht.

alles nach Wunsch und Willen geht, und beruhet also auf der Übereinstimmung der Natur zu seinem ganzen Zwecke, im gleichen zum wesentlichen Bestimmungsgrunde seines Willens [...] Glückseligkeit ist die Befriedigung aller unserer Neigungen, sowohl extensive, der Mannigfaltigkeit derselben, als intensive nach ihren Entstehungsbedingungen und dem Grade nach, als auch protensive, der Dauer nach« (aus »Kritik der reinen Vernunft«, dem erkenntnistheoretischen Hauptwerk von Immanuel Kant).

Nach dem Philosophen J. G. Fichte (1762–1814) macht das glückselig, was gut ist. »Ohne Sittlichkeit ist keine Glückseligkeit möglich«. Fichte gilt neben Friedrich Schleiermacher, Friedrich Wilhelm Joseph Schelling und Georg W. F. Hegel als wichtigster Vertreter des deutschen Idealismus. Einer der einflussreichsten Autoren der europäischen Aufklärung, Voltaire (1694–1778), geht das Thema so nebenbei ganz pragmatisch, vielleicht typisch französisch an: »Da es sehr förderlich für die Gesundheit ist, habe ich beschlossen, glücklich zu sein.«

Arthur Schopenhauer (1788–1860), der große Pessimist unter den Philosophen bemerkt: »Alle Befriedigung, oder was man gemeinhin Glück nennt, ist eigentlich und wesentlich immer nur negativ und durchaus nie positiv« (Welt als Wille und Vorstellung I. Bd., § 58). »Lust ist nur Freisein von Unlust« (Parerga und Paralipomena II, § 150). Dennoch ist sehr bemerkenswert, dass sein schon erwähntes Werk »Aphorismen zur Lebensweisheit« auch heute noch mit zum Interessantesten der »Glücksliteratur« gehört. Der preußische Schriftsteller und Apotheker Theodor Fontane (1819–1898) zählt zu den poetischen Realisten in der Literatur. Er schreibt: »Gott, was ist Glück! Eine Grießsuppe, eine Schlafstelle und keine körperlichen Schmerzen, das ist schon viel.« Alexandre Dumas der Ältere (1802–1870), der französische Abenteuerroman-Schriftsteller, lässt seinen

Grafen von Monte Christo fragen, warum sich eigentlich ein jeder frage, warum gerade er vom Glück benachteiligt sei. Und er erhält auch gleich eine sehr nachdenkenswerte Antwort: Weil niemand auf den Gedanken kommt, dass seine eigenen Missgeschicke mit der eigenen Beschränktheit etwas zu tun haben könnten. Alle suchten immer nach einem Schuldigen für ihre eigene Dummheit. Ein beliebtes Gesellschaftsspiel – und das seit über 200 Jahren. Auf seine Erfolge ist der Mensch selbst stolz, an seinen Misserfolgen sind immer die anderen schuld.

Nach Wilhelm Wundt (1832–1920), dem Begründer der Psychologie als eigenständige Wissenschaft, ist »die Glückseligkeit ein subjektiver Nebenerfolg der Sittlichkeit, ein Mittel, aber nicht das Ziel des ethischen Handelns«. Doch ähnlich haben wir das gerade zuvor schon von Kant gelesen.

Glück, der Inbegriff eines erfüllten Lebens? Ist das der Sinn unseres Lebens? »Glück und Wohlwollen« heißt das 1989 erschienene Buch des zeitgenössischen Philosophen Robert Spaemann. Er bestimmt Glück als »den Zustand desjenigen, mit dem wir bereit wären zu tauschen«. Doch hat Spaemann hier nicht etwas Wesentliches übersehen? Kann das Glück eines anderen unser eigenes sein, das wir ohne Weiteres zu unserem eigenen machen können? Von Martin Seel (*1954) Philosophieprofessor an der Goethe-Universität in Frankfurt, erschien 1995 bei Suhrkamp ein Glücksbuch mit dem Titel »Versuch über die Form des Glücks«. Auch der deutsche, an der Schweizer Universität St. Gallen Philosophie lehrende Professor Dieter Thomä veröffentlichte 2003 ein Buch mit dem Titel »Das Glück in der Moderne«.

Die Frage nach dem Glück durchzieht die 2500 Jahre alte Philosophiegeschichte bis zum heutigen Tag. Mit einem bekannten Kalenderspruch komme ich nun zum praktischen Teil: »Glück ist keine Glückssache. Allein deine Einstellung entscheidet über dein Glück.«

Dazu passt die folgende kleine Geschichte. Ein Reporter wollte herausfinden, was wirklich glücklich macht. Er besuchte einen sehr reichen Mann und fragte ihn, ob und warum er glücklich sei. Dieser antwortete: »Ja, ich bin glücklich, weil ich all das habe« und er wies mit einer Handbewegung auf sein großes und prächtiges Anwesen. Als Nächstes besuchte der Reporter ein Ehepaar mittleren Alters, das in einem Vorort lebte und stellte ihnen dieselbe Frage. »Wir sind glücklich, weil wir uns lieben und eine kleine Tochter haben, die uns viel Freude macht«, erhielt er zur Antwort. Als Letztes besuchte er eine sehr arme Frau, die in einem heruntergekommenen Haus wohnte und stellte ihr wieder die gleiche Frage. Die Frau lächelte und antwortete: »Ich bin glücklich, weil ich vieles habe, für das ich dankbar sein kann. Ich lebe, ich habe ein Dach über dem Kopf und ich habe das große Glück, drei Kinder zu haben.« Sie ging zum Fenster und zeigte auf einen schmuddeligen Hinterhof, in dem ihre Kinder spielten und lachten, und sie sagte: »Und ich kann mich an all dem erfreuen.«

Die Meinung, Glück sei eine Einstellung zum Leben, spiegelt sich nicht nur in antiken Schriften wider, sie reicht bis in die heutige Moderne. Die Philosophie der Antike legte den Grundstein für die Glücksphilosophie und es ist sicher kein Zufall, dass deren Kernaussagen auch heute nicht an Aktualität verloren haben. Es wurde zu jeder Zeit versucht, eine Orientierung für die Glücksfindung im Leben zu erschaffen. Bei Aristoteles ist das Erreichen des Glücks ein Prinzip des ständigen Handelns, ein Tätigsein, das auf Vortrefflichkeit aus war. Die moderne Glücksphilosophie hat ihre Wurzeln eindeutig in den hellenischen philosophischen Vorstellungen von einem glücklichen Leben. Wobei auch gesagt werden muss, dass durch die modernen gesellschaftlichen und technischen Gegebenheiten viele neue Probleme entstanden sind, die es vor Tausenden von Jahren noch nicht gab.

Dale Carnegie sagt: »Glück hängt nicht davon ab, wer du bist oder was du hast: es hängt nur davon ab, was du denkst.« Mit anderen Worten: Das Glück liegt in uns selbst. Es sind nicht die Umstände, die über unser Glücklichsein entscheiden. Zufrieden und glücklich sein heißt sicher nicht, keine Probleme zu haben. Es bedeutet, dass man lernt mit ihnen umzugehen und ihnen nicht erlaubt, dass sie den Blick für die Dinge trüben, über die man letztendlich eigentlich glücklich und zufrieden sein könnte.

Sehr gefährlich erscheint mir die Vorstellung von nicht wenigen Religionen, dass man dauerhaftes Glück nur im Himmel finde. Solche Gläubige leben in der Erwartung auf das ewige Glück und tun deshalb vielleicht alles, um möglichst schnell dort hinzukommen.

Es gibt viele neuere, ganz moderne Erkenntnisse in der wissenschaftlichen Glücksforschung. In unserem Körper sind eigene Schaltungen für Freude, Lust und Euphorie eingerichtet. So wie wir mit der Fähigkeit zu sprechen auf die Welt kommen, sind wir auch für gute Gefühle programmiert, meinen viele Wissenschaftler. Entgegen früheren Erkenntnissen wissen wir heute, dass sich auch bei älteren Erwachsenen das Gehirn konstant weiterentwickelt. Wann immer wir etwas lernen, verändern sich die Schaltkreise im Gehirn. Nicht nur Gedanken, sondern auch Emotionen bringen diese Umbauten in Gang. Mit den richtigen Übungen können wir unsere Glücksfähigkeit tatsächlich steigern. Wir können unsere natürliche Anlage für die guten Gefühle trainieren, so wie wir eine Fremdsprache erlernen. Positive Gefühle lassen die Nervenverbindungen im Gehirn wachsen. Sie können die negativen Gefühle vertreiben und ersetzen. Es ist selbstverständlich, dass wir nicht im ewigen Glücksrausch leben können, aber wir können dafür sorgen, dass wir mehr Glücksmomente erleben. Es ist weniger wichtig, was man erlebt, als wie man es erlebt, und ganz entscheidend, wie man darüber denkt.

Was passiert eigentlich bei Glück im Körper? Wir alle wissen es: Das Blut pulsiert schneller, das Herz schlägt schneller. Die Hauttemperatur steigt an, die Durchblutung verbessert sich. Wenn wir ein Gefühl erleben, sind stets mehrere Teile unseres Gehirns daran beteiligt. Bei negativen Gefühlen ist eher die rechte, in frohen Augenblicken die linke Seite des Gehirns aktiv. Es gibt wahrscheinlich eine Grundstimmung des Gehirns, die festlegt, ob wir stärker auf Negatives oder Positives reagieren. Manche Menschen haben ein starkes Übergewicht der linken Hirnhemisphäre, manche der rechten. Die Aktivitätsmuster des Gehirns scheinen zumindest teilweise angeboren zu sein. Aber wissenschaftliche Untersuchungen kommen zum Ergebnis, dass wir durch neue Erfahrungen das Erleben und dessen Beurteilung verändern können. Wir können lernen, uns an etwas zu erfreuen, was wir vorher so nicht empfunden haben. Das Gegenteil von Glück wird oft als Depression oder Trauer bezeichnet. Aber auch hierfür hat uns die Natur etwas geschenkt. Die sogenannten Endorphine, ein zusammengesetztes Kunstwort, das für »endogene Morphine« steht. Dieses von unserem Körper hergestellte Hormon funktioniert im Zentralnervensystem auch als sogenanntes Glückshormon, das Glücksgefühle auslösen und auch gegen Trauer und Depression helfen kann. Für alles Lernen – und genauso ist es auch beim Glück – ist immer die Wiederholung wichtig: Je öfter die Neuronen angeregt werden, umso sicherer entsteht eine dauerhafte Verbindung. Das Lernen geschieht dabei automatisch. Alles, was wir wahrnehmen, fühlen und denken verändert unser Gehirn. Die bewusste Beschäftigung mit einem Gegenstand verstärkt dessen Verankerung im Gehirn. Wahrscheinlich entfalten gute Gefühle eine umso stärkere Wirkung, je mehr wir uns mit diesen befassen. Oder anders ausgedrückt: Je mehr und je öfter wir uns glückliche Gedanken machen, desto glücklicher fühlen wir uns.

Für Bernd Hornung vom Münchner Institut für Glücksforschung gibt es drei Komponenten, die zum Glück führen und die dafür sorgen, dass man wirklich glücklicher wird und es auch dauerhaft bleibt: Die erste ist die Zufriedenheit mit dem eigenen Leben im Ganzen mit möglichst vielen angenehmen Gefühlen und Gelassenheit. Zweitens spielen Gleichmut, emotionale Ausgeglichenheit, Vorfreude, Freude, Glücksgefühle und möglichst wenig unangenehme Gefühle sowie möglichst wenig Angstgefühle eine große Rolle für das Empfinden von Glück. Drittens sollte man alles tun, um Niedergeschlagenheit und Feindseligkeit anderen gegenüber zu vermeiden.

Sich wohlzufühlen und glücklich zu sein ist sehr wichtig – für uns alle vielleicht das Wichtigste im Leben. Doch was braucht es am Dringendsten, um ein wirklich glückliches Leben zu führen? Bernd Hornung schreibt, dass in einer groß angelegten Studie 7000 Studenten aus 41 Ländern rund um den Globus ihr eigenes Glück als sehr oder äußerst wichtig für sich bezeichneten. Tatsächlich gaben fast alle an, dass Glück für sie viel wichtiger sei als Ruhm und Geld.

Der 1960 geborene amerikanische Bestsellerautor Anthony Robbins stellt drei Fragen zum Thema Glück: Was brauche ich, um wirklich glücklich zu sein? Was brauche ich nicht, um wirklich glücklich zu sein? Was macht mich überhaupt glücklich? Allein die Beschäftigung mit diesen drei Fragen und die Antworten darauf machen mich selbst, wenn ich mich einmal nicht so gut fühle, immer ein wenig glücklicher.

Warum es wichtig ist, dass sich möglichst viele Menschen in unserer Gesellschaft glücklich fühlen, möchte ich an folgendem Beispiel beschreiben: Eine große Zahl wissenschaftlicher Studien zeigt, dass glückliche Menschen umgänglicher, geselliger, kontaktfreudiger, kreativer, attraktiver, sympathischer, beliebter und begehrter sind. Dieselben Studien zeigen auch, dass diese Menschen länger leben, sich im Allgemeinen gesünder fühlen und mental gesünder sind. Sie verdienen tatsächlich mehr Geld und sind in ihrem persönlichen Umfeld und im Beruf die glücklicheren und beliebteren Menschen. Vielen erfreulichen Ergebnissen wie zum Beispiel dem, einen Wunschpartner zu finden und glücklich und zufrieden mit seiner Partnerschaft zu sein, ging immer ein höheres Glück und Wohlbefinden voraus. Summa summarum gibt es also jede Menge einleuchtende Gründe dafür, dass glücklich zu sein wichtig für uns selbst, für unsere Mitmenschen und die Gesellschaft in ihrer Gesamtheit ist. Ganz pragmatische Erkenntnisse der Glücksforschung besagen, dass Menschen am Ende ihres Lebens insbesondere drei Erkenntnisse gewonnen haben: Sie bereuen, dass sie zeitlebens nicht oft genug das getan haben, was ihnen wichtig und richtig erschien. Dass sie zweitens nicht genug Zeit mit Familie und Freunden verbracht und diese nicht ausreichend haben wissen lassen, was sie ihnen bedeuten. Drittens bedauern sie, nicht die richtige Balance zwischen Arbeit und Familie gefunden zu haben.

Wissenschaftler der kanadischen University of British Columbia und der Harvard Business School haben laut einem Bericht von »Science« im März 2008 bei einer Befragung von 630 Amerikanern zu deren Zufriedenheit, Einkommen und danach, wie viel sie davon für Geschenke und Spenden verwendeten, herausgefunden, dass diejenigen, die unabhängig von der Höhe ihres Einkommens angaben, glücklicher zu sein, die freigiebigeren waren. Das Ergebnis dieser Untersuchung wurde durch weitere Umfragen und Feldversuche bestätigt.

Fassen wir die wichtigsten Forschungsergebnisse zusammen: Glückliche Menschen haben im Durchschnitt ein stärkeres Immunsystem und leben länger als unglückliche. Glückliche Menschen sind aktiver, fantasievoller und kreativer. Glückliche Menschen sind beliebt bei Freunden und Kollegen.

Sie sind hilfsbereiter, dankbarer und drücken sich nicht so schnell vor unangenehmen Aufgaben und Arbeiten. Glückliche Menschen sind auch wirtschaftlich erfolgreicher. Sie verdienen deshalb im Durchschnitt mehr Geld, haben glücklichere Partnerschaften und Ehen und werden öfter zu Vorstellungsgesprächen eingeladen. Glückliche Menschen haben mehr zwischenmenschliches Geschick und bessere zwischenmenschliche Beziehungen. Glückliche Menschen werden schneller, leichter und besser mit Stresssituationen fertig.

Kommen wir zu der eingangs gestellten Frage, ob es einen »Schlüssel zum Glück« oder, wie der Dalai Lama sagt, einen »Weg zum Glück« gibt. Die klare, einfache Antwort darauf lautet: Nein, es gibt keinen einfachen Schlüssel zum Glück, kein Patentrezept. Doch es scheinen nur wenige Voraussetzungen notwendig zu sein, um Glück erfahren oder erlernen zu können. Unsere genetische Ausstattung hat einen bestimmten Einfluss auf unser Lebensglück und Wohlbefinden. Darüber können wir zum Beispiel in der Zwillingsforschung lesen. In dem bekannten Minnesota-Zwillingsprojekt fanden Forscher heraus, dass erbgleiche eineiige Zwillinge, die in verschiedenen Familien aufwuchsen und ihr eigenes, voneinander unabhängiges Leben führten, sich in ihrem Glücksniveau sehr viel ähnlicher waren als zweieiige Zwillinge, die im selben Elternhaus aufgewachsen waren. Auch andere Zwillingsstudien beweisen, dass ein großer Teil unseres Glücks und Wohlbefindens genetisch festgelegt ist.

Wenn wir das Glück innerhalb verschiedener sozialer Gruppen und Länder betrachten, dann scheinen die Reichen im Durchschnitt glücklicher zu sein. Aber die Auswirkungen des Reichtums auf das Glück sind im Allgemeinen dennoch eher gering. Armut macht einen Menschen eher unglücklich, als dass Reichtum glücklich macht, obwohl die Folgewirkungen von Armut auf das Glück nicht überwältigend sind. Bürger reicher Länder sind in der Tat glücklicher als Bewohner armer Länder. In einer Vielzahl von Glücksstudien stellte sich wiederholt heraus, dass diejenigen, die den Materialismus hochschätzen, weniger glücklich sind als diejenigen, für die Besitz und Geld keine so große Rolle spielt. Eine sehr hohe materialistische Lebenseinstellung zu haben, scheint Gift für das eigene Glück und Wohlbefinden zu sein. Einer der renommiertesten amerikanischen Glücksforscher, der Psychologe Robert Biswas-Diener, hat in seiner Studie in den Slums von Kalkutta herausgefunden, dass selbst die Obdachlosen, Bettler und Prostituierten Kalkuttas, die gemessen an unserem westlichen Lebensstandard unbeschreiblich arm sind, angenehme Gefühle aus ihrer Religion ziehen können und ein ziemlich starkes Selbstwertgefühl besitzen.

Wie schon gesagt: Es gibt keine einfache Antwort darauf, wie wir glücklicher werden könnten. Es gibt keinen Zaubertrank, mit dem man jeden Menschen glücklich machen könnte. Doch Menschen können etwas dafür tun, glücklich zu werden oder zu bleiben. Dazu gehören gute Freunde, eine intakte Familie, gute zwischenmenschliche Beziehungen, jemand der sich um einen kümmert und um den wir uns kümmern können. Von Mutter Teresa stammt folgende Empfehlung: »Lass' nicht zu, dass Du jemandem begegnest, der nach der Begegnung mit Dir nicht glücklicher geworden ist!« Darüber hinaus brauchen wir eine Beschäftigung, eine Tätigkeit, die interessant für uns ist, die wir wertschätzen und für die wir wiederum von anderen geschätzt werden. Wir haben es selbst in der Hand, weniger unglücklich, traurig oder niedergeschlagen zu sein.

Gesundheit allein kann nicht der Schlüssel zum Glück sein, obwohl sie ausschlaggebend für eine grundsätzliche Lebenszufriedenheit ist. Natürlich kennen Sie alle das Zitat, das von Arthur Schopenhauer stammen soll: »Gesundheit ist gewiss nicht alles, aber ohne Gesundheit ist alles nichts.« Es gibt viele gesunde Leute, die ihre Gesundheit für selbstverständlich halten, aber aus ganz bestimmten Gründen dennoch unglücklich sind. Andererseits gibt es etliche Leute mit schlechter Gesundheit, die damit gut zurechtkommen und glücklicher und zufriedener sind als die subjektiv Gesunden.

Das Prinzip des ständigen Handelns, um Glück zu erreichen, ist von der Antike bis zum heutigen Tag durch keine neuen Erkenntnisse ersetzt worden. Die moderne Glücksforschung und -philosophie wurzelt in den antiken Vorstellungen eines glücklichen Lebens. Glück ist nicht vom Zufall abhängig. Wir sind unserem Schicksal oder dem Zufall nicht ausgeliefert, wir haben es in der Hand, in jedem Moment unseres Lebens etwas für unser Glück zu tun. Die Kunst scheint darin zu liegen, mit dem zufrieden zu sein, was man bekommt und nicht ständig nach dem Unmöglichen zu streben. Bekannt ist das sogenannte Gelassenheitsgebet des amerikanischen Theologen, Philosophen und Politikwissenschaftlers Reinhold Niebuhr (1892–1971): »Lieber Gott, gib mir die Kraft zu ändern, was ich nicht ertragen kann, zu ertragen, was ich nicht ändern kann und die Weisheit, beides zu unterscheiden.« Dieses Gebet soll uns spirituelle Kraft für unser Glücksstreben geben.

Mit Bertolt Brechts berühmtem Gedicht vom Glück beende ich dieses Kapitel: »Ja, renn nur nach dem Glück, doch renne nicht zu sehr. Denn alle rennen nach dem Glück, das Glück rennt hinterher. Denn für dieses Leben ist der Mensch nicht anspruchslos genug, drum ist all sein Streben nur ein Selbstbetrug.«

Epikur – der Glücksphilosoph

In der Philosophie stößt man beim Thema Glück auch auf Epikur, den bedeutendsten Glücksphilosophen der Antike. Der griechische Philosoph führte seine Schüler in seinem Garten in seine philosophischen Lehren ein. Seine Schule stand jedem offen – auch Frauen und Sklaven. Das war neu! Er beabsichtigte, seinen Schülerinnen und Schülern den Weg zur höchsten Lust zu zeigen und lehrte sie zugleich, dem größten Übel, dem Schmerz, zu entgehen. Für ihn ist das höchste Glück nicht in einsamer Zurückgezogenheit, sondern im gemeinsamen Philosophieren zu finden.

Glück, Glückseligkeit oder griechisch Eudämonie wird von den hellenischen Philosophen, dem Römer Seneca, dem Kirchenvater Augustinus, Spinoza, Leibniz, Locke, Kant, Voltaire, Schopenhauer und noch vielen anderen großen Denkern behandelt. Meine Darstellung kann hinsichtlich der Vielzahl von Definitionen des Glücksbegriffs nicht vollständig sein. Zeitgenössische Philosophen meiden das Thema ganz bewusst. Wahrscheinlich wollen sie sich nicht in die für sie niederen Ebenen der Esoterik begeben. Deshalb widmen sich viele akademische Philosophen ausschließlich wissenschaftstheoretischen Aufgaben und beschränken sich auf philosophisch-theoretische Beschreibungen von Problemen und Fragen zum Thema Glück, die uns nicht wirklich weiterhelfen. Die geisteswissenschaftliche »Kathederphilosophie« lässt die die Menschen am häufigsten bedrängenden Fragen im Großen und Ganzen unbeantwortet. Ganz anders war das bei den großen Meistern der griechischen Antike. Philosophieren hieß bei ihnen »leben lernen« und damit auch »sterben lernen«, und das ein ganzes Leben lang.

Seit Platon und noch früher in den ersten Philosophenschulen von Milet im 6. und 7. Jahrhundert bei den »Naturphilosophen« nannte man die Freunde und Liebhaber der Weisheit »Philosophen«, abgeleitet vom griechischen »philos« dem »Freund« und »sophia« der »Weisheit«. Glück hat einiges mit Weisheit zu tun, wie wir noch erfahren werden. Der zeitgenössische Philosoph Peter Sloterdijk bezeichnete die Weisheit einmal als eine altmodische Tugend und erklärte sie moderner als »betrachtende Vernunft«.

»Epikur – der Glücksphilosoph« heißt unser Thema. Der griechische Philosoph wurde um 341 v. Chr. auf der griechischen Insel Samos geboren und starb um 271 v. Chr. in Athen. Mit 18 Jahren ging er nach Athen, wo er verschiedene Philosophieschulen besuchte. Mit 31 Jahren begann er, in Mytilene auf der Insel Lesbos, Philosophie zu lehren. Vier Jahre später wechselte er wieder nach Athen und gründete dort seine eigene Philosophieschule. In dem 1930 in Zürich von Eduard Erdmann herausgegebenen Buch »Grundriß der Geschichte der Philosophie« kann man sehr ausführlich nachlesen, wie Epikur in seiner berühmten »Gartenschule der Philosophie« seine Schüler in seine Lehren einführte.

Epikur begründete den nach ihm genannten Epikureismus. Eine Lehre, ein philosophisches System, vielleicht auch eine allgemeine Methodik, mit den Grundfragen des Lebens umzugehen. Er hatte viele Gegner, auf die wir noch später zu sprechen kommen werden. Einige haben ihn auch respektlos »Lustphilosoph« genannt. Wir werden herausfinden, warum er gerade das keineswegs war.

Am Eingang zu Epikurs Garten soll auf einem Schild gestanden haben: »Freund, das ist ein guter Ort: Hier wird nichts mehr verehrt als das Glück.« Er pflegte »ein inniges Gemeinschaftsleben unter den Mitgliedern, die in schwärmerischer Verzehrung an ihrem Meister hingen, der eine edle, liebenswürdige Natur war. Die Studien wurden in einem heiter geselligen Umgang miteinander getrieben«. Wie in der Einleitung schon erwähnt, stand seine Schule jedem offen – auch Frauen und Sklaven. Das war für die damalige Zeit äußerst ungewöhnlich. Er beabsichtigte, seinen Schülerinnen und Schülern den Weg zur höchsten Lust aufzuzeigen und lehrte sie zugleich, dem größten Übel, dem Schmerz, zu entgehen. »Das höchste Glück sollte nicht in einsamer Zurückgezogenheit, sondern im gemeinsamen Philosophieren gefunden werden.« Es gab in Athen noch sehr viele andere Philosophen, die eigene Schulen unterhielten, mit dem einzigen Ziel, den Menschen zu einem vergnüglichen, genussreichen und befriedigenden Leben zu verhelfen. Philosophie galt als Lebensschule und Philosophen waren Lebenslehrer.

Epikur wird sehr oft nicht richtig verstanden. Obwohl er für jeden Menschen ein Leben in Wohlstand und höchstem Glück wollte, hat das für ihn nichts mit Reichtum und Überfluss und schon gar nicht mit Lust zu tun. Dazu ein bekanntes Zitat: »Wenn du einen Menschen glücklich machen willst, dann füge nichts seinem Reichtum hinzu, sondern nimm ihm einige von seinen Wünschen.« Im 19. Jahrhundert schrieb der Schriftsteller Ludwig Bechstein (1801–1860): »Dem Unersättlichen in jeglichem Genuss wird selbst das Glück zum Überdruss.« Ein typisch epikureischer Ausspruch.

Menschen mit bestimmten Charaktereigenschaften, Haltungen und Überzeugungen werden auch heute noch oft als sogenannte Epikureer bezeichnet. Damit sind in erster Linie nicht nur die Anhänger von Epikur und dem Epikureismus gemeint, sondern, um es mit Epikur selbst zu sagen: »Jedes lebende Wesen strebt, sobald es geboren ist, nach Lust und freut sich daran als dem höchsten Gut, während es den Schmerz als das höchste Übel vermeidet. [...] Man kann nicht lustvoll leben, ohne zugleich vernünftig zu leben und umgekehrt.« Man muss auch bereit sein , etwas als Glück zu empfinden, um über die kleinste Kleinigkeit Glück zu erleben. Voraussetzung dafür ist, sich seine Begeisterungsfähigkeit zu erhalten. Finde etwas, das dich begeistert und womit du auch andere begeistern kannst. »Man kann nicht lustvoll leben, ohne zugleich vernünftig zu leben.« Was bedeutet das denn? Wir brauchen die Vernunft, den Geist und die Weisheit, um das zu tun, was wir tun sollen. Und wenn wir das schaffen, dann kommt die Lust. Epikur hat ganz bewusst die Weisheit vor die Lust gestellt. Der deutsch-amerikanische Philosoph Ludwig Marcuse (1894–1971) beschreibt im Vorwort zu dem kleinen Büchlein »Epikur – Über das Glück« den Begriff genauer: »Epikureer wurde ein welthistorisches Schimpfwort; denn es war zu fast allen Zeiten anrüchig, fürs Glück zu sein. Epikureisch wurde der Name für alles, was man als moralisch zweifelhaft zu stempeln wünschte.« Der Begriff wurde im 2. Jahrhundert n. Chr., insbesondere von den christlichen Gegnern der Lehre Epikurs, mit einer negativen Bedeutung im Sinne von »Genussmensch« verwendet, als Schimpfwort für alle gottlosen Menschen, die einen schlechten Einfluss auf die guten Sitten und die Religion haben. Glückliche Menschen waren den Pharisäern seit jeher ein Dorn im Auge. Heilsversprechen waren das unantastbare Privileg der Kirche. Epikurs Schule in Athen soll von seinen heftigsten Gegnern siebenmal in Brand gesteckt worden sein.

Jetzt sind wir schon mitten in der Glücksphilosophie von Epikur. Glück, dieser abstrakte Begriff, der so schwer zu fassen ist; eine Kategorie, die unglaublich different ist und jedem Menschen etwas anderes zu bedeuten scheint, wird hier klar definiert. Glück ist das Freisein von Unlust, die bedingungslose Hingabe an die Lust durch Vermeidung von Schmerzen. Wie soll das gehen? Kann man physische Schmerzen vermeiden? Wie erlangt man den Zustand der Schmerzfreiheit? Hier liegt das Missverständnis der epikureischen Philosophie begründet. Lustgewinn ist nicht die Antwort, wie viele glaubten. Sondern ganz im Gegenteil, gerade die ganz bewusste Reduktion des übermäßigen Genusses aller weltlichen Güter kann sehr befriedigend sein: Auf den eigenen Körper und die Signale, die er aussendet, hören, sich nicht extremer Lust, Schwelgerei und Völlerei hingeben. Extreme Lust zieht nach Epikur immer extreme Unlust nach sich. In einem Brief an seinen Freund Menoikeus schreibt er am Schluss: »Schicke mir doch einmal ein Stück kythischen Käse, damit ich, wenn ich Lust dazu habe, einmal recht schwelgen kann.« Lebensfreude ist stärker mit dem sogenannten kleinen Glück verbunden und bedeutet aber dennoch keineswegs völlige Askese. Das belegt folgendes Zitat: »Die Glückseligkeit habe einen doppelten Sinn: In höchster Bedeutung sei sie der Gottheit gleichartig, die keine Steigerung zuläßt [...] Ich wüsste nicht, was ich mir überhaupt noch als ein Gut vorstellen kann, wenn ich mir die Lust am Essen und Trinken wegdenke, wenn ich die Liebesgenüsse verabschiede und wenn ich nicht mehr meine Freude haben soll an dem Anhören von Musik und dem Anschauen schöner Kunstgestaltungen.« Ein glückliches Leben erreiche man, wenn man sich maßvoll und bescheiden der schönen Dinge des Lebens erfreue, so erklärt Ludwig Marcuse den Epikureismus ganz im Sinne von Epikur. Der französische Philosophieprofessor Marcel Conche, Jahrgang 1922, schreibt: »Epikur zufolge sind Menschen nicht glücklich, weil sie Angst haben. Ihre Angst hat vier Gegenstände.

Der Mensch hat Angst vor den Göttern. Er hat Angst vor dem Tod. Er hat Angst davor, nicht zu haben, was er sich wünscht. Er hat Angst davor zu leiden. Angst muss man auskurieren wie eine Krankheit. Vor der Wahrheit über die Natur der Dinge, die man durch die Philosophie erlangt, lösen sich die Gegenstände der Angst auf.«

Marcuse schreibt in seinem bereits zitierten Vorwort seines Buchs über Epikur sinngemäß Folgendes: »Sokrates sagte nicht viel mehr als: ›Weißt du auch, was du sagst?‹, das kostete ihn den Kopf. Jesus' Botschaft lautete: ›Selig sind, die reinen Herzens sind‹, das kostete ihn ebenfalls den Kopf. Epikur lehrt verkürzt ausgedrückt nur das eine: ›Das höchste Gut ist das Glück, das höchste Übel das Unglück.‹

Schon lange vor Christus wollte der römische Philosoph und Dichter Lukrez, Titus Lucretius Carus, (geboren vermutlich 97 v. Chr. und gestorben vermutlich 55 v. Chr.), der sich als Epikureer bezeichnete, die Menschen von ihren Ängsten vor Naturphänomenen befreien. Mehr als 100 Jahre später hat sein jüngerer Philosophenkollege, Lucius Annaeus Seneca (1 v. Chr.–65 n. Chr. durch von Nero befohlenen Selbstmord) mit seinem Werk »Quaestiones naturales« (»Naturwissenschaftliche Fragen«) erklärt, dass es keinen Grund dafür gebe, für alle Naturerscheinungen einen anderen Gott verantwortlich zu machen. Obwohl es noch heute bei einigen Völkern dieser Erde den Polytheismus, die Vielgötterei, gibt, wollten damals schon die Menschen den wahren Grund für alle Naturerscheinungen nicht bei den Göttern suchen. Die Physik nimmt hier ihren Ursprung. Mit der neuen Erkenntnis, dass Dinge ohne das Zutun von Göttern geschehen, musste man die Götter auch nicht mehr fürchten und ihnen Opfer darbringen, um sie milde zu stimmen. Das gefiel der Kirche wahrlich nicht.

Der antike Lehrbrief[5]

Neben den antiken Philosophenschulen gab es bereits zu dieser Zeit auch so etwas wie ein modernes Fernlehrinstitut, das den antiken Lehrbrief herausgab. Lehrbriefe sind eine typische Textform des antiken Philosophierens, insbesondere bei Epikur und später auch bei dem Römer Seneca. Die Philosophielehrer erteilten in ausführlichen Briefen Lebensratschläge, die dem Empfänger als Lebenshilfe für ein glücklicheres, gutes Leben dienen sollten. Lehrbriefe wurden von Interessierten erbeten und mussten auch von ihnen bezahlt werden. Sie waren Lektionen einer Art Fernuniversität, wie man es heute beschreiben würde. Der antike Philosoph vermittelte seine Gedanken in Schriftform. Er versteht sich dabei nicht nur als Philosoph, sondern auch als »Arzt« und »persönlicher Berater«, der seine Schüler begleitet, und das meistens ein Leben lang. Der einzelne Lehrbrief enthält Texte zu jeweils klar umrissenen einzelnen Themen. Die »Abonnenten«, Schüler und Empfänger dieser Lehrbriefe sammelten diese Empfehlungen und leiteten sie mitunter auch an Freunde weiter. Es wird berichtet, dass sich die Leser streng an die übermittelten Anweisungen hielten. Darin ging es um Vorschläge für tägliche Übungen und Meditationen bis hin zu Ernährungsvorschlägen. Auch um ganz profane Ratschläge, wann man morgens aufstehen, wann man am besten abends ins Bett gehen sollte. Wie man grundsätzlich mit seinem Körper umzugehen habe, dass man sich täglich bewegen und genügend mit anderen Menschen kommunizieren sollte. Und ob man vergeben und

[5] In der Vorlesung von Philosophieprofessorin Petra Gehring im WS 2011–2012 an der TU Darmstadt mit dem Titel »Dialog-System-Fragment-Aphorismus-Essay: (Kl)eine Geschichte der Textformen in der Philosophie« ging es u. a. um den antiken Lehrbrief. In meiner Mitschrift während der Vorlesung können natürlich auch Originalformulierungen von Frau Gehring vorkommen. Ich bitte das nicht als Plagiat aufzufassen.

verzeihen könne. Natürlich wiesen die Autoren der Lehrbriefe immer wieder darauf hin, dass alles nur Sinn mache, wenn man die Regeln strengstens befolge. Die empfohlenen Verhaltensweisen sollten möglichst auswendig gelernt und unbedingt beherzigt werden. Man sollte sie immer bei sich tragen, so oft wie möglich memorieren und natürlich auch anwenden.

Es folgen einige Beispiele von Originaltexten aus Lehrbriefen. Die Begrüßungsformel lautete: »Epikur grüßt Herodot. Für diejenigen, die nicht in der Lage sind, alle meine Schriften über die Natur gründlich zu studieren oder die längeren Abhandlungen zu diesem Thema durchzuarbeiten, habe ich selbst einen Auszug aus dem gesamten System angefertigt, lieber Herodot, um ihnen zu helfen, die wichtigsten Lehrsätze, so gut es geht im Kopf zu behalten, damit sie sich selbst bei jeder Gelegenheit mit den Hauptpunkten der Lehre helfen können, soweit sie sich auf Naturphilosophie einlassen. Auch diejenigen, die in der Übersicht des Ganzen schon ziemlich weit fortgeschritten sind, müssen sich des elementaren Grundrisses des gesamten Systems bewusst sein. Denn wir benötigen häufig den umfassenden Zugriff auf die Einzelheiten aber nicht so sehr. Wir müssen also ständig auf jene Hauptpunkte der Lehre zurückgreifen und sie soweit im Gedächtnis behalten, dass von dort aus nicht nur der entscheidende Zugriff auf die Dinge erfolgt, sondern man auch in jeder Hinsicht die genaue Erklärung der Einzelheiten gewinnt [...]«

Ein anderer Auszug eines Lehrbriefs »Epikur grüßt Phytokles«; zu Beginn wieder die formelhafte Begrüßung: »Sei dir, Phytokles, vor allem dessen bewusst, dass das Wissen über die Himmelserscheinungen, ob sie nun in Verbindung mit anderen oder für sich behandelt werden, keinen anderen Zweck hat als die Seelenruhe [...]« Es geht Epikur darum zu erklären, warum es nötig ist, sich konkret mit Naturerscheinungen zu befassen, damit nämlich unbestimmte Vermutungen beseitigt werden und keine angespannte Unruhe beim Menschen ausgelöst wird. Das nicht Fassbare soll erkannt werden, um eher zufällige Zusammenhänge begreifen und auflösen zu können. »Die Seelenruhe aber entsteht dadurch, dass man sich von all dem befreit und sich dauernd an das Wesen des Ganzen und die wichtigsten Verhalten erinnert, darum muss man auf die jeweils gegenwärtigen Empfindungen und die Wahrnehmungen achten, im Sinne der allgemeinen Erfahrung auf die allgemeinen, im Sinne der individuellen Erfahrungen auf die individuellen. Himmelserscheinungen bewirken beim Menschen Angst, deshalb müssen wir herausfinden, welche Erscheinungen es genau sind, die uns in Angst versetzen.«

Einer der berühmtesten Lehrbriefe Epikurs ist der an Menoikeus. Hier geht es um das Lebensalter, um das Philosophieren als lebenslange Unternehmung und darum, das Sterben zu lernen. Dieser Brief ist überliefert in der antiken Philosophiegeschichte »Leben und Lehren berühmter Philosophen« von Diogenes Laertios (ca. 220 n. Chr.): »Wer jung ist, sollte nicht zögern zu philosophieren, wer schon alt ist, sollte nicht müde werden, wenn er philosophiert«, heißt es nach der obligatorischen Grußformel, »denn für niemanden ist es zu früh oder zu spät, etwas für die Gesundheit der Seele zu tun, philosophieren heißt, etwas für die Gesundheit der Seele tun, wer aber sagt, es sei noch nicht Zeit zu philosophieren oder die Zeit sei schon vorbei, gleicht einem, der sagt, es sei noch nicht Zeit, um glücklich zu sein oder die Zeit dafür sei schon vorbei [...] Gewöhne dich daran, dass der Tod keine Bedeutung für uns hat, denn so lange wir da sind, ist der Tod nicht da, wenn aber der Tod da ist, dann sind wir nicht da, er hat also weder für die Lebenden noch für die Toten eine Bedeutung, denn für die einen ist er nicht da, die anderen sind für ihn nicht mehr da.«

Der römische Philosoph Seneca schreibt an Lukelius: »Alles, Lukelius, ist fremdes Eigentum, die Zeit allein ist unseres.« Gemeint ist damit die Lebenszeit als Gut, das wir zur Verfügung haben, das wir ganz persönlich handhaben und durchleben können. Und die Frage ist, wie wir das tun: Gedankenlos diese Zeit verschwenden oder aber bewusst sie erfahren und formen. Seneca kommt, nachdem er an Lukelius appelliert hat, sein Leben in die Hand zu nehmen, auf sich selbst zu sprechen. »Du wirst vielleicht fragen, was ich tue, der ich dir diesen Rat mitteile, ich will es freimütig gestehen, was für einen wohlhabenden aber sorgfältigen Menschen üblich ist. Die Buchführung über meinen Aufwand stimmt. Nicht kann ich behaupten, nichts zu verlieren, aber was ich verliere und warum und auf welche Weise, kann ich sagen.« »Die Buchführung über meinen Aufwand stimmt« – bedeutet bei Seneca der wohl gemeinte Rat, die Ereignisse der eigenen Lebenszeit aufzuschreiben, zu kontrollieren, aber auch nachzurechnen, jeden Tag zu bilanzieren. Das ist tatsächlich ein Verfahren der damaligen Ethik. Eine der Techniken, die dazu dienen, die eigene Zeit zu intensivieren, das eigene Selbstgefühl durch wissende Steuerung zu steigern. Im Kapitel »Das Leben aufschreiben, wer schreibt der bleibt« wird uns das später noch ausführlicher begegnen. »Was ist des Reichtums Maß?«, fragt Seneca, »zuerst haben, was nötig ist, sodann was genug ist […] wer sich mit der Armut einrichtet ist reich.« Reichtum durch Intensivierung erzeugen, nicht nach quantitativem Wachstum, nach Vermehrung um jeden Preis streben.

Wie schon eingangs erwähnt, haben sich viele Philosophen mit dem Epikureismus beschäftigt. Ratgeberliteratur zu einem gelingenden, glücklichen Leben gibt es seit mindestens 2500 Jahren und bis heute setzt sich die Serie fort. Schauen wir noch einmal auf Platon, Schüler und Schreiber von Sokrates und Lehrer des Aristoteles (384–322 v. Chr.). Für ihn galt nur der Edle und Gute als glücklich, unglücklich aber war der Schlechte und Unrechte. Er legte Wert auf die Bedürfnislosigkeit, um ein glückliches Leben zu erreichen. Nach Platon besteht die Glückseligkeit im Besitz des Guten und Schönen. Platon erwartete sehnsuchtsvoll, nach dem Tod auf der »Insel der Glückseligen« glücklich zu werden. Sie alle kennen den berühmten Ausspruch des Aristoteles: »Was es alles gibt, was ich nicht brauche.«

»Wie könnte das Größte und Schönste von einem bloßen Zufall abhängig sein?«, fragt Aristoteles und stellt in seiner »Nikomachischen Ethik«[6] fest, dass alle Menschen nach einem höchsten Gut, eben nach dem Glück streben. Dieses Streben sei in jedem Menschen angelegt. Gibt es also doch ein Glücksgen? Oder ein angeborenes Talent zum Glücklichsein? Bei Aristoteles ist ein glückliches Leben mit viel Schweiß und Arbeit verbunden.

Aurelius Augustinus (354–430 n. Chr.), einer der bedeutendsten christlichen Kirchenlehrer, gilt als der Vermittler zwischen der griechischen Philosophie und dem christlichen Denken. Auch er schrieb ein Buch über das Glück mit dem Titel »De beata vita« (»Vom glücklichen Leben«). Darin definiert er, Glück sei, das zu bekommen, was man sich wünscht. Der Kirchenvater verwirft alles irdische Glück und bekennt seinem Gott: »Unruhig ist unser Herz, bis es ruht in dir« und weiter »Bei Gott wird keine Not mehr sein, nur volles, reines, sicheres, ewiges Glück.« Das wiederum hätte Epikur sicher sehr amüsiert. Denn was nützt schon das Glück als Verheißung nach einem freudlosen Erdenle-

[6] Lebenslehre, die Aristoteles für seinen Sohn Niko verfasst hat.

ben? Hier auf der Erde findet das Leben statt. »Gott allein weiß, wie es im Himmel zugeht«, setzt Epikur dagegen, »[…] und darauf will ich mich nicht einlassen.« Alle christlichen Religionen geben das Heilsversprechen ab, dass man dauerhaftes Glück nur im Himmel finde. Die Anhänger und Gläubigen leben in der Erwartung auf das ewige Glück. Der Glaube versetzt bekanntlich Berge und mit den Gedanken setzt man Ursachen. Wer deshalb möglichst schnell in den Himmel kommen möchte, schafft das vielleicht auch.

Der englische Mathematiker und Philosoph Thomas Hobbes (1588–1679), das ist der mit dem Leviathan, dem Seeungeheuer, oder auch bekannt durch seinen berühmt gewordenen Ausspruch »Der Mensch ist des Menschen Wolf«, formulierte im 17. Jahrhundert, dass der überhaupt fundamentalste Wert des Lebens die Selbsterhaltung sei. Jeder Organismus strebe ständig danach, seine Vitalbewegung und seine geistige Beweglichkeit zu erhalten. Wir erinnern uns an die aristotelische Forderung: Für sich selbst zu sorgen ist unsere Aufgabe, das intensive Arbeiten an uns selbst. Für den Empiriker Thomas Hobbes ist die Selbsterhaltung der oberste Wert überhaupt. Jedes Individuum handelt egoistisch, es gibt bei Hobbes keinen übergeordneten Maßstab. Also ein eher apriorisches Streben nach Glück und Zufriedenheit. Oder ist es ontogenetisch verursacht, durch biologische und ökologische Einflüsse des Menschen im Verlauf des Lebens, eine Entwicklungsgeschichte, die jeden Einzelnen betrifft? Nach Darwins Evolutionslehre hat ein Lebewesen dann seine Lebensaufgabe erfüllt, wenn es sich fortgepflanzt hat. Doch so einfach machen wir es der Evolution nicht, wir möchten gerne noch andere Dinge im Leben vollbringen. Dieser kleine Einschub in die englische Philosophie des 17. Jahrhunderts musste jetzt einfach sein.

Eingangs sind wir schon einmal dem portugiesisch-niederländischen Philosophen Baruch Spinoza begegnet. Für ihn bedeutete Glückseligkeit ein vernünftiges, tugendhaftes Leben mit dem Schwerpunkt auf intellektueller Betätigung, wie er es in seinem Werk »Kurzes Traktat von Gott, dem Menschen und seinem Glück« definiert. Für Spinoza, der einen radikalen Pantheismus vertrat, ist Gott die einzige Substanz, die Ursache alles Seienden, Gott und Welt sind eins. Vielleicht verweisen die Kreationisten deshalb immer wieder auf Spinoza.

Der deutsche Philosoph Gottfried Wilhelm Leibniz geht davon aus, dass Glückseligkeit ebenfalls von einem tugendhaften Leben und der Liebe zu Gott abhängig ist. Gott will ja für alle Menschen das Gute, lässt aber auch das Böse zu, um den einzelnen Menschen nicht in seiner Freiheit einzuschränken. Leibniz führte in diesem Zusammenhang den Begriff der »Theodizee« ein, deren zentrale Frage es ist, wie es die Allmacht, Weisheit und Güte Gottes zulassen kann, dass in der Welt Krankheit, Krieg, Tod, Folter und Hass entstehen können. Warum lässt Gott das ganze Übel in der Welt zu? Für viele gläubige Menschen könnte eine der möglichen Antworten lauten, dass Gott mit der Zulassung des Übels die von ihm gegebene menschliche Freiheit respektiert. Ist das Übel überhaupt ein Übel für den Menschen oder eher ein notwendiger Kontrast? Darauf komme ich später noch zurück.

Im 18. Jahrhundert, dem Zeitalter der Aufklärung, existierte geradezu ein übermäßiges Streben nach Glück, nach Glückseligkeit, nach Glück als einem Zustand der Seele, nach einem Recht des Menschen auf Glück. Der dritte Präsident der Vereinigten Staaten von Amerika, Thomas Jefferson (1743–1826), einer der einflussreichsten Staatstheoretiker der USA, gilt als der Verfasser der amerikanischen Unabhängigkeitserklärung vom 4. Juli 1776, in der das Streben nach Glück als ein gottgegebenes Recht verankert ist: »Folgende Wahrheiten erachten wir als selbstverständlich: Dass alle

Menschen gleich geschaffen sind, dass sie von ihrem Schöpfer mit gewissen unveräußerlichen Rechten ausgestattet sind, dass dazu Leben, Freiheit und das Streben nach Glück gehören« (»life, liberty and the pursuit of happiness«).

Wie messen wir eigentlich unser Glück? Kant sagt, der Zustand der Zufriedenheit sei immer komparativ: Wir vergleichen uns mit dem Schicksal anderer oder mit dem eigenen Zustand, wie wir ihn in der Vergangenheit einmal erlebten. Deshalb wird auch die Zeitung mit den großen Buchstaben so gerne gelesen, dort finden wir garantiert immer einen, dem es schlechter geht als uns selbst, und das hilft schon außerordentlich.

Einer der einflussreichsten Autoren der europäischen Aufklärung, Voltaire, geht das Thema Glück ganz praktisch an: »Da es sehr förderlich für die Gesundheit ist, habe ich beschlossen, glücklich zu sein.« Das ist sehr pragmatisch und klingt für mich typisch französisch. Von ihm stammt aber auch der Ausspruch: »Lasst uns arbeiten, ohne zu räsonieren«, den er den weisen Martin in seinem Roman »Candide, ou l'optimisme« sagen lässt. Dieser philosophische Kurzroman von Voltaire erschien 1759 zunächst anonym. Er gilt heute als eines seiner besten Werke. Schon 1776 erschien eine deutsche Übersetzung unter dem Titel »Candide oder die beste aller Welten« und 1956 hatte das gleichnamige Musical von Leonard Bernstein am Broadway Premiere. Mit 64 Jahren lebte Voltaire als Gutsherr am Genfer See und brachte dort sein ganzes Dorf mit unermüdlichem Fleiß zu Wohlstand. Ganz nebenbei schrieb er Romane und unzählige wissenschaftliche Werke. Er galt als sehr glücklicher Mensch nach der aristotelischen Maxime, dass die Glückseligkeit des Menschen mit sehr viel Schweiß und Arbeit des Einzelnen verbunden ist.

Natürlich beschäftigte sich auch Arthur Schopenhauer mit dem Thema Glück. Er gilt als der Pessimist unter den Philosophen und geht davon aus, dass es im Leben aufgrund nicht zu befriedigender Wünsche überhaupt kein dauerhaftes Glück geben kann. Seine pessimistische Grundhaltung lässt ihn sagen: »Das Leben ist unausweichlich von Schmerz und Leiden gekennzeichnet. [...] Alle Befriedigung oder was man gemeinhin Glück nennt, ist eigentlich und wesentlich immer nur negativ und durchaus nie positiv.« Lust ist bei Schopenhauer »Freisein von Unlust«. Sein schon einmal erwähntes Werk »Aphorismen zur Lebensweisheit« gehört erstaunlicherweise dennoch mit zur interessantesten modernen »Glücksliteratur«, auch heute noch.

Wissen Sie eigentlich, dass sich auch Karl Marx (1818–1883) mit dem Thema Glück und insbesondere mit Epikur sehr intensiv auseinandersetzte? Er wurde an der Universität Jena zum Doktor der Philosophie promoviert, mit einer Dissertation, die den Titel trug »Differenz der demokritischen und epikureischen Naturphilosophie«. Marx schreibt darin: »Epikur ist der größte griechische Aufklärer.«

Bei meinem Lieblingsphilosophen Friedrich Nietzsche (1844–1900) ist Glück keine äußerlich zu erwerbende Kategorie, sondern eher eine Innerlichkeit, die jedem Menschen immanent ist, also von sich aus in jedem Menschen wohnt. Das allgemeine Sittengesetz von Kant lehnt Nietzsche ab. Er schreibt: »Die Bestie in uns will belogen werden; Moral ist Notlüge, damit wir von ihr nicht zerrissen werden.« Dabei lehnt Nietzsche nicht jede Sittsamkeit ab. In seinem Werk »Menschliches Allzumenschliches« schreibt er, dass zum Glück des Menschen auch der Unsinn gehört und explizit die Freude daran. Zitat: »So weit nämlich auf der Welt gelacht wird, ist dies der Fall, ja man kann sagen, fast überall, wo es Glück gibt, gibt es Freude am Unsinn.« – »Alles ist gut. Der Mensch ist unglücklich, weil er nicht weiß, dass er glücklich ist. Nur deshalb. Das ist alles, alles! Wer das erkennt, der wird glücklich sein, sofort im selben Augenblick.« Dieses Zitat klingt sehr nach Nietzsche, ist es aber nicht. Es stammt »von dem größten Psychologen aller Zeiten« wie Nietzsche ihn bezeichnete, dem russischen Dichter Fjodor Michailowitsch Dostojewski (1821–1881). Dieses Zitat ist übrigens Inhalt sehr vieler Dissertationen in beiden Fachbereichen, der Philosophie und der Psychologie.

Eingangs habe ich geschrieben, dass in der amerikanischen Unabhängigkeitserklärung vom 4. Juli 1776 das Streben nach Glück als ein gottgegebenes Recht verankert ist. Es gibt auch eine moderne Version der Verankerung von Glück in der Verfassung. In dem kleinen, unabhängigen Königreich Bhutan in Südasien mit nur 2,3 Millionen Einwohnern hat König Jigme Singye Wangchuck seine Macht abgegeben. Die Monarchie wurde von der Demokratie abgelöst. Dieses kleine ehemalige Königreich gehört zu den wohl ärmsten Ländern der Welt. Mitten in der 70000 Einwohner zählenden Hauptstadt Thimphu gibt es ein Institut für Bhutan-Studien. Der Direktor des Instituts, ein in Europa ausgebildeter Forscher, ist einer der bekanntesten Intellektuellen des Landes und forscht im Auftrag des Königs hauptberuflich über das Glück der Einwohner des kleinen Bhutan. In dessen Verfassung ist tatsächlich das Ziel verankert, eine Basis zu schaffen für mehr »Bruttosozialglück«, für eine bessere und glücklichere Entwicklung eines jeden Bürgers. Das Glück des Menschen ist nicht nur abhängig von seinem persönlichen Wohlstand, sondern ganz entscheidend von seiner Bildung, von sozialer Gerechtigkeit und der gesellschaftlichen Geborgenheit.

Wie sieht es eigentlich in der Psychologie mit dem Thema Glück aus? Für Wilhelm Wundt, einen promovierten Mediziner, der als der Begründer der Psychologie als eigenständiger Humanwissenschaftler gesehen wird, ist Glückseligkeit ein subjektiver Nebenerfolg der Sittlichkeit, ein Mittel, aber nicht das Ziel ethischen Handelns. Der österreichische

Arzt Alfred Adler (1870–1937), ein Schüler von Sigmund Freud, der zunächst mit Freud zusammenarbeitete und nach seiner Trennung von ihm seine eigene Individualpsychologie entwickelte, setzt als Ziel einer jeden Psychotherapie, dem Menschen zu vermitteln, dass Glück nie auf Kosten anderer, sondern nur in sich selbst zu suchen und zu erreichen ist. Von dem berühmten österreichischen Arzt, Tiefenpsychologen und Begründer der Psychoanalyse Sigmund Freud (1856–1939) stammt das Zitat: »Die Absicht, dass der Mensch glücklich sei, ist im Plan der Schöpfung nicht enthalten.« Tief empfundenes Glück entspringe eher der Befriedigung aufgestauter Bedürfnisse.

Der amerikanische Psychologieprofessor Martin E. P. Seligman (*1942) erarbeitete viele Forschungsergebnisse über Glücksgefühle. Er kam bei seinen Untersuchungen zu dem Ergebnis, dass diese sich nachhaltig steigern lassen. Eines seiner berühmtesten Bücher »Der Glücksfaktor, warum Optimisten länger leben«[7] appelliert an den Leser, dass jeder Mensch, wenn er es nur wolle, seinen höchsten Glückspegel erreichen könne. In diesem Buch beschreibt er sehr genau und leicht verständlich, was man unter positiven Emotionen versteht und wie sich diese steigern lassen. Voraussetzung ist bei ihm allerdings, dass wir uns von alten Denkmustern verabschieden. Es wird immer die Haltung zum eigenen Leben und dem Leben überhaupt sein, die Glückszustände hervorrufen kann. Seligman wird der »Positiven Psychologie« zugeordnet. Er geht davon aus, dass es für den Menschen wichtiger ist, die positiven Seiten seiner Persönlichkeit zu fördern und sich nicht zu sehr mit belas-

[7] Er schreibt, man könne durch systematische Übung lernen, positive Glückszustände in den Alltag zu integrieren. Seligman zeigt in seinem Buch anhand einer Vielzahl von Studien die Vorteile einer optimistischen Lebenssicht und Lebensweise auf. Es ist kein Ratgeberbuch und kann dennoch an vielen Beispielen zeigen, wie man glücklich wird.

tenden Gefühlen zu beschäftigen. Alle negativen Emotionen wie Neid, Missmut, Pessimismus, Aggressionen gegen sich selbst und andere sollen überwunden werden, das positive Potenzial unseres Gehirns zum Glücksstreben soll so oft wie möglich genutzt werden.

Glück ist erlernbar. Das behauptet auch Ruut Veenhoven, Jahrgang 1942, ein niederländischer Soziologieprofessor an der Erasmus Universität Rotterdam. Sein großes Thema ist die »social condition of human happiness«, die soziale Bedingung für das menschliche Glück. Er hat die weltgrößte Datenbank zum Thema Glück aufgebaut, für die er wissenschaftliche Daten und Literatur aus aller Welt zusammenträgt. Veenhoven definiert Glück als Lebenszufriedenheit. Als einen Maßstab, mit dem der Mensch seine Lebensqualität bewertet. Er sagt: »Ein Mensch ist dann zufrieden und glücklich, wenn seine Bedürfnisse auf den verschiedenen und möglichst sehr vielen Ebenen erfüllt werden.« Eine recht einfache und schlüssige These. Da sind die grundlegenden Bedürfnisse nach Nahrung und Schlaf, nach Liebe, Wertschätzung, Sicherheit und Entwicklung. Das Bedürfnis nach Entwicklung spielt eine sehr wichtige, das persönliche Lebensalter hingegen überhaupt keine Rolle. Sehr beeindruckt war ich von einer 90-jährigen Dame beim Computerunterricht, die glücklich darüber war, dass sie endlich gelernt hatte, mit diesem ihr bislang unheimlichen Gerät Kontakt mit ihren Kindern, Enkeln und Urenkeln aufnehmen zu können. Plötzlich war sie eingebunden in die modernen sozialen Netzwerke der jungen Leute.

Veenhoven ist der aristotelischen Ansicht, dass eine maßgebliche Voraussetzung für die Erlernbarkeit von Glück das Achten auf Vortrefflichkeit und Tugend beim Handeln ist. Eine typisch Kantsche Definition? Das ist die Frage. Bei Immanuel Kant würde das bedeuten, dass der Mensch sein Streben nach Lebenszufriedenheit und Glück aus der Vernunft gewinnt, durch Denken erschließt und völlig unabhängig von der Erfahrung ist.

Der amerikanische Sozialwissenschaftler, Psychologieprofessor und Glücksforscher Mihaly Csikszentmihalyi (*1934) der auch mit Martin Seligman zusammengearbeitet hat, schreibt dazu, dass Menschen während der Arbeit am glücklichsten sind. Und zwar dann, wenn sie einen Zustand, er nennt ihn »flow«, erreichen und in ihrer Arbeit oder in dem, was sie gerade tun, ganz aufgehen. Klingt irgendwie gar nicht so neu und revolutionär. Unter »flow« versteht der Direktor der Quality of Life Center und Professor an der Claremont Graduate University in Kalifornien den Zustand vollständigen Einsseins mit sich und der Welt. Doch wie können wir ihn erreichen? Csikszentmihalyi sehr empfehlenswertes Buch »Flow – das Geheimnis des Glücks«, das Ergebnis jahrelanger Forschungsarbeit, zeigt aber auch sehr gut, wie es möglich ist, das eigene Leben zu verändern, sozusagen das ständige »Chaos im Kopf zu bändigen, Kreativität zu entfalten, Freude und Glück zu empfinden«.

Wolf Schneider, Journalist und Sprachforscher, Jahrgang 1925, schreibt: »Glück schafft allein der Kontrast« und zitiert Sigmund Freud: »Wir sind so eingerichtet, dass wir nur den Kontrast intensiv genießen können, den eigentlichen Zustand nur sehr wenig.«

Wie gut schmeckt uns selbst das einfachste Essen, wenn wir einmal gefastet haben. Wie angenehm ist es, die Beine hochzulegen nach einem ausgedehnten Spaziergang. Wie gut schmeckt ein Weißbier nach der Sauna. Mit welchen Glücksgefühlen genießen wir die heimlichen unerlaubten Leckereien oder wie erfreuten uns, als wir jung waren, der geklauten Äpfel und Kirschen oder der ersten verstohlenen Küsse. Die Philosophen hatten schon recht mit ihrer Behauptung »Mangel ist die vorhergehende Bedingung jedes

Genusses«. Womit wir den Kreis mit Epikur wieder schließen können. Menschen fühlen sich gerade dann besonders wohl, wenn sie sich anstrengen müssen und gefordert sind, ganz gleich, ob geistig oder körperlich. Aktiv sein macht glücklicher als faul sein. Und oft stellen Menschen das erst fest, wenn sie eine anspruchsvolle Arbeit hinter sich gebracht haben.

Diese Meinung spiegelt sich nicht nur in antiken Schriften wider, sondern reicht bis in die heutige Moderne. In der Philosophie der Antike, insbesondere bei Epikur, aber auch in anderen griechischen Philosophenschulen, wurde der Grundstein jeglicher Glücksphilosophie gelegt. Es ist auffallend, dass deren Kernaussagen bis heute nicht an Aktualität verloren haben. Es wurde zu jeder Zeit damit versucht, einen Orientierungsrahmen für das alltägliche Leben zu schaffen.

Bei allen philosophischen Glückslehren liegt das Glück in der Hand des Einzelnen. Es sind keineswegs die Umstände, Zufälle oder gar irgendein nicht definiertes Schicksalsgeschehen, das über Glücklich- oder Unglücklichsein entscheidet. Wahrscheinlich können wir Menschen nicht dauerhaft immer nur zufrieden und glücklich sein. Aber wir können sehr wohl immer wieder aufs Neue beginnen, mit unseren Problemen umzugehen und zu verhindern, dass sie den Blick für die Dinge trüben, über die man glücklich und zufrieden sein kann.

Im Neuen Testament wird von Jesus berichtet, dass er die Menschen, denen er half, stets zuerst fragte: »Glaubst du?«, also nach ihrer Einstellung zum Leben fragte. Erst wenn auf diese Frage eine positive Antwort kam, sprach er weiter: »Dir geschehe nach deinem Glauben.« Was wir glauben, und dies nicht nur in einem religiösen Sinn, sondern tief und fest in unserem Inneren, was wir in unserer Seele unerschütterlich glauben, hat eine sehr reale Chance, sich selbst zu verwirklichen. Mit unserem festen Glauben wird durch das geistige Gesetz eine Ursache gesetzt, die zu unserem Glück führen kann. Lange glaubte man, der Glaube an das Glück unterliege einer intrinsischen Motivation, so wie ich es bei Nietzsche ausgeführt habe. Damit bezeichnet die moderne Motivationspsychologie ein Konstrukt, nach dem ein Verhalten auch ohne externe Belohnung aufrechterhalten wird. Die Belohnung erfolgt dabei durch körperinterne Prozesse. Vielleicht durch die Ausschüttung von Glückshormonen, die unser Glück verursachen. Ganz aktuelle Forschungen berichten auch von sogenannten Spiegel-Genen, so wie Gähnen das Gegenüber ansteckt, sind auch glückliche Menschen ansteckend.

Aktuelle anthropologische wissenschaftliche Erkenntnisse der Glücksforschung wie auch die moderne Hirnforschung bestätigen, dass in unserem Körper eigene Schaltungen für Freude, Lust und Euphorie eingerichtet sind. So wie wir mit der Fähigkeit zu sprechen auf die Welt kommen, so sind wir auch auf Gefühle programmiert. Sowohl auf die guten wie auch auf die weniger angenehmen. Auch bei älteren Menschen verändert sich das Gehirn konstant weiter. Wann immer wir etwas lernen – und wir lernen ein Leben lang, wenn wir es denn zulassen – verändern sich die Schaltkreise in unserem Gehirn. Doch nicht nur Gedanken, sondern auch Emotionen bringen diese Umbauten in Gang. Mit den richtigen Übungen können wir unsere Glücksfähigkeit steigern. Wie wir von dem amerikanischen Psychologieprofessor Martin Seligman aus seinen neuesten Forschungsergebnissen hörten, können wir unsere natürliche Anlage für gute Gefühle trainieren. Ganz genau so, wie man ein Leben lang eine Fremdsprache lernen kann, kann man an seiner Glücksfähigkeit lebenslang arbeiten. Es ist selbstverständlich, dass wir nicht im ewigen Glücksrausch leben können, aber wir können dafür sorgen, dass wir durch unsere eigenen Entscheidungen und Handlungen mehr Glücksmomente erleben. Es ist weniger wichtig, was man erlebt, als wie man das, was man erlebt, verarbeitet. Generell ist für alles Lernen – und genauso ist auch beim Glück – immer die Wiederholung, das ständige Memorieren wichtig: Je öfter die entsprechenden Neuronen angeregt werden zu »funkeln«, wie das Johannes Johannsen bezeichnete, umso sicherer entsteht eine dauerhafte Verbindung.

Eine wunderbare Botschaft kommt von der TU Darmstadt. Psychologieprofessor Bernhard Schmitz untersuchte mit einer Gruppe Studierender den Unterschied zwischen Menschen, die grundsätzlich pessimistisch und nie mit etwas richtig zufrieden durchs Leben gehen, und Menschen, die ihrem Leben immer wieder das Positivste abgewinnen und die nichts aus der Bahn werfen kann. Prof. Schmitz wertete zusammen mit seinen Studierenden über 1000 Fragebögen aus. Die Forschergruppe gewann erstaunliche Erkenntnisse und ist davon überzeugt, dass jedermann ein sogenannter Lebenskünstler werden kann. Und Prof. Schmitz erklärt auch, wie das gelingen könnte. Der Mensch sollte immer bemüht sein, sein Leben selbst in die Hand zu nehmen und nicht das tun, was andere ihm sagen oder für gut für ihn befinden. Dazu gehört ein offenes Bewusstsein für die eigenen Schwächen und Stärken und ein ausgeprägtes Selbstbewusstsein, auch zu seinen Schwächen zu stehen. Von selbst verstehen sich die Offenheit gegenüber allem Neuen und möglichst viele soziale Kontakte. Vor allem, meint Prof. Schmitz, müsse Gelassenheit geübt werden. Wie kann das gelingen? Da jeder Mensch bis ins hohe Alter lernfähig ist – auch das ist neuere wissenschaftliche Erkenntnis – kann man Menschen in Seminaren »nützliche Tipps für ein erfülltes Leben« geben, gerade so, wie Epikur es in seinem Garten in Athen begann. Es ist ganz einfach, zufrieden und glücklich zu sein, wenn man keine allzu großen Anforderungen an sich selbst und das Leben stellt. Natürlich spielen auch Gesundheit und materielle Sicherheit eine wichtige Rolle. Lebenskunst kann laut Schmitz trainiert werden.

Mit Worten von Hermann Hesse (1877–1962) über das Glück endet dieses Kapitel: »Unter Glück verstehe ich heute etwas ganz Objektives, nämlich die Ganzheit selbst, das zeitlose Sein, die ewige Musik der Welt, das, was andere etwa Harmonie der Sphären oder das Lächeln Gottes genannt haben. [...] Wenn alt gewordene Menschen sich darauf zu besinnen suchen, wann, wie oft und wie stark sie Glück empfunden haben, dann suchen sie vor allem in ihrer Kindheit, und mit Recht, denn zum Erleben des Glückes bedarf es vor allem der Unabhängigkeit von der Zeit und damit von der Furcht sowohl wie von der Hoffnung und diese Fähigkeit kommt den meisten Menschen mit den Jahren abhanden.«

Bachblüten

Mitten in meinem stressigen Berufsleben entdeckte ich die Bachblüten. Irgendwann und irgendwo hatte ich von den unglaublichen Heilsversprechen dieser Naturheilmethode gelesen. Sie sollen auf negative Emotionen wie Angst, Depressionen, Unsicherheit und Verzweiflung positiv wirken. Das klang so vielversprechend; dem wollte ich nachgehen. Und weil ich immer alles sehr gründlich angehe, meldete ich mich gleich bei Dr. Götz Blome an. Er ist Autor einiger Bachblüten-Bücher und bietet darüber hinaus Seminare an. Er ist approbierter Mediziner, das war für mich Grund genug, gerade ihn aufzusuchen. Schon Jahrzehnte begleiten Bachblüten seither mein Leben, und heute, gerade im fortgeschrittenen Alter, wüsste ich nicht, was ich ohne sie machen sollte. Also, fröhlich altern mit Bachblüten heißt jetzt das nächste Thema, zu dem ich Sie hinführen möchte.

Im Kontext unserer Gegenwart – der ersten Hälfte des 20. Jahrhunderts – müssen wir die sogenannten Bachblüten sehen. In England tauchen sie zum ersten Mal auf. Was sind Bachblüten genau? Wer hat sie entdeckt? Ihren Namen haben Bachblüten von dem englischen Arzt Dr. Edward Bach. Er lebte von 1886 bis 1936 und kann als der britische Vorreiter auf dem Gebiet des in der Medizin neu entstehenden Fachbereichs der Psychosomatik bezeichnet werden, der Verbindung von Körper und Seele. Nach Bach ist der Mensch von Natur aus glücklich, zufrieden und gesund, unter der Conditio sine qua non, also unter der Bedingung, dass er in Verbindung mit seiner Seele steht. Diese Erkenntnis ließ Bach keine Ruhe. Er gab seine gesicherte Position als angestellter Arzt an einem Londoner Krankenhaus auf, um die Entdeckung gesetzmäßiger Zusammenhänge zwischen Gemütssymptomen und Erkrankungen voranzutreiben.

Wird der Urkontakt zwischen Leib und Seele durch Lebensumstände und Umwelt verändert, kommt es zu »negativen« Gemütszuständen. Für den Schulmediziner Bach war schon immer klar, dass alle körperlichen Krankheiten seelische Ursachen haben. Er beobachtete zudem, dass seelische Persönlichkeits- und Charaktermerkmale den Menschen zu ganz bestimmten Reaktionsweisen veranlassen. Er suchte eine natürliche, nebenwirkungsfreie und von jedermann leicht anwendbare Medizin, die wirklich ganzheitlich heilen sollte. Wobei er mit ganzheitlich meinte, dass der Mensch als untrennbare Einheit aus Seele, Geist und Körper existiert und als solche betrachtet und auch behandelt werden sollte.

Die Bachblüten-Therapie erlebt gerade in jüngster Zeit einen enormen Aufschwung. Als ich in den frühen 1970er-Jahre begann, mich dafür zu interessieren, brachte ich die Blütenessenzen von Geschäftsreisen aus England mit. In Deutschland waren sie noch nicht zu bekommen. Heute verkauft sie jede Apotheke, und das mit zunehmendem Erfolg, wie mir kürzlich ein befreundeter Apotheker berichtete. Das ist kein Zufall, denn sie behandelt den Menschen nicht – wie die technisierte Wissenschaftsmedizin – als seelenlose Körpermaschine, sondern nimmt ihn als fühlendes und beseeltes Wesen mit einem individuellen, persönlichen Lebenssinn sehr ernst. Sie hilft ihm ursächlich und grundsätzlich bei Beschwerden und Störungen im Alltag, bei allen Krankheiten und letztendlich bei der Gestaltung eines sinnvollen und gesunden Lebens. Man kann die Bachblüten-Therapie als psychologisch fundierte medikamentöse Therapie mit einem besonders menschenwürdigen Konzept bezeichnen. Obwohl es bis heute keinerlei wissenschaftlich belegte Ergebnisse gibt. Viele Ärzte zählen sie zu den Placebos. Doch auch hier kann ich verraten, dass einer meiner Arzt-Freunde, ein überzeugter Schulmediziner, sie auch auf seinem Nachttisch stehen hat. Sie haben gegenüber der Schulmedizin einige Vorteile[8]: Sie blockieren nicht, unterdrücken nicht, manipulieren nicht, vergiften nicht, zerstören nicht, sondern normalisieren, stellen wieder her, beseitigen Blockaden und stärken die natürlichen Heilkräfte des Körpers. Sie bestehen ausschließlich aus ungefährlichen Natursubstanzen mit keinerlei schädlichen Nebenwirkungen. Sie können deshalb von jedermann als Selbstbehandlung gefahrlos eingenommen werden. Sie wurden ohne Tierquälerei entwickelt, sind umweltschonend in der Herstellung und sparsam in der Anwendung.

Was sind Bachblüten genau: Essenzen aus Blüten ausgesuchter, wild wachsender Blumen, Bäume und Sträucher, auf natürliche Weise hergestellt. Ein Blütenauszug wird mit frischem Quellwasser aufbereitet, mit wenig Alkohol gemischt und verdünnt. Die Alkoholmengen sind dermaßen gering, dass die Mittel in bestimmten Mengen sogar Kindern ohne Bedenken gegeben werden können. »Beim Essen eines Apfels entsteht eine wesentlich höhere Menge an Alkohol«, so der Mediziner Götz Blome. Natürlich gibt es Bachblüten auch als Globuli, womit das Problem Alkohol völlig ausgeschaltet werden kann.

Die Wirksamkeit der Bachblüten lässt sich beim heutigen Stand der Naturwissenschaften nicht genau erklären, doch es gibt unzählige Erfahrungen, nach denen sie Erstaunli-

[8] Da ich weder Arzt noch Apotheker bin, bedeutet dies keine Empfehlung zur Einnahme von Bachblüten!

ches vermochten. Und das Schöne daran ist, dass bis jetzt keinerlei Nebenwirkungen bekannt geworden sind. Sie haben ihren Siegeszug auf der ganzen Welt angetreten. Die Pflanzenpräparate bekommt man heute rezeptfrei in den meisten Apotheken in aller Welt. Skeptischen Naturwissenschaftlern empfehle ich immer wieder, sich von dem Vorurteil freizumachen, dass nur das, was mit den Erkenntnismitteln der Biologie, der Medizin, der Pharmakologie, der klinischen Psychologie, der Chemie und der Physik erfasst werden kann, real ist. In zahlreichen Blindversuchen hat sich bewahrheitet, dass man nicht unbedingt an Bachblüten »glauben« muss, damit sie wirken. Der beste Beweis dafür ist, dass sie sehr wirkungsvoll auch bei Tieren und Pflanzen eingesetzt werden.

Millionen von Bachblüten-Anwendern auf der ganzen Welt sind seit über 100 Jahren überzeugt von deren heilsamen Wirkungen. Natürlich haben wir auch hier wie überall in der Medizin sogenannte Placebo-Effekte. Das ist aber keineswegs von Nachteil. Denn gerade sie sind in Wirklichkeit die höchste Form von Heilung, weil hier der Organismus auf einen bestimmten Stimulus hin selbst die Heilung vornimmt. In der offiziellen Medizin werden Placebos oft als nicht ernst zu nehmend abgetan. Wenn Bachblüten wirklich nur wirksame Placebos wären, dann wären sie doch das eleganteste, humanste und natürlichste Heilmittel der Welt! Also selbst das Placebo-Argument spricht für die Einnahme von Bachblüten.

Aber ich glaube nicht daran, dass sie »nur« Placebo-Wirkung haben. Zum Beispiel habe ich erst kürzlich wieder gelesen, dass sie mittlerweile in vielen Geburtshilfestationen großer Kliniken ganz offiziell eingesetzt werden. Wer einmal an sich selbst die Wirkung gespürt hat, zweifelt nicht eine Sekunde an deren heilsamen Effekten. Aber vielleicht wird Bach in der Salutogenese – der Selbstheilungsfindung oder auch der Entstehung von Gesundheit – gerade deshalb neben Paracelsus und Hahnemann als einer der bedeutendsten Persönlichkeiten der abendländischen Medizingeschichte genannt. Das ganze Kapitel beschäftigt sich mit der Salutogenese, der Selbstheilungskraft eines Menschen, deshalb möchte ich auf diesen Begriff nicht ausführlicher eingehen. Wenn Sie sich näher damit beschäftigen wollen, kann ich Ihnen das Zentrum für Salutogenese empfehlen, mit seiner sehr interessanten Homepage[9].

Bach ging es so wie Theophrastus Bombast von Hohenheim, bekannt unter dem Namen Paracelsus (1493–1541), dem Arzt, Laientheologe und Philosophen, dessen Heilungserfolge überliefert sind. Auch er musste die erbitterte Gegnerschaft praktizierender Ärzte und Apotheker ertragen. Die englische Ärztekammer drohte Edward Bach, ihn aus dem offiziellen Ärzteregister zu entfernen. Aber auch die Lehre von Christian Friedrich Samuel Hahnemann (1755–1843), dem deutschen Arzt und Begründer der Homöopathie, ist bis heute gerade unter Schulmedizinern immer noch sehr umstritten, obwohl es bereits homöopathische Fakultäten an medizinischen Universitäten gibt und die Wirkung der Mittel kaum noch infrage gestellt werden kann.

Mit den von Edward Bach entwickelten 38 Blüten-Mitteln lassen sich alle von ihm beobachteten und beschriebenen Gemütszustände positiv verändern. Die Blüten helfen, den wichtigen Kontakt zur Seele wiederzufinden und beeinflussen positiv Gemüt und Verhalten. Bach hat 38 Menschentypen so genau charakterisiert und beschrieben, dass die sich in ihrer Eigenart ausdrückende Störung klar zutage tritt. Die Mittel unterdrücken und bekämpfen nichts im herkömmlichen Sinne der Medizin. Die körperlichen

[9] Website des Zentrums für Salutogenese in Bad Gandersheim: www.salutogenese-zentrum.de

Symptome einer eventuellen Krankheit spielen auch bei der Auswahl der Mittel eine untergeordnete Rolle. Man orientiert sich primär an der psychischen Verfassung eines Menschen. Bach kam es darauf an, den Menschen über sich selbst aufzuklären, ihn anzuregen, darüber nachzudenken, welche Fehler er eventuell gemacht haben könnte, die bei ihm zu negativen Seelenzuständen führten. Er war davon überzeugt, dass der Körper sich über die Seele heilt und umgekehrt erkrankt. Vor einiger Zeit hörte ich einen wunderbaren Satz bei einer Radiosendung mit Dr. Petra Bracht im HR 1: »Die Seele sagt zum Körper, sag du es ihm, auf mich hört er ja nicht.« Krankheit ist kein Schicksal und schon gar keine Bestrafung, sondern ein Hilferuf des Körpers: »Mensch tu endlich etwas, mach es anders.« Schmerzliche Erfahrungen im wahrsten Sinne des Wortes müssen wir erleiden, wenn wir unserer inneren Stimme nicht folgen. Damit zeigt unser Körper, wo wir Fehler begangen haben in Bezug auf die kosmischen Gesetze, die Naturgesetze. Bei den Schulmedizinern sind immer Bakterien und Viren Krankheitsursachen. Doch warum werden in einem großen Raum, in dem sich viele Menschen und ebenso viele Bakterien und Viren befinden, einige krank und andere nicht?

Die Aufgabe eines ganzheitlich praktizierenden Arztes[10] wird es sein, den Menschen zurückzuführen. Das heißt, er muss ihm vermitteln, wo er etwas falsch gemacht hat und ihm Wege aufzeigen, den Anschluss an seine innere Führung wiederzugewinnen. Dabei können Bachblüten helfen. Wie oft haben wir mit Freude festgestellt, dass die Blütenessenzen dazu beigetragen haben, dass sich ein Mensch wieder geöffnet hat. Dass er nach Einnahme der Mittel erkannt hat,

[10] Hinweis auf das Buch von Bernard Lown »Die verlorene Kunst des Heilens, Anleitung zum Umdenken«.

wie er wieder Frieden in seine Seele einkehren lassen kann. Geeignete Blütenmischungen können die Persönlichkeitsentwicklung und die allgemeine Lebenssanierung unterstützen und fördern. Bei allen Arten von Ängsten zum Beispiel haben sich Bachblüten vielfach als sehr erfolgreich erwiesen. Wenn Sie sich einfach nur wieder einmal wohlfühlen und psychisch in einen guten Zustand versetzen möchten, haben sich die Blütenmittel in vielen Fällen ganz ausgezeichnet bewährt. Dabei denke ich grundsätzlich nicht an die Behandlung von akuten oder chronischen Krankheiten oder Psychotherapien. Diese dürfen in Deutschland nur von professionellen Therapeuten wie Ärzten und approbierten Psychologen ausgeführt werden. Aber auch dabei können Bachblüten immer sinnvoll unterstützend eingesetzt werden.

Edward Bach entwickelte seine Heilmittel zwar zur Therapie für körperliche Krankheiten, setzte sie aber in erster Linie zur Behandlung momentan vorherrschender Gemüts- oder Verhaltensstörungen ein. Nach seinem Motto: »Jemand, der sich psychisch wohlfühlt, wird nicht krank.«

Beispiele der Anwendung einzelner Mittel nach Edward Bach:
»Impatiens« (Springkraut), das Mittel gegen Unruhe, Ungeduld und Nervosität, »Clematis« (weiße Waldrebe), wenn einem die Aufmerksamkeit für das, was um einen herum vorgeht, verloren geht und »Mimulus« (gefleckte Gauklerblume), eines der großen Mittel gegen Angst, sind die ersten von Bach gefundenen Blüten.

Es folgten »Agrimony« (Odermennig), für alle, die ihren Geist hinter einem immer freundlichen Gesicht foltern, »Chicory« (Wegwarte, für Egoisten mit besitzergreifender Liebe, »Vervain« (Eisenkraut), wenn man vor Übereifer ständig an seine Grenzen stößt.

Mit »Centaury« (Tausendgüldenkraut), »Cerato« (Bleiwurz/Hornkraut), »Scleranthus« (einjähriger Knäuel), »Water Violet« (Sumpfwasserfeder), »Gentian« (Herbstenzian) und »Rock Rose« (Gelbes Sonnenröschen) waren die von Bach sogenannten zwölf Heiler geschaffen.

Später kamen die vier Helfer dazu. Mit dem Mittel »Gorse« (Stechginster) zum Beispiel kann Hoffnungslosigkeit zur Hoffnung werden, »Oak« (Eiche) lässt einen wieder zu Kraft und Ausdauer kommen, hilft aber auch, seine Grenzen besser zu erkennen. »Heather« (Schottisches Heidekraut) ist das Mittel der Hilfsbereitschaft und des Einfühlungsvermögens und der vierte Helfer ist »Rock Water« (Wasser aus einer Heilquelle), wenn man zu hart zu sich selbst ist und seine eigenen Bedürfnisse verleugnet.

»Mimulus« (Gefleckte Gauklerblume) kann dem Ängstlichen die Angst nehmen; dem depressiven, niedergeschlagenen und schwermütigen Menschen könnte »Mustard« (Wilder Senf) helfen. Jemand, der sich ohne Selbstvertrauen fühlt, kann mit »Larch« (Lärche) zu einem besseren Bewusstsein seines Selbst kommen.

Es gibt 38 Bach-Mittel mit ihren vielfachen Einsatzmöglichkeiten. Wichtig ist das Wissen um die einzelnen Bachblüten. Welche Mittel kommen wann zum Einsatz? Am besten ist es, wenn man alle Mittel und deren von Bach beschriebenen Wirkungen kennt, um sie wirkungsvoll einsetzen zu können.

Wie schon zu Anfang erwähnt, bin ich auf Bachblüten bei einem England-Aufenthalt in den 1970er-Jahren gestoßen. Damals kaufte ich mir dort auch mein erstes Buch von Edward Bach. Seit dieser Zeit hat mich dieses faszinierende Thema nicht mehr losgelassen. Wenn ich Bachblüten kaufe, achte ich immer darauf, dass ich die original in England hergestellten Essenzen bekomme, entweder von Healing Herbs Ltd. oder von Bach-Flower Remedies Ltd. mit dem Original »Bach«-Schriftzug. Damit behandle ich mich selbst seit vielen Jahren und bin meiner Familie, meinen Bekannten und allen, die mich danach fragen, ein willkommener Berater. Bachblüten sind für jedermann. Je nach Typ, Charakter und Befindlichkeit kann man sich seine persönlichen Blüten selbst zusammenstellen. Voraussetzung ist die Kenntnis der von Bach aufgestellten Analogien. Wenn man einmal die Bach-Philosophie richtig verstanden hat, ist es ganz leicht, sich selbst damit zu helfen. Bach ging es um alle Bereiche der menschlichen Existenz. Ganz grundlegende Fragen auf der Suche nach Erkenntnis, die wir uns alle früher oder später stellen, leiten seine Lehre: Was will ich, wer bin ich und wo will ich hin? Bach entdeckte dabei die Antworten in der Pflanzenwelt der Natur. Das einzige nicht aus Pflanzen hergestellte Mittel ist »Rock Water«, von dem ich zuvor schon gesprochen habe.

Eine meiner wichtigsten Erkenntnisse beim Studium der Bachblüten war, dass man zwar Krankheiten bekämpfen kann, es aber gleichermaßen sehr wichtig ist, aus jeder Krankheit Erkenntnisse zu gewinnen. Der nachhaltige Erfolg der Bachblüten ist es, dass sie in unzähligen Selbstversuchen und der erfolgreichen Behandlung vieler Menschen ihre segensreiche Wirkung entfalteten. Bach ging es darum, dem Menschen etwas in die Hand zu geben, was er physisch einnehmen kann. Es ging ihm nicht darum, eine Krankheit zu bekämpfen, sondern Erkenntnis zu gewinnen. Der Mensch soll damit seinem persönlichen Lebensplan näher kommen, erkennen, was sein Lebensauftrag ist. Bach nennt das die Selbst-Verwirklichung eines jeden einzelnen Menschen. Er nannte zwei geistige Gesetze: das Gesetz der größeren Einheit, laut dem wir Menschen alle Teil eines größeren Ganzen sind, so wie die kleinste Zelle in unserem Körper dem großen Ganzen dient und zweitens das Gesetz der inneren Führung, das uns hilft, unseren Lebensplan, unsere Lebensaufgabe zu meistern, damit wir uns entfalten und verwirklichen können.

Laut Bach ist die menschliche Seele unsterblich. Sie steuert das Leben in allen Bereichen. Sie führt den Menschen in Situationen, die seine persönliche Entwicklung fördern, dazu gehören auch Krankheiten. Die Seele überfordert den Menschen nicht, sie weiß immer und zu jeder Zeit, was sie dem Menschen zumuten kann. Der aus der Seele gesteuerte Grund einer Krankheit kann zum Beispiel die Bewusstmachung, die Wende und Rückführung zur persönlichen Einheit bedeuten oder die Verhinderung einer falschen Entwicklung. Bach hat auch einmal gesagt: »Leiden entsteht daraus, dass ich das möchte, was mir eigentlich nicht bestimmt ist.«

Auszug aus einem Vortrag von Mechthild Scheffer, die als Erste die Bachblüten-Therapie nach Deutschland brachte:

> *»Bei Bach ist diese Instanz, die diesen Lebensauftrag verwirklicht, die Persönlichkeit, die aufgegliedert werden kann in Bewusstsein, Denken und Fühlen, der Gegenspieler der übergeordneten Instanz der Seele und dem, was Menschen voneinander wahrnehmen, sehen und erleben. Die kann nun diesen Lebensplan entfalten bei jedem Menschen, weil sie das, was da angelegt ist, mitbringt in Form von Talenten, Charakter und unterschiedlichen Potentialen. Hier hat Bach ein Verhaltensrepertoire der menschlichen Natur definiert, d. h. Möglichkeiten, sich zu verhalten, zu fühlen, wie z. B. ausdauernd zu sein, geduldig zu sein, genau unterscheiden zu können. Das ist ein Verhaltensrepertoire der menschlichen Natur, das man in allen Kulturen finden kann. In allen Zeiten im griechischen Drama genauso wie auch in Goethes ›Faust‹ und Sie werden es auch weiterhin finden, solange es Menschen auf der Erde geben wird. Die Philosophie*

Bachs ist, wenn wir in Beachtung dieser geistigen Gesetze unseren Lebensauftrag erkennen und ausfüllen, dann kann unser Leben harmonisch verlaufen, es führt zur Entfaltung und die körperlichen Krankheiten können wir bewältigen. In der Blüten-Therapie stoßen wir auf geistige Missverständnisse, das Orientieren an sog. ›mental errors‹ und das heißt, wenn wir die geistigen Gesetze nicht beachten, d. h. wenn wir nicht glauben, wir sind Teil einer größeren Einheit und leben mit dem Universum vernetzt und wenn wir immer glauben, alles am besten selbst zu wissen, ja sogar auch noch immer genau zu wissen, was die anderen zu machen haben, dann werden unsere Verhaltenspotentiale, die wir mitbringen, verzerrt.«

Entzerren, um mit Mechthild Scheffer zu sprechen, kann man diese Zustände mit den 38 Bachblüten-Mitteln. Bach nennt dies auch Reharmonisieren. Wenn man die Mittel sehr genau und typgerecht auswählt, geht das in vielen Fällen unerwartet schnell. Viele unserer Verhaltensweisen sind sehr lange gelernt oder konditioniert, wie der Verhaltenspsychologe dazu sagen würde und es dauert manchmal auch etwas länger, zum »richtigen« Mittel zu kommen. Blockaden müssen beiseite geräumt werden, die innere Durchlässigkeit wieder hergestellt werden. Mechthild Scheffer bezeichnet die Blockaden bildenden Undurchlässigkeiten auch als Psychotoxine, Seelengifte, die unsere Psyche blockieren. Wenn wir das richtige Mittel herausfinden und wirklich ausdauernd einnehmen, können wir aus dieser Sackgasse herausfinden. Bachblüten anzuwenden heißt auch immer, sich mit sich selbst zu beschäftigen, über sich selbst nachzudenken, um herauszufinden, wie wir zu uns selbst zurückfinden. Es geht darum, unseren inneren Frieden zu erlangen, die Blockaden abzubauen und die damit einhergehenden Krankheiten überflüssig zu machen, unsere Probleme bei uns selbst zu erkennen, zu ihnen zu stehen und sich mit ihnen zu beschäftigen, darüber zu sprechen – gerade auch mit anderen.

Grenzen der Bachblüten-Therapie

Natürlich gibt es auch Grenzen der Bachblüten-Therapie. Zum Beispiel bei schweren Krankheiten (Organschäden), bei denen die Heilkraft des Organismus nur noch gering ist. Dann können die Symptome meist nur noch mit allopathischer Medizin abgeschwächt, gewaltsam blockiert, unfühlbar gemacht oder durch eine Operation beseitigt werden. Die Bachblüten-Therapie kann aber sehr wohl das begleitende seelische Leiden lindern und das Leben erträglicher machen. Manchmal gelingt es auch, mit ihrer Hilfe die entscheidende psychische Blockierung aufzuheben und den negativen Trend zu stoppen. Deshalb ist die Bachblüten-Therapie zusätzlich zu jeder anderen Therapie zu empfehlen.

Auch akute und schwere Geistes- oder Gemütskrankheiten müssen in der Regel allopathisch behandelt, gedämpft, gelindert oder unterdrückt werden. Laien möchte ich ausdrücklich davor warnen, ärztlich verordnete Psychopharmaka eigenmächtig durch Bach-Mittel zu ersetzen. Die Bachblüten-Therapie darf und kann aber zusätzlich eingesetzt werden, weil sie die Störung reduziert und bessere Voraussetzungen für eine Normalisierung schaffen kann.

Kritiker der Bachblüten-Therapie, z.B. die Gesellschaft zur wissenschaftlichen Untersuchung von Parawissenschaften e. V. in Rossdorf bei Darmstadt, führen an, dass der moralisierende Charakter dieses Konzeptes seelischen Druck auf Erkrankte ausüben könnte, da das eigene, persönliche Verhalten als ursächlich für Krankheiten angesehen wird. Dabei widerspreche diese Grundannahme auch den allgemein akzeptierten Erkenntnissen der Psychologie. Dazu kann ich nur noch einmal wiederholen, was ich weiter oben schon einmal gesagt habe: Millionen von Bachblüten-Anwendern auf der ganzen Welt sind seit über 100 Jahren überzeugt von deren heilsamer und völlig nebenwirkungsfreier Anwendung.

Notfall-Tropfen

Wenn man sich mit Bachblüten beschäftigen möchte, könnte man einmal einen Test mit dem sicher bekanntesten aller Mittel, dem »Rescue Remedy«, machen, das in allen Apotheken rezeptfrei erhältlich ist. Zusätzlich zu den 38 Essenzen hat Bach ein Komplexmittel, ein 39. Mittel aus fünf Bachblüten, zusammengestellt, die bekannten »Notfalltropfen[11]«. Ein Mittel, das Bach für viele kritischen Alltagssituationen empfiehlt. Selbstverständlich ersetzen die Notfalltropfen nicht einen Arzt, den man in einem akuten Notfall immer zuerst rufen sollte. Manche nicht körperlich bedingte Schlafprobleme sind gut zu lösen mit »Rescue Night«, einer Zusammensetzung von »Rescue«, den Notfalltropfen und »White Chestnut«.

11 »Cherry Plum«, »Clematis«, »Impatiens«, »Rock Rose«, »Star of Bethlehem«.

Sind Träume ein Fenster zu unserer Seele?

Schlafen und Träumen gehören zu den Grundvoraussetzungen eines erfüllten Lebens und natürlich auch zum fröhlichen Altern. Erst kürzlich konnte man in »Natur und Wissenschaft«, einer Beilage der »Frankfurter Allgemeinen Zeitung« lesen: »Schlaf schützt vor Demenz, ganz entscheidend ist dabei die Schlafqualität«. Wissenschaftler haben mit Studien belegt, dass ein ruhiger Schlaf vor Demenz schützen oder zumindest deren Beginn hinauszögern kann. Ich glaube, jeder von uns weiß, wie wichtig ein gesunder Schlaf ist. »Schlaf ist Balsam für die Seele« lautet eine alte Lebensweisheit. Und wenn man erst einmal darüber geschlafen hat, sieht die Welt schon wieder ganz anders aus, brachte mir meine Mutter bei, wenn ich einmal große Sorgen hatte. Über 30 Jahre habe ich guten, gesunden Schlaf »verkauft«. Tagtäglich war ich mit diesem Thema beschäftigt. Vielen Menschen, die zu uns kamen, habe ich zusammen mit meinen Mitarbeitern geholfen, ihren Schlaf zu optimieren. Doch hierbei ging es in erster Linie um die rein praktischen Faktoren eines guten Schlafs. Zu harte, zu weiche oder durchgelegene Matratzen, Rücken- und Bandscheibenbeschwerden, zu dünne oder zu dicke Decken, frieren und schwitzen waren da die Hauptthemen. Nachdem wir im Februar 2003 unser Geschäft schlossen und ich mein Studium der Psychologie und Philosophie an der TU Darmstadt aufnahm, wollte ich mich unbedingt auch dem schlafverwandten Thema, dem Traum, zuwenden. Mit dem Traum beschäftigen sich viele Philosophen, und das schon seit der Antike. Eine spannende Geschichte, angefangen mit Artemidor von Ephesos, dem Traumdeuter und Wahrsager aus der Mitte des 2. Jahrhunderts, über Immanuel Kant, für den Träume dem nackten Überleben dienten, bis zu den modernen Traumforschern der luziden Träume.

Sind Träume ein Fenster unserer Seele? Schauen wir durch dieses Fenster auf unser tatsächliches Leben hinaus oder eher in uns hinein? Blicken wir auf unser Bewusstsein, unsere Seele oder gar auf Unbewusstes? Erleben wir im Traum völlig Neues oder verarbeiten wir den Tag? Nehmen wir unsere Fantasie und Vorstellungskraft hinzu und kombinieren Erlebtes nur neu? Können wir im Traum tatsächlich Probleme lösen oder bereiten uns Träume erst Probleme? Sind Träume vielleicht Bilder aus einem anderen Leben? Das wäre nur dann der Fall, wenn wir an eine Wiedergeburt, eine Reinkarnation unserer Seele glauben würden.

Schlaf gilt als Lebenselixier, also als Zaubertrank. Unverzichtbar für ein gesundes Leben und ewige Jugend, eine tagtägliche Erneuerung aller Lebenskräfte. Alle Lebewesen müssen schlafen. Menschen und Tiere gleichermaßen stärken mit dem Schlaf ihre körperlichen, geistigen und seelischen Kräfte. Schlaf hält uns gesund. Doch wie ist das mit unseren Träumen. Brauchen wir sie eigentlich lebensnotwendig, genauso wie den Schlaf? Auch Tiere träumen, das haben wir alle schon einmal vermutet, zum Beispiel beim Anblick der wilden Bewegungen eines Hundes, während er schlief. Und manchmal habe ich mich gefragt, warum ein schlafender und eventuell träumender Vogel nicht vom Ast fällt.

Doch bevor wir uns ausführlich mit dem Traum beschäftigen, möchte ich kurz auf den Schlaf eingehen. Insbesondere auf die physiologischen Erkenntnisse über den menschlichen Schlaf, die wir dank der Untersuchungen von Forschern der Universität Lübeck und dort in erster Linie von dem Neuroendokrinologen[12] Prof. Dr. Jan Born erhalten

[12] Endokrinologie (griech. »innen« und »entscheiden, abscheiden«) ist die Lehre von den Hormonen. Endokrin heißen Hormondrüsen, die ihr Produkt nach innen, direkt ins Blut abgeben, im Gegensatz zu exokrinen Drüsen (z. B. Speichel-, Talgdrüsen).

haben. Aus der Wissenschaft weiß man heute, dass Schlaf für die Gedächtnisbildung absolut unverzichtbar ist, denn jedes Schlafstadium scheint eine andere Art der Gedächtnisbildung zu beeinflussen. Der sogenannte REM-Schlaf (»rapid eye movement«), bei dem sich die Augen sehr schnell hin und her bewegen, unterstützt das Lernen bestimmter Bewegungen und Empfindungen in unserem prozeduralen Gedächtnis. Dagegen wird in den ersten Stunden des Nachtschlafs, dem sogenannten tiefen Deltaschlaf, dem Non-REM-Schlaf, gelernt, sich an Fakten und Episoden im deklarativen Gedächtnis zu erinnern. Jan Born erklärt, dass das Gehirn alles frisch Gelernte im Hippocampus, im Kurzzeitgedächtnis, speichert. Das Langzeitgedächtnis ist im Neokortex, einem anderen Teil unseres Gehirns, aufgehoben. Messungen der Gehirnströme im EEG, dem Elektroenzephalogramm, und biochemische Forschungsergebnisse belegen den regen Austausch zwischen dem Hippocampus und dem Neokortex, während wir schlafen. Informationen des Gelernten wandern während des tiefen, ersten Deltaschlafs vom Kurzzeitgedächtnis des Hippocampus in das Langzeitgedächtnis des Neokortex. Dabei werden sie geordnet und verarbeitet. Born bestätigt, dass diese Restrukturierung von Informationen den Menschen die segensreiche Möglichkeit eröffnet, sozusagen tatsächlich im Schlaf Probleme zu lösen. Und es wurde mit zahlreichen Versuchen nachgewiesen, dass die Leistungsfähigkeit während eines erholsamen und ausgedehnten Schlafes steigt. Aber das wissen wir alle schon längst aus eigener Erfahrung. Modern ausgedrückt ist der Schlaf so etwas wie die Reset-Taste im Körper des Menschen. Dank dieser kann er vom Stress des Tages optimal abschalten. Das Erholungspotenzial des Schlafs ist einfach nicht zu übertreffen.

Produktiv im Sinne einer Befähigung zu optimaler Leistung am Tag und extrem erholsam ist in erster Linie ein habitueller, das heißt ein gewohnheitsmäßiger Schlaf, der in den überwiegenden Fällen einen bestimmten Rhythmus und eine bestimmte Dauer pro Nacht einhält. Dabei ist es nach Born gleichwertig, ob wir immer von 22 bis 5 Uhr oder von 1 bis 8 Uhr schlafen. Dass der Schlaf vor Mitternacht erholsamer sein soll, ist nirgendwo wissenschaftlich belegt.[13]

Gehen wir noch einmal zurück zu den beiden Schlafphasen oder Schlafzuständen, die 1953 von den beiden Forschern Eugene Aserinsky und Nathaniel Kleitman entdeckt wurden: dem sogenannten REM-Schlaf mit raschen Augenbewegungen, die selbst bei geschlossenen Augenlidern sichtbar sind und dem Non-REM-Schlaf. Während des Non-REM-Schlafs haben wir unsere Tiefschlafphase, der Körper ist völlig inaktiv. Wir träumen in diesem Schlafstadium, die Träume werden aber nicht erinnert. Wie schon gesagt, benutzt unser Körper diese Phase um deklaratives Wissen zu konsolidieren, also vom Kurzzeitgedächtnis in das Langzeitgedächtnis zu transferieren. In der REM-Schlafphase, in der wir nicht mehr so tief schlafen wie in der Non-REM-Phase, sind Körper und Geist hochaktiv, jetzt werden Träume erinnert und unser prozedurales Wissen langzeitgespeichert. Das Durchlaufen der Non-REM- und der REM-Stadien ergibt einen Schlafzyklus, der ungefähr jeweils 90 bis 110 Minuten dauert, wobei der erste Schlafzyklus am kürzesten und der letzte am längsten dauert. In der ersten Phase der Nacht dominieren die Non-REM-Phasen, die in den weiteren Phasen vom REM-Schlaf abgelöst werden. In der REM-Schlafphase träumt man am intensivsten. Studien haben nachgewiesen, dass

[13] Vergleiche: Prof. Dr. Bernd Saletu, Dr. Gerda M. Saletu-Zyhlarz, Was Sie schon immer über Schlaf wissen wollten. Ueberreuter 2001, Vorlesungen Prof. Dr. Rüttinger, physiologische Psychologie, TU Darmstadt, WS 2004/05.

man auch in der Nicht-REM-Phase träumt, allerdings weniger schöpferisch und dramatisch.

Auf die drei bekanntesten Schlaferkrankungen bzw. Schlafstörungen möchte ich noch kurz eingehen, bevor wir uns mit dem Phänomen Traum beschäftigen. Wenn Menschen schlafwandeln, nennt man das Somnambulismus. Was ist eigentlich mit den Menschen, die schlafwandeln. Träumen oder schlafen sie? Es handelt sich um einen Zustand veränderter Bewusstseinslage, in dem beide Phänomene, Schlaf und Wachsein, kombiniert sind. Während einer schlafwandlerischen Episode verlässt die betreffende Person das Bett, häufig während des ersten Drittels des Nachtschlafs, also im Tiefschlaf (Non-REM-Schlaf), geht umher, zeigt ein herabgesetztes Bewusstsein, verminderte Reaktivität und Geschicklichkeit. Nach dem Erwachen besteht meist keine Erinnerung an das Schlafwandeln. Mit träumen hat dies nichts zu tun. Die zweite bekannte Schlafkrankheit ist bekannt unter dem Namen Pavor nocturnus, auch Parasomnie genannt: Darunter versteht man nächtliche Episoden äußerster Furcht und Panik mit heftigem Schreien, Bewegungen und starker autonomer Erregung. Die betroffene Person setzt sich plötzlich im Bett auf oder steht mit einem Panikschrei auf, gewöhnlich während des ersten Drittels des Nachtschlafs. Häufig stürzt sie zur Tür, wie um zu entfliehen, meist aber, ohne den Raum zu verlassen. Nach dem Erwachen fehlt wie beim Schlafwandeln die Erinnerung an das Geschehen. Auch das ist nicht mit Träumen in Verbindung zu bringen. Und was bestimmt jeder von uns schon einmal erlebt hat, sind die gefürchteten Albträume oder Angstträume: Traumerleben voller Angst oder Furcht mit sehr detaillierter Erinnerung an den Trauminhalt. Dieses Traumerleben ist sehr lebhaft. Meistens sind die Themen eine Bedrohung des Lebens, der Sicherheit oder der Selbstachtung. Oft besteht eine Wiederholung gleicher oder ähnlicher erschreckender Albtraumthemen immer und immer wieder. Wir werden darauf später noch zurückkommen.

Kommen wir von der Physiologie, die alle natürlichen Lebensvorgänge betrifft und erklärt, zur Metaphysik, der philosophischen Lehre von den Ursachen des Seins, die über das Erfahrbare und Wahrnehmbare hinausgeht. Eine Kategorie der Philosophie, in der man über die Voraussetzungen des Lebens und über die Grundlagen der Welt nachdenkt. Kommen wir von Hypnos, in der griechischen Mythologie der Gott des Schlafes, mit seinem Zwillingsbruder Thanatos, dem Gott des Todes, zu seinem Sohn Morpheus, dem Gott des Traums.

Von der hellenisch-römischen Antike, von Aristoteles, Cicero, Seneca über Kant, den Kirchenvater Augustinus, die Philosophen der Romantik bis zu Sigmund Freud: Alle beschäftigten sich mit dem Traum, dem »rätselhaftesten Spiegelbild unserer Seele«, wie es Freud nennt.

Die Redewendung »Der Schlaf ist der kleine Bruder des Todes«, möchte ich ergänzen um »Der Traum ist der kleine Bruder des Lebens«. Der Schlaf dient der körperlichen Regeneration, wie wir eingangs gehört haben. Erhalten wir mit dem Träumen psychisches Wohlbefinden, seelische Entspannung und Rundumerholung?

Neue digitale Visualisierungsverfahren und moderne Gehirnmessverfahren messen immer noch relativ unbekannte Phänomene. Klar ist, dass wir ohne unser Gehirn nicht träumen könnten, so wie wir ohne Beine nicht laufen können und ohne Sprache nicht denken. Doch trotz aller moderner Messverfahren muss der Hirnforscher die untersuchte Person immer noch fragen: »Hast du geträumt?« Einige Messergebnisse sind erkennbar, doch die Wissenschaft kann immer noch nicht erklären, was da eigentlich wirklich passiert. Trotz moderner medizinischer, hirnneurologischer Diagnostik lassen sich Träume bis heute nicht verfolgen.

Von der Antike bis zum heutigen Tag hat sich da sehr wenig geändert. Alle Messverfahren zeigen zwar einen Ausschlag, können aber nicht anzeigen, was oder ob man überhaupt geträumt hat. Die Wechselwirkungen zwischen Traum und Realität sind stärker, als die meisten von uns sich eingestehen möchten. Träume sind einerseits Indikatoren für unsere psychische und seelische Befindlichkeit, andererseits beeinflussen sie dieselbe, bewusst oder unbewusst.

Der Schlaf ist nicht eine Art Bewusstlosigkeit. Die meisten Menschen schlafen ein und wachen irgendwann ohne Erinnerung wieder auf. Es scheint so, als hätte sich während des Schlafs nichts oder nur wenig ereignet. Werden unsere Traumerlebnisse gelöscht oder können wir uns nur nicht mehr daran erinnern? Tatsächlich aber können sich 80 Prozent der Menschen pro Woche mindestens an einen Traum erinnern. Dennoch wird zum Beispiel während eines achtstündigen Schlafs zwei Stunden sehr intensiv geträumt, das steht nachweislich fest. Jeder von uns träumt und taucht besonders in der REM-Phase, der frühmorgendlichen Phase, in die Welt besonders intensiver Träume ein. Die Erinnerung an die Träume wird meistens in der Non-REM-Phase wieder gelöscht. Wir haben ja gehört, dass diese beiden Schlafphasen sich in einem Rhythmus von ungefähr 90 Minuten abwechseln. Als Erinnerung bleiben Träume nur, wenn man in oder nach der REM-Phase aufwacht und einige Zeit wach bleibt. Aber auch an solche Träume erinnert man sich am nächsten Morgen eher selten. Doch es soll Menschen geben, die auf ihrem Nachttisch Zettel und Bleistift haben und sich Stichworte aus ihren Träumen sofort aufschreiben. Sicher ist, dass ein qualitativ guter Schlaf weniger Traumerinnerungen hinterlässt, weil die Wachphasen nach dem REM-Schlaf einfach verschlafen werden.

Nervosität, gesundheitliche Probleme, Sorgen, ein schlechtes Bett oder ein zu warmes, zu feuchtes, zu trockenes oder zu kaltes Bettklima führen nicht nur zu einem schlechteren Schlaf und damit zu längeren Wachpausen, sondern auch zu Träumen, die man bis in die Morgenstunden bewahren kann. Früher waren Schlafforscher der Meinung, Träume dauerten nur einige Sekunden, doch das weiß man heute besser. Gerade der Nachweis durch die messbaren Hirnströme führte zu neueren Ergebnissen, laut denen Träume bis eine Stunde und länger andauerten.

Die angenehme Seite der Träume ist, dass sie uns die Realität vergessen lassen. Wir tauchen ein in eine Form der Irrealität, der Kinderträume, der Verliebtenträume, der Fiktion, der Fantasie und auch des Nichterwachsenen in uns. Im Traum können wir alles, sogar durch dicke Mauern gehen. Träume sind oft auch eine schöne Form der Unvernunft. Aber auch das Gegenteil ist möglich – die finstere Form, der Albtraum und dunkle Traumerfahrungen.

Was meint die Philosophie zum Traum?

Träume sind in der Philosophiegeschichte eher eine Nebensache. Der vernünftigen Denkgeschichte ist der Traum unheimlich. Der Traum steht als ständige Provokation neben aller Vernunft. Lassen Sie uns einmal Theorien des Traums, Texte, die das Traumphänomen erklären und verdeutlichen, anschauen. Ich habe zu diesem Thema im WS 2004/2005 eine Vorlesungsreihe bei Philosophieprofessorin Petra Gehring an der TU-Darmstadt besucht. Im folgenden Text ist einiges von meinen damaligen Vorlesungsmitschriften wiedergegeben. Manches klingt ein bisschen abstrakt, aber es kommt bald heraus, was damit gemeint ist.

Man kann feststellen, dass die hellenisch-römische Antike ein erstaunlich unbefangenes Verhältnis zum Traum hat. Träumen ist eine irdische Angelegenheit und ziemlich alltäglich. Homer war davon überzeugt, dass der Traum ein Lebewesen sei, das Göttervater Zeus zu den Menschen hin kommandieren konnte. In der griechischen Tragödie begegnet einem der Traum in erster Linie in der Figur eines Sehers, sozusagen als inneres Sehen des Blinden oder als Fähigkeit einer geweihten Priesterin. Aristoteles ging im Jahr 367 v. Chr. nach Athen, um an Platons Akademie zu studieren. Er beschreibt eine kühle, naturalistische Deutlichkeit in seinem Werk »De insomnis« (»Über Träume und Weissagungen im Schlaf, über Götterbotschaften«). Er gibt eine physiologische Erklärung für den Traum. Träume seien Nachwirbel der Wahrnehmung im Schlaf. Träume sind bei ihm nicht von den Göttern gesandt, denn die Natur ist bei ihm grundsätzlich dämonisch und nicht göttlich. Er fragt, in welchem Seelenteil wir träumen: »Wir denken keine Träume, sie resultieren als Wahrnehmung von Seelenteilen, als Nachwirkung eines Sinneseindrucks.« Man muss sich das vorstellen, als wenn wir in die Sonne blicken und danach die Augen schließen, dann sehen wir ein Nachbild, ebenso bleibt beim Träumen ein Nacheindruck bestehen. Träume sind Wahrnehmungen. Erst das Ausschalten der äußeren Wahrnehmung, eine gute Begriffserklärung für den Schlaf, bringt uns zu inneren Wahrnehmungen – den Träumen. Der Traum ist ein gesondertes, aber ein normales Phänomen. Träume können nach Aristoteles körperliche Reaktionen auslösen. Zeichen und Hinweise, die sich auf nichts Stattfindendes beziehen, sind nur vorgestellt und nicht vorhanden. Man war zu dieser Zeit davon überzeugt, dass man mit Träumen in die Zukunft schauen kann. Von Aristoteles stammt das Zitat: »Gewöhnliche Leute sehen die Zukunft voraus, nicht die denkenden Menschen, die gestalten ihre Zukunft selbst.« Verlässliche Zukunftsaussagen hält Aristoteles für unmöglich, Träume sind seiner Meinung nach sehr unzuverlässig für einen Blick in die Zukunft. Meist seien sie verworren und daher nicht sinnvoll deutbar; oft seien sie nicht mehr als ein Hinweis auf einen Körperzustand.

Die Themen Schlaf und Traum wurden in der griechisch-römischen Antike in allen Bereichen behandelt: in Mythen, Dichtung, Wissenschaft und Medizin. Doch ganz besonders gehörte die Analyse der eigenen Träume in der Antike zu den grundlegenden Existenztechniken. Damals gab es sogar den wichtigen Beruf des Traumdeuters, der bei allen Feldzügen mit dabei sein musste. Auf antiken Tontafeln wurden Lexika für Traumdeutungen gefunden. Griechische Traumdeuter legten sehr umfangreiche Traumbücher an. Eines der berühmtesten Bücher ist das von Artemidoros von Daldis aus dem 2. Jahrhundert v. Chr. Darin wurde eine Einteilung der Träume und Traumarten vorgenommen: in Träume, die gegenwärtige Zustände anzeigen und Träume, die sich auf die Zukunft beziehen. Man ging davon aus, dass kein Gott oder eine sonstige metaphysische Gestalt, sondern unsere eigene Seele alles durch eigene natürliche Bilder prophezeit. Wir möchten damit die eigene Zukunft erkennen können. Wir können zwar den kommenden Ereignissen nicht ausweichen, der Sinn liegt in dem lebenspraktischen Hinweis – weil man mit diesem Wissen im Traum seine eigene Stellung zu dem kommenden Schicksal festigen könne: Ich stärke meinen Charakter, erkenne die Botschaft, die mir meine Seele sendet und bin vorbereitet.

Träume und Traumdeutung waren nicht nur eine wichtige Lebenspraktik, man wollte damit auch ein bestimmtes Stück Wirklichkeit erschließen. Man glaubte, wer die Praktik der Traumdeutung ernst nehme, gewinne etwas, worauf die anderen, die Nichtwissenden, verzichteten. Traum sei eine Dimension, mit der sich Irrationales beseitigen lasse. Der gedeutete Traum gebe dem Wissenden einen Vorsprung an die Hand. Traumdeutung war in der Antike so etwas wie eine Erfahrungswissenschaft, eine Wirklichkeitswissenschaft. Für Aristoteles geben sie nicht mehr als einen Hinweis auf einen Körperzustand. Nach Artemidor, etwa 150 Jahre später, ist Traumdeutung allerdings möglich und auch etwas sehr Rationales, sich auf die Erfahrungen des Traumdeuters Stützendes. Sie stellt seiner Meinung einen wirklichkeitswissenschaftlichen Zugang zu dem Trauminhalt und trägt echte vernünftige Impulse in das Wachleben hinein. Artemidor rät daher allen Menschen zu täglicher Traumarbeit. Der Unwissende jedoch war unbedingt auf sogenannte wissenschaftliche Unterstützung, also einen Traumspezialisten, angewiesen, eben auf ihn, Artemidor, und sein Traumdeutungsbuch. Ein gutes Marketing, oder? Artemidor betont besonders die methodischen Grundlagen seines Buchs, es basiere auf der maximalen Menge von Auskünften über Träume und deren Ausgänge. Ein Traumbuch auf empirischer Grundlage also, vielleicht das erste Traumlexikon.

Machen wir einen Sprung von der Antike in die Neuzeit und lassen dabei das Mittelalter aus. Mit dem Umbau der Ethik in dieser Zeitspanne verschiebt sich auch die Traumtheorie erheblich zu einer theologisch überformten christlichen Ethik. Entweder haben Träume eine natürliche oder eine übernatürliche Ursache mit guten oder bösen, teuflischen Inhalten. Träume werden in der christlichen Welt in den Aberglauben abgeschoben. Schicken mir böse Geister die Träume oder eventuell sogar mein Gott? Tarnen sich vielleicht die bösen Geister noch als gute Träume? Jetzt wurde man misstrauisch, was die eigenen Träume betraf. Traumdeutung kann sehr gefährlich werden, will plötzlich die Kirche den Menschen glauben machen. Der einzelne Christenmensch kann unmöglich allein damit umgehen. Der unchristliche Aberglaube kommt jetzt ins Spiel. Nicht der Erfahrung des Einzelnen, sondern nur der Erfahrung der Priester kann eine Bedeutung zugemessen werden. Plötzlich gab es eine christliche Lehrmeinung zum Traum: Entweder wirkt Gott im Traum oder der Teufel und üble, böse Geister versehen ihr Werk in mir.

Der französische Vernunftphilosoph René Descartes (1596–1650) schreibt Anfang des 17. Jahrhunderts zum Thema Traum, dass für ihn der organische Sitz des Traums das Gehirn sei. Vernunft kennt keine halbe Wahrheit, sie muss Wahrheit positiv gründen. Wahrheiten müssen nach Descartes beweisen, dass sie wahr sind. »Suche nicht nur nach Wahrheiten, sondern verwirf alles, was auch nur in Zweifel gezogen werden kann. [...] Ich denke, mich denkt. [...] Alles, was als wahr gelten sollte, empfing ich von den Sinnen, musste aber feststellen, dass manches auch unwahr war und meine Sinne mich getäuscht haben.« Diese verunsichernde Einsicht nimmt Descartes ernst, Traum und Wachsein sind für ihn nicht voneinander zu unterscheiden, die Zuverlässigkeit der Sinne wird infrage gestellt und daran gezweifelt. Die Sinne täuschen uns. Der Traum ist darauf angewiesen, seine Vorstellungen aus dem Wachzustand zu beziehen. Der Traum kann selbst nichts erschaffen, auch ein Maler kann nur das gestalten, was er mit seinen Sinnen aufnimmt, meint Descartes. Der Traum reproduziert die Sinneswahrnehmung, Träume sind kein anderer Wachzustand, sie stellen lediglich eine andere Wahrnehmung dar. »Der Traum ist die physische Schwächezone unserer Vernunft.« Das Gedächtnis verknüpft Träume nicht mit etwas anderem, wie wir es tun, wenn wir wach sind. Der Traum ist unlogisch, weil auch der böse Geist nach Descartes unlogisch ist. Die Klarheit des »Ich denke« verdankt der Mensch der Existenz eines guten Gottes.

Gehen wir in diesem Zusammenhang noch einmal zurück

zu Kirchenvater Augustinus, dem Bischof von Hippo Regius. Er integriert das Träumen aus der heidnischen Antike in das christliche Wissen. In der Bibel wird Traumerfahrung deutlich erklärt. Als Quelle der Träume diene allein die göttliche Offenbarung. Heidnisch sei der Aberglaube, weil er ein sündiges Täuschungsmanöver des Satans sei. Der Traum ist eine göttliche Eingebung, so Augustinus.

In der Neuzeit ist der Traum damit für die Schicksals- oder Zukunftsdeutung unbedeutend. Trotz dieser neuzeitlichen Vernunftperspektive sind die Träume aber nicht einfach verschwunden. Sie werden als Körperfunktion gesehen und geraten in den Fokus eines medizinisch-wissenschaftlichen Interesses. Sie können zum Beispiel auch Indiz einer herannahenden Krankheit sein. Die Traumentstehung wird medizinisch erforscht, der Körper und seine Träume objektivierend von außen betrachtet und studiert. Mit der Anthropologie Mitte des 18. Jahrhunderts beginnt der Anatom und Anthropologe[14] Johann Friedrich Blumenbach (1752–1840), sich mit Traumfragen im Rahmen von Menschenkunde und Medizin zu beschäftigen. Als Zeitgenosse Goethes (1749–1832) hatte er auch in dem großen Dichter einen exzellenten Gesprächspartner. Goethe lässt in seinem »Faust« Gretchen oft sehr unangenehm träumen. Tut der Satan hier sein Werk?

Zurück zur Philosophie und hin zu dem großen deutschen Philosophen Immanuel Kant (1724–1804). Wen macht er für die Tatsache verantwortlich, dass wir träumen? In seiner Schrift »Anthropologie in pragmatischer Hinsicht« sieht er den Traum als reine Körperfunktion. Er vertritt die Meinung von Aristoteles, dass beim Traum die äußeren Ein-

[14] Anthropologie: Lehre bzw. Wissenschaft vom Menschen. Mitte des 15. Jahrhunderts erstmals vom Leipziger Theologen Magnus Hundt geprägt.

flüsse fehlen. Kant betrachtet den Traum als Täuschung, als irrige Form reduzierter Wachheit. Für ihn gehört der Traum eher auf die Seite des Wachseins, er stemmt sich gegen den Schlaf. Kant verglich den Traum mit einem Bandwurm oder Darmparasiten, »[...] etwas auf das man sehr gut verzichten kann. [...] Hat der Traum einen Naturzweck? Soll er bloß Unruhe stiften, damit im Innern die Organe während des Schlafs nicht verlöschen. Er diene dem Lebenszweck, damit der menschliche Geist während der Nacht etwas zu tun hat«, schreibt er. Die Lebenskraft werde im Schlaf durch das Träumen erhalten, andernfalls würde sie erlöschen. Wir träumen, damit wir im Schlaf nicht versehentlich sterben. Schlaf und Sterben wären einerlei, wenn wir nicht den Traum hätten: eine Agitation der inneren Lebensorgane. Selbst Albträume oder auch »peinliche« Träume seien heilsame Träume und bedeuteten erhöhte Aktivierung der Lebenskraft. Einerseits interpretiert er Träume als unsinnige, wilde Spiele der Einbildungskraft und störende Reize. Andererseits sieht er sie als nützliche Unterbrechung des Schlafs, als Heilmittel, das nicht nur eine therapeutische, reguläre Lebenshilfe darstellt, die ständig da ist, sondern auch eine rationale Funktion hat, dank der der Mensch im Schlaf überleben kann. Die transzendental-philosophische Position Kants, was den Traum angeht, ist Mangel an Klarheit und Wahrheit, Traum gehört zum Irrtum, Traum als Metapher für irrationales Denken. Traum sei nichts anderes als eine Lebenskraft, die uns vor dem Tod schütze.

In der romantischen Philosophie, die dichterisch und poetisch sein will, gewinnt der Traum wieder an Bedeutung. Träume sind in der romantischen Deutung von realen Eindrücken kaum unterscheidbar, wenn wir aufwachen, erkennen wir den Traum leider oft als bloßen Schein. Wer sich mit dieser Zeit näher beschäftigen möchte, dem sei der schwedische Wissenschaftler, Mystiker und Theologe Emanuel von Swedenborg (1688–1772) ans Herz gelegt, der in seinen zahlreichen Schriften, sämtlich verfasst in lateinischer Sprache, sehr viel zum Thema Traum schrieb. Auch Kant soll sehr viel von Swedenborg gelesen und studiert haben.

Bei Novalis, Georg Philipp Friedrich Freiherr von Hardenberg (1772–1801), einem Dichter der frühen Romantik, werden die Themen Nacht und Tod oft verwendet. In »Weg von der Sonne in die Nacht hinein« und »Hymnen an die Nacht« ist der Traum Bote des Schlafes und Vorbote eines glücklichen Todes, so auch in der Erzählung »Heinrich von Ofterdingen«. Friedrich Schlegel (1772–1829) beschäftigt sich dagegen eher mit den Themen der Tagfantasie und des Lebens. Johann Gottlieb Fichte (1762–1814) ist neben Kant, Schelling und Hegel einer der wichtigsten Vertreter des deutschen Idealismus. Er vertritt eine antikantische Perspektive und romantisiert die Sicht Kants. Vor über 200 Jahren erschien »Phänomenologie des Geistes« von Georg Wilhelm Friedrich Hegel, ein Buch, das immer wieder als Höhepunkt des deutschen Idealismus gesehen wird. Hegel bezeichnet darin Träume als Weisheiten, die im Schlaf empfangen werden. Der romantische Schriftsteller Johann Paul Friedrich Richter (1763–1825), er nannte sich Jean Paul, gehörte zu den fantasievollsten Romantikern und prägte das philosophische Denken der Romantik grundlegend. Er stellte die kantische Philosophie auf den Kopf und spielte die Form des Traums ironisch gegen die poetische Wachwirklichkeit aus. Damit hielt er der Wirklichkeit einen Spiegel vor. Der Traum bleibt bei ihm nicht mehr bloß Fantasie, sondern er steht als neue Gegen-Wirklichkeit im Raum: Der Traum wirkt als Gegen-Wirklichkeit, damit die Wach-Wirklichkeit erträglicher wird?

Allen Romantiker geht es aber grundsätzlich weniger um die Flucht in den Traum, als vielmehr um eine Erhöhung der Spannung des Gegebenen, eine Forcierung des So-und-nicht-Anders. Es geht nicht um Heilssuche oder Verschmelzung von Traum und Wirklichkeit, sondern um eine Schärfung des individuellen Wirklichkeits- oder Unwirklichkeitssinns.

Die klassische Literatur beschreibt seit der Aufklärung[15] das Thema Traum sehr vielfältig. Der Traum kann sowohl verwirren, fehlleiten, als auch hilfreich sein. Wie in Shakespeares »Hamlet«, wo es heißt: »to die to sleep« oder bei Lessings »Emilia Galotti«, wo Träume als göttliche Schickungen, als transzendentes Vorauswissen verstanden werden. Der Protagonist träumt und der Zuschauer sieht von außen dabei zu. Heinrich von Kleist (1777–1811) schreibt 1811 in seinem »Prinz Friedrich von Homburg«: »Ist es ein Traum? Ein Traum, was sonst?« Goethes »Die Leiden des jungen Werther« soll nach dem Erscheinen eine Selbstmordwelle ausgelöst haben. Romantische Sujets wie Natur, Liebe, Traum und Tod sind der neue Sinn für das Untergründige, für die verborgenen Seiten der sichtbaren und wissenschaftlich bereits erschlossenen Welt. Die Naturforschung beerbt das neue Traumdenken der Romantik; eine neue romantische Anthropologie entsteht.

Man kann nicht über den Traum schreiben, ohne auf die Traumwissenschaft von Sigmund Freud und dessen Buch »Die Traumdeutung«, 1900 erschienen, einzugehen. Bis heute ist es ein Standardwerk der Traumanalyse. Dort werden der Traum und die Traumdeutung als Königsweg bei der Erforschung des Unbewussten bezeichnet. Für Freud sind Träume Botschaften des eigenen Unbewussten

[15] Epoche der westlichen Gesellschaft zwischen dem 16. und 18. Jahrhundert.

an das Bewusstsein. Das Unbewusste ist das Verdrängte, die unbewussten, geheimen Wünsche. Die Instanz unseres Bewusstseins wird durch die Wahrnehmung gebildet. Dazu kommt die Fantasie als heilsamer Abwehrmechanismus immer dann, wenn die Realität für uns unerträglich wird. Wir erfinden sozusagen eine Gegenwelt, um die reale Welt zu ertragen. Erinnern wir uns, bei Jean Paul wirkte der Traum als Gegen-Wirklichkeit, damit die Wach-Wirklichkeit erträglicher wird. Freud sieht darin ein ureigenes, verborgenes Willensgeschehen. Der Traum ist bei ihm ein essenziell psychisches Phänomen. Freud will das Thema ausschließlich als Mediziner angehen. Für ihn ist der Traum der Schlüssel zur Erklärung und Therapie von Nervenkrankheiten und generell zum Verständnis der Erfahrungsverarbeitung im Seelenleben. Der Traum hat einen theoretischen Wert als Paradigma und ist zur Stabilisierung unseres seelischen Gleichgewichts unbedingt notwendig. Sigmund Freud war promovierter und approbierter Mediziner. Er sieht über die Traumdeutung auch die Chance für ein neues Verständnis der Nervenkrankheiten. In welchem Maße kehren, wenn wir träumen, Tagesereignisse wieder, fragt er. Ist der Traum die Fortsetzung des Wachlebens, so wie bei Aristoteles? Träumen wir, was wir gesehen, gedacht und erlebt haben oder produziert der Traum etwas Neues und lebt von den Tagesereignissen? Der Stoff, aus dem Träume sind, ist nach Freud das bisher Erfahrene. Es wird als eine Form der Erinnerung reproduziert. Diese stammt oft auch aus der Kindheit, der frühen Jugend, die wir längst vergessen haben. Details, an die wir uns nicht mehr erinnern, können im Traum wieder relevant werden. Träume spielen mitunter an einem anderen Schauplatz als unser Wacherleben. Träume haben andere Wahrnehmungsqualitäten, oftmals sind sie viel fantasiereicher als das Geschehen im

Wachleben. Im Traum denken wir in visuellen Bildern, Träumen findet immer im Präsens, niemals in der Vergangenheit und auch nicht in der Zukunft statt. Es gibt sehr wohl auch den »unmoralischen« Traum, doch moralisch-ethische Begriffe werden im Traum ignoriert und spielen keine Rolle mehr. Im Traum können wir unterschwelligen Wünschen nachgehen, die wir im Wachsein nicht einmal aussprechen würden. Zitat Freud: »Nach vollendeter Deutungsarbeit lässt sich der Traum als Wunscherfüllung erkennen.« Und das ist gut so. Laut Freud hat der Traum immer den Charakter einer psychischen Handlung, vielleicht sogar den einer Ersatzhandlung oder Befriedigung. Nach Freud reproduziert der Traum ausschließlich Erlebtes, es kommt niemals Neues darin vor. »Traumbildung im Schlaf zeigt nur das gesunde Funktionieren unseres psychischen Apparates an.« Freud geht es als Mediziner und Psychoanalytiker um die Träume von neurotischen Patienten, sie sind für ihn der Schlüssel zur inneren Welt dieser Menschen. Traum bedeutet Tatersatz, wobei der Traum oftmals die Tat erspart. Nicht als Schlafstörer, sondern als Schlafhüter besuche uns der Traum. Diese von Druck entlastende, kathartische[16] Wirkung erkannte Freud als den lange vermissten und verleugneten Sinn, den der Traum für unser Leben hat: Mit dem Träumen ist es dem Menschen möglich, innere Konflikte und verdrängte Emotionen auszuleben. Das führt auch zu einer Reduktion der Konflikte im Wachleben und zu einer Klarheit über die Gefühle. Der Traum ist Wunscherfüllung. Wie man diese bewusst steuern kann, beschreiben einige zeitgenössische Wissenschaftler, die sich mit dem »luziden Traum« beschäftigen. Davon werde ich später noch berichten.

Freuds Traumtheorie ist bislang unüberboten geblieben

[16] Mit Katharsis bezeichneten die Griechen eine innere Reinigung.

und sein 1900 erschienenes Buch »Die Traumdeutung« gehört noch heute zur Pflichtliteratur im Psychologiestudium, dennoch gibt es auch zwei interessante Richtungen der Kritik, die ich beschreiben möchte: Die erste problematisiert die Traumdeutung. Diese sei nicht ein »Objektivierungsprozess«. Die Traumdeutung sei eine auf soziale Veränderung angelegte Prozedur des Patienten. Nach dem französischen Psychoanalytiker Jacques Lacan (1901–1981), der die Schriften Freuds neu interpretierte, zielt die Psychoanalyse nicht auf das innere Sosein des Menschen, sondern auf die Aktualität einer sprachlichen Situation. Der Patient auf der berühmten Couch lernt in der Psychoanalyse weniger über sich, als vielmehr eine bestimmte andere, neue Haltung gegenüber seinen Problemen und Verhaltensweisen einzunehmen, er lerne, anders zu sprechen oder zu formulieren. Er lerne das frei auszusprechen, was ihm im Traum widerfahre. Der Analytiker müsse den Patienten immer wieder subtil frustrieren, um ihn zum Reden zu animieren.

Die Analysearbeit des Traums hat bei Lacan den Charakter einer ständigen Konfrontation von Patient und Therapeut. Der Analytiker akzeptiert die Traumerzählungen und die Assoziationen des Patienten so lange nicht, bis dieser sich mit einer anderen Sprecherposition neu identifiziert. Analysearbeit bedeutet also eine Art Überredung zur Normalität. Im Zusammenhang mit Lacan sind auch noch andere Zeitgenossen Freuds zu nennen, die sich mit seinem Werk auseinandersetzten. Da ist die deutsch-amerikanische Psychoanalytikerin Karen Horney (1885–1952) zu nennen, die als eine der ersten Frauen in Freiburg Medizin studieren durfte sowie der deutsch-amerikanische Politologe, Philosoph und Soziologe Herbert Marcuse, der als marxistischer Philosoph geltende Ernst Bloch (1885–1977) und der Psychiater, Psychoanalytiker, Sexualforscher und Soziologe

Wilhelm Reich (1897–1957). Reich war ein Mitbegründer der »körperorientierten Psychotherapie«, eine Psychotherapiemethode, die psychische und körperliche Dimensionen menschlichen Erlebens gleichwertig behandelt.

Sie alle teilen die Annahme, dass Körper und Psyche eine nicht trennbare Einheit bilden. Fast alle Körperpsychotherapie-Methoden sind tiefenpsychologisch orientiert und nutzen die Körperwahrnehmung als Möglichkeit, unbewusst psychische Prozesse aufzudecken, also ins Bewusstsein zu bringen. Psychoanalyse ist ein exoterisches Geschehen, die Behandlung des einen am anderen. Deshalb sei sie, Freud-kritisch gesehen, ein autoritäres Projekt. Die Kritiker behaupten, der Patient werde durch sie an die Gesellschaft angepasst und nicht umgekehrt.

Nach Herbert Marcuse können Träume sehr wohl visionär sein und auch Wunschvorstellungen beinhalten. Der Mediziner Wilhelm Reich klammert das Thema Träume weitgehend aus und sagt, auch die Freudsche Psychoanalyse werde grenzenlos überschätzt. Man achte dabei zu sehr auf das »Wie« des Patienten, nicht so sehr auf das »Was«, das der Patient von sich gebe. Die Kritiker Freuds Anfang des 20. Jahrhunderts wie Lacan, Horney, Marcuse, Bloch, und Reich und noch einige andere fordern eine Stellungnahme des Analysten gegen die Normalitätsvorstellungen der Gesellschaft. Nicht das Individuum sei krank, sondern die Gesellschaft.

Und doch wurden gerade auf der Basis der Freudschen Psychoanalyse Psychotherapiemethoden in vielfältige Richtungen weiterentwickelt. Sie dienen dazu, dem Patienten ein vertieftes Verständnis der oft unbewussten Zusammenhänge seines Leidens zu vermitteln. Bei aller Kritik kommt die Traumanalyse auch heute noch bei vielen Therapeuten während der analytischen Behandlung zur Anwendung. Viele Psychotherapeuten sind der Meinung, gerade mit dieser Methode schneller und einfacher an die Ursachen psychischer Störungen heranzukommen.

Luzide Träume oder Klarträume

Zum Schluss dieses Kapitels über den Traum komme ich zu den luziden[17] Träumen, auch Klarträume genannt. Gemeint ist nicht nur das nächtliche Träumen, sondern gleichermaßen das Tagträumen. Dies ist gerade heutzutage ein ganz aktuelles Thema. Unter Tagtraum versteht man einen Traum, in dem der Träumer sich voll bewusst ist, dass er träumt. Die Theorie des luziden Träumens geht davon aus, dass sowohl das bewusste Träumen als auch die Fähigkeit zum willentlichen Steuern von Trauminhalten tatsächlich erlernbar sind. In der westlichen Welt veröffentlichte 1867 der französische Schriftsteller und Sinologe Marquis d'Hervey de Saint-Deny (1822–1892) die erste seriöse Arbeit über Träume und Traumkontrolle. Über Jahrzehnte hinweg zeichnete er seine nächtlichen Träume auf und eignete sich die Fähigkeit an, seine Träume zu kontrollieren. Sigmund Freud war das Werk von Saint-Deny und somit die Möglichkeit der Traumlenkung bekannt. In seinem Werk »Die Traumdeutung« setzt er sich aber nur kurz damit auseinander. Zu erwähnen ist in diesem Zusammenhang das Buch »Lucid Dreams« von Celia Green aus dem Jahr 1968. Greens Einschätzung, dass luzides Träumen nachweisbar ist, wurde von Traumforschern abgetan und in die parapsychologische Ecke geschoben. Erst der amerikanische Wissenschaftler Stephen LaBerge (*1947), neben Paul Tholey universitärer Forscher auf dem Gebiet der luziden Träume, nahm sich des Themas wieder an und forschte weiter daran. Er machte 1967 seinen Bachelor in Mathematik an der

[17] Lat. Lux = »Licht«.

Universität von Arizona und promovierte 1980 mit seiner Studie »Lucid dreaming: an exploratory study of consciousness during sleep«[18]. Für Mai 2014 ist ein neues Buch von LaBerge angekündigt: »Träume, was du träumen willst: Die Kunst des luziden Träumens«.

Was bedeutet das Klarträumen nun ganz praktisch? »Klarträumen ist erlernbar«, sagt die Wiener Traumforscherin Dr. Brigitte Holzinger. Sie hat eine CD zum Klarträumen entwickelt, die man bei ihrem Institut für Bewusstseins- und Traumforschung in Wien bestellen kann. Wer zum Beispiel häufig unter Albträumen leide, könne sich mithilfe der Klartraumtechnik im Traum seinen Verfolgern stellen, meint sie. Unser Bewusstsein könne aktiv in das Traumgeschehen eingreifen und dem Albtraum seinen Schrecken nehmen. LaBerge konnte nachweisen, dass es sich bei Klarträumen um ein tatsächliches Phänomen handelt. Mithilfe von Elektroenzephalografie (EEG) und Elektrookulografie (EOG) konnte er die Existenz von luziden Träumen anhand der willkürlichen Augenbewegungen von Träumern aufzeigen.

Im deutschsprachigen Raum beschäftigte sich der mittlerweile verstorbene Paul Tholey mit luziden Träumen und deren Einsatzmöglichkeiten. Auf ihn geht auch der Begriff »Klartraum« zurück, den er aus dem englischen »lucid dream« übersetzt hat. Sein spezielles Forschungsfeld war das motorische Lernen ohne physischen Körpereinsatz, also ohne körperliches Training. Untersucht wird dabei, in welchem Maße das Trainieren des erlebten Körpers im Traum motorische Lernfortschritte beim physischen Körper ermöglicht. In den letzten Jahren ist es wieder ruhiger in der Klartraumforschung geworden. Das Buch von Tholey

[18] Erweiterte Buchausgabe »Lucid dreaming« erschien 1985 in Los Angeles, seine Arbeit wurde in mehrere Sprachen übersetzt, auch ins Deutsche.

»Schöpferisch träumen – Wie Sie im Schlaf das Leben meistern; der Klartraum als Lebenshilfe« ist für alle, die sich mit diesem Thema intensiver beschäftigen möchten, empfehlenswert.

Wir haben bei Freud gehört, wie wichtig das Träumen für unsere Psychohygiene ist. Also trauen Sie sich, auch ganz Verrücktes zu träumen. Ich möchte Sie ausdrücklich dazu ermuntern. Träume sind tatsächlich lenkbar, aus bewussten Wach- und Wunschträumen werden manchmal tiefe Träume. Genießen Sie den Traum und denken Sie daran: Nicht jeder Traum muss auch Realität werden, aber wenn er nicht geträumt wird, hat er niemals eine Chance, jemals Realität zu werden. Mit dem letzten Satz des Romans »Die Attentäterin« von Yasmina Khadra[19] schließe ich das Kapital über den Traum ab: »Alles kann man dir nehmen; dein Hab und Gut, deine schönsten Jahre, deine sämtlichen Freuden, deine gesammelten Verdienste und sogar dein letztes Hemd – doch es bleiben dir noch immer deine Träume, um die Welt, die man dir gestohlen hat, neu zu erfinden.«

[19] www.wikipedia.org: Yasmina Khadra, Pseudonym für Mohammed Moulessehoul; *1955, algerischer Schriftsteller, der in Frankreich im Exil lebt.

Vom Werden und Vergehen

Das Kapitel ist überschrieben »Vom Werden und Vergehen«, Titel einer berühmten Schrift von Aristoteles mit dem Originaltitel »De generatione et corruptione«. Als ich im Wintersemester 2007/2008 die Vorlesung »Theorien des Todes und der Endlichkeit« besuchte, wunderte ich mich schon, dass bei dieser Veranstaltung sehr viel weniger Seniorenstudenten anwesend waren als für gewöhnlich bei den sehr beliebten Vorlesungen der Philosophieprofessorin Petra Gehring. Ältere Menschen meiden dieses Thema. Doch kann man über Alter und Altern nachdenken und Endlichkeit und Tod dabei ausklammern? Nach Sokrates gibt es keinen einzigen gesicherten Grund, Angst vor dem Tod zu haben: »Geburt ist der Beginn aller Dinge, Tod ist das Ende aller Dinge.« Und Epikur sieht es auch ganz pragmatisch: »Wenn der Tod da ist, bin ich es nicht mehr, und so lange ich da bin, ist es der Tod nicht.« Montaigne meint: »Philosophieren heißt sterben lernen.« Wenn man sich mit dem, wovor man Angst hat, intensiv beschäftigt, schwindet meistens die Angst. Der französische Philosophieprofessor Marcel Conche (*1922) meint dazu: »Angst muss man auskurieren wie eine Krankheit.«

Die Philosophieprofessorin Petra Gehring von der TU Darmstadt schrieb damals in ihrer Vorlesungsankündigung, dass das Thema schwierig und zugleich abenteuerlich sei. Der Tod habe Philosophen aller Epochen als »kosmologisches« Problem beschäftigt, also als die Frage: Wo sind eigentlich die Toten?, als »metaphysische« Herausforderung: Was ist der Tod?, als »existenzielle« Frage: Was geschieht mit mir im und nach dem Sterben?, als »moralisches und rechtlich-politisches« Thema: Wofür sterben?,

Warum nicht töten?, Wie den Umgang mit dem Tod regeln? und nicht zuletzt als »logisches« Problem: Wie ist die Endlichkeit der Lebensspanne, der persönlichen Existenz, des Menschen oder des Lebens zu denken?

Für das Selbstverständnis der Gegenwart ist es immer wichtig, vergangene Philosophien zu verstehen. Es ist sozusagen die gesamte Vergangenheit notwendig, damit das Heute entstehen kann. Es geht beim Umgang mit diesem Thema nicht nur um Tod und Sterben, sondern um die eigene Lebensweise. Es geht darum, einen Lebensstil zu kultivieren, der unser aller Endlichkeit einbezieht. Die Menschen sind sich ihrer Endlichkeit bewusst. Dennoch können wir über den Tod und das Geschehen des Sterbens nur theoretisieren. Niemand kann von einer praktischen Erfahrung ausgehen.

Die deutsche Mathematikerin, Philosophin, Naturwissenschaftlerin und Geisteswissenschaftlerin Julia Inthorn hat am Institut für Ethik und Recht in der Medizin der Universität in Wien viele Arzt-Patienten-Gespräche über »Die Vorstellungen vom sogenannten guten Sterben« geführt und berichtet: »Es geht in der Mehrzahl immer um die drei gleichen Aussagen: Erstens, es soll möglichst schnell gehen, zweitens sollen alle hektischen Rettungsversuche unterlassen werden und drittens ist es am allerbesten, man schläft im eigenen Bett ohne Schmerzen ein und wacht nicht mehr auf.« Amüsanter drückt es der bayerische Maler und Apotheker Carl Spitzweg (1808–1885) aus. Er malte nicht nur unvergessliche Bilder, sondern schrieb auch immer wieder sehr zutreffende Aphorismen, auch zum Thema Tod: »Oft denk ich an den Tod, den herben und wie am End ich's ausmach?! Sanft im Schlafe möchte ich sterben und tot sein, wenn ich aufwach!« Jeder wünscht sich einen schnellen, schmerzlosen Tod. Im August 2008 ist der Roman von Georg Diez »Der Tod meiner Mutter« erschienen. Diez ist Journalist und schreibt für renommierte Zeitungen wie »Die Zeit«, »FAZ«, »Süddeutsche« und »Der Spiegel«. Zwölf Jahre lebte seine sterbenskranke Mutter mit ihrer Krebserkrankung. Und der Autor erzählt, wie er selbst mit der Krankheit und dem Tod seiner Mutter umgegangen ist. Er schreibt aus seiner Erfahrung: »Das Sterben passiert in den meisten Fällen nicht plötzlich, es zieht sich hin, das Leben entweicht in vielen kleinen und ein paar großen Schüben.«

Niemand denkt gern an seinen eigenen Tod. Es ist nur allzu menschlich, alles, was damit zusammenhängt, zu vermeiden. Niemand kann jedoch davor davonlaufen. Es gibt kaum ein anderes Phänomen, das für uns dermaßen Angst auslösend ist und das wir gleichzeitig stärker tabuisieren. Dabei gehört der Tod ebenso wie die Geburt, das Auf-die-Welt-Kommen, zu unserem Leben. Wer kann sich an seine Geburt erinnern? Soll das mit dem Sterben anders sein? Es ist gut vorstellbar, dass unsere Reaktionen auf dieses Thema damit zusammenhängen, dass wir nicht wirklich erfassen können, was der Tod bedeutet. Keiner von uns kann aus eigener Erkenntnis davon erzählen, wie es tatsächlich ist. Wir erleben den Tod immer bei anderen, wenn jemand aus unserem Umkreis stirbt. Und je näher uns dieser Mensch stand, umso schmerzhafter sind unsere Eindrücke und Gefühle. Es ist menschlich und verständlich, Angst vor etwas zu haben, das man nicht einschätzen kann. Wir Menschen möchten immer gerne im Voraus wissen, was auf uns zukommt, um uns darauf einstellen zu können. Und das ist uns beim Sterben komplett verwehrt.

In Martin Heideggers (1889–1976) Buch »Sein und Zeit«, in dem er sich auch mit dem Thema Tod auseinandersetzt, können wir lesen: »Keiner kann dem anderen sein Sterben abnehmen, wir machen immer nur Erfahrungen mit dem Tod anderer …, die da liegen, haben es ja bald hinter sich, aber was wird aus uns, mit dieser Angst und diesen Bildern im Kopf.«

Immer wieder lesen und hören wir den Begriff der sogenannten Nahtoderfahrung. Ein Phänomen, das bei Menschen auftritt, die für begrenzte Zeit für klinisch tot befunden wurden – beispielsweise während einer Operation, infolge eines Verkehrsunfalls oder von Menschen, die in einem schrecklichen Zustand kurz vor dem Ertrinken waren. Berichte von Menschen, die dergleichen erlebt haben, werden sowohl wissenschaftlich interpretiert als auch religiös gedeutet, sie sind jedoch für andere meistens nicht nachvollziehbar. Das bringt uns also nicht weiter. Das Thema heißt »Theorie des Todes und der Endlichkeit«, die Betonung liegt auf »Theorie«, weil der Diskurs ausschließlich theoretisch ist, es gibt keine empirische Erfahrung, von niemandem.

Was nennen wir Tod? Wie viel können wir tatsächlich davon erleben? Ein dramatisches Ereignis. Jemand geht. Wohin? Was bedeutet das für uns selbst und für die anderen? Ist der Tod das Problem oder ist es die Furcht davor? In der Natur ist alles Lebende dem Verfall ausgesetzt. Das einzig Beständige ist der Lebensrhythmus von Wachsen, Blühen und Zerfallen. »Von Werden und Vergehen«, formuliert auch der Philosoph Georg Wilhelm Friedrich Hegel (1770–1831) von Aristoteles angeregt.

Der Tod ist gleichermaßen ein zeitloses Thema. Es gibt den Freitod in der Antike, den christlichen Märtyrertod, die Toten im Krieg und heute aktuell die Selbstmordattentäter sowie die jugendlichen Amokläufer in Schulen und Universitäten.

Seit mehr als zweieinhalb Jahrtausenden beschäftigen sich Philosophen aller Epochen mit dem Tod. Der große französische Denker Michel de Montaigne (1533–1592), Philosoph der Aufklärung in der zweiten Hälfte des 16. Jahrhunderts, nimmt den ursprünglich sokratischen Satz »Philosophieren heißt sterben lernen« wieder auf. Bekommt der denkende Philosoph tatsächlich eine größere Distanz zu seinem eigenen Leben? Und steht am Ende die sokratische Erkenntnis, dass es eigentlich keinen einzigen gesicherten Grund für Todesfurcht gibt? »Geburt ist der Beginn aller Dinge, Tod ist das Ende aller Dinge.« Von Montaigne stammt auch folgendes Zitat: »Nach nichts erkundige ich mich eingehender als danach, wie ein Mensch gestorben sei: mit welchem Gesicht und welcher Haltung, mit welchen letzten Worten.« Für Epikur im 3. Jahrhundert vor Christus war alles um das Sterben nicht so bedeutend. Er war der Auffassung, dass nicht nur der Körper, sondern auch die menschliche Seele mit dem Tod zur Auflösung komme, also das Leben vorbei sei. Für ihn stand daher mehr ein lustvolles Leben im Mittelpunkt. Sein Motto lautete: zu Lebzeiten ein genussvolles Leben führen und dabei zu vollendeter Seelenruhe kommen. Man könne und sollte so leben, als ob man immer lebe. Für Epikureer hatte der Tod keine Bedeutung. Der Epikureismus stand im Mittelpunkt ihres geistigen Lebens. Ein ganz besonderes Merkmal der stoischen Philosophie ist die kosmologische, auf Ganzheitlichkeit der Welterfassung gerichtete Betrachtungsweise. Aus ihr ergibt sich ein in allen Naturerscheinungen und natürlichen Zusammenhängen waltendes göttliches Prinzip. Für den Stoiker gilt es, seinen Platz in dieser Ordnung zu erkennen und auszufüllen, indem man durch die Einübung emotionaler Selbstbeherrschung lernt, sein Los zu akzeptieren und mithilfe von Gelassenheit und Seelenruhe zu Weisheit strebt. Ein Erfahrungswissen der Stoiker, insbesondere der Alten und Weisen war: »Nichts bleibt, wie es war, nichts ist so, wie es scheint.«

Im Athen der damaligen Zeit hatten Philosophenschulen Hochkonjunktur. Jeder Intellektuelle, der etwas auf sich hielt, gründete seine eigene Schule. Die berühmtesten und heute noch bekannten waren neben der Schule der Stoa, die von Platon gegründete Akademie, und die berühmte Peripatos, die Philosophenschule von Aristoteles. Den hellenischen Philosophen ging es in den Philosophieschulen insbesondere darum, allen Menschen Lebensweisheit und Lebenskunst für ihr gesamtes Leben zu vermitteln . Die großen Menschheitsfragen standen da an vorderster Stelle: Woher kommen wir? Wohin gehen wir? Sie sollte insbesondere auch alten Menschen eine Hilfe geben, damit sie länger jung bleiben und jüngeren Menschen, damit sie mit ihrem ohnehin schweren Leben besser umgehen können. Und das mit einer praktischen Philosophie, die lehren sollte, furchtlos in die Zukunft zu blicken. Es galt die wichtige Überzeugung, dass der Philosoph den Widrigkeiten des Lebens mit einer gefestigten Seele und einem starken Herzen gegenüberstehe. Dazu gehörte damals auch und ganz besonders, sich mit dem Thema Lebensende zu beschäftigen. Wie wird es wohl sein, wenn ich dem Tod, wann auch immer, begegne?

Bei Sokrates im 4. Jahrhundert vor Christus sah das folgendermaßen aus. Er stellte sich ein körperloses Weiterleben in der Unterwelt, dem Hades, als sehr attraktiv vor. Für ihn gab es gute Gründe, auf ein Weiterleben der Seele nach dem körperlichen Tod zu hoffen. Sokrates freute sich richtig auf seinen eigenen Tod, damit er zu denen, die ihn alle schon verlassen hatten, zurückkehren könne, um mit ihnen seine philosophischen Gespräche und Diskussionen fortzuführen. In Platons Dialog »Phaidon« definiert Sokrates den Tod als Trennung von Körper und Seele: »Wenn man sich jedoch im Leben zu stark den körperlichen Genüssen hingegeben habe, könnten die Seelen unter Umständen Schwierigkeiten haben mit der Ablösung vom Körper.« Das stand im krassen Widerspruch zu der epikureischen Sichtweise, die aber konnte Sokrates natürlich nicht kennen, da er vor Epikur lebte. Für Sokrates stand fest, dass die Seelen aus der Unterwelt zurückkehren und einen neuen Körper beseelen. Die Seele war also unsterblich. Denn nur so könnten neue beseelte Wesen entstehen. Seine logische Erklärung dafür war, dass es sonst einfach zu viele Seelen im Hades gäbe und irgendwoher müssten doch auch die Seelen Neugeborener kommen. Außerdem brächten wiedergeborene Seelen, wenngleich vergessene, gewisse Erinnerungen mit, sonst wäre keine Erkenntnis des Neuen möglich. Für Sokrates gab es auch ein ganz pragmatisches Argument für die Wiedergeburt: »Wäre die Seele wirklich sterblich, welchen Grund hätten wir dann für ein tugendhaftes Leben.«

Als Sokrates von der Volksversammlung in Athen zum Tode verurteilt wird und im Gefängnis auf den Tag der Hinrichtung mit dem berühmten Schierlingsbecher wartet, bereiten ihm seine Anhänger eine Gelegenheit zur Flucht vor. Wie wir alle wissen, ist Sokrates nicht geflohen. Im Gegenteil, er wollte seine Freunde noch davon überzeugen, dass der Tod gar kein so großes Übel sei. Er akzeptierte sein Todesurteil zwar nicht, lebte aber in der Überzeugung, dass man die Entscheidungen einer Stadt, in der man immer gut gelebt hat, akzeptieren muss, auch dann, wenn das Urteil falsch ist. Wenn er fliehen würde, sagte er, könnte er außerhalb der Stadt kein philosophisches, gutes Leben mehr führen, deshalb wäre es völlig sinnlos zu fliehen. Außerdem würden die Götter dem Philosophen im Falle der Flucht vorwerfen, sich nach menschlichen Urteilen und Entscheidungen gerichtet zu haben. Im Dialog »Phaidon« wird berichtet, dass Sokrates ausgesprochen ruhig und gleichmütig in den Tod gegangen sei. Er war die Ruhe selbst, berichtet Phaidon, der in den letzten Stunden bei ihm geblieben war. Auch in der Apologie von Sokrates, der durch Platon berichteten Verteidigungsrede, sagte Sokrates: »Auf keinen Fall werde ich anders handeln, und müsste ich dafür auch noch so oft sterben.« Für ihn zählt nur die Wahrheit, nicht die Angst vor dem Tod. »Vor etwas Unklarem oder Unbekanntem gibt es keinen einzigen wahrhaftigen Grund sich zu fürchten, sondern nur, wenn wir sicher sein können, dass uns ein Übel bevorsteht, lohnt sich die Furcht. [...] Niemand weiß, was der Tod ist, vielleicht ist er für den Menschen eines der größten Güter, warum soll ich ihn dann fürchten?« Zu seinem besten Freund, Gönner und Schüler Kriton spricht Sokrates seine letzten Worte: »Kriton, es ist Zeit, dass wir gehen, ich zum Sterben, du zum Leben, wer aber von uns beiden dem Besseren zugeht, ist uns allen verborgen.«

Einer der meistgelesenen Schriftsteller im 1. Jahrhundert nach Christi Geburt war der römische Philosoph Seneca. Er war Stoiker und Epikureer zugleich, Lehrer und Erzieher des späteren Kaisers Nero. Seneca warnte aber vor den philosophisch-rhetorischen Tricks der Epikureer. Man sollte sich vor den bloßen Worten hüten und den Tod mit Herz und Seele betrachten, meinte er. Er sei weder ein Übel noch ein Gut. Es bedürfe der Abhärtung und der Prüfung, dem Tod gelassen entgegenzugehen. Man sollte sich permanent mit Herz und Seele auf ihn einstellen. »Wie wenig Zeit bleibt uns, das Wesentliche im Leben [...] gerade die besten Tage verfliegen dem Menschen im Leben zuerst«, schreibt Seneca. Er rät allen »Vielbeschäftigten«, und das kommt uns Heutigen doch wieder bekannt vor, das ohnehin schon kurze Leben optimal zu nutzen, sich mit »Wahlverwandten« zurückziehen, um mit ihnen die Fülle des Lebens gemeinsam zu genießen. Man sollte die Gegenwart in der Kürze des Lebens ausnutzen. Der Sterbliche könne damit bis an die Grenze der Unsterblichkeit heranrücken. Die tägliche Lebensweise müsse auf die Endlichkeit hin ausgerichtet werden. Es geht jedoch nicht nur um kluge Worte, auch ganz praktische Übungen und Empfehlungen hielt Seneca bereit. Seine Übung der Askese war: Treibe morgens nüchtern Sport, setze dich dann an einen reich gedeckten

Frühstückstisch, erfreue dich an der Üppigkeit der Speisen – und überlasse sie dann deinen Dienern und erfreue dich an ihrem kärglichen Essen. Bei seiner berühmten »Meditatio mortis«, dem Nachdenken über den Tod, geht es um die Bewusstwerdung der Endlichkeit, um sich mit ihr auseinanderzusetzen. Dazu sollte man einen einzigen Tag so leben, als ob er ein ganzes Leben umfasse: morgens die Geburt, danach die Kindheit und Jugend, mittags die Lebensmitte, der Lebenshöhepunkt, nachmittags das Alter und abends der Tod. So gelänge uns das Leben, während wir auf das Ende zugehen. Also das Sterben üben? Darauf komme ich noch einmal zurück.

An dieser Stelle ist ein kurzer Ausflug in die Weltreligionen sehr spannend. Er soll uns einen kurzen Überblick über den sogenannten Reinkarnationsgedanken geben, also der Wiederfleischwerdung oder Wiederverkörperung oder auch Palingenese auf Altgriechisch, der Wiedergeburt. Im Hinduismus etwa im Jahr 700 v. Chr. und im Buddhismus um 500 v. Chr. entwickelte sich der Gedanke der Reinkarnation. Dabei geht der Buddhismus grundlegend andere Wege als der Hinduismus. In Ablehnung einer geschaffenen, individuellen Seele kennt er keinen Übergang der Seele von der einen auf die andere Existenz, also keine Seelenwanderung. Wiedergeburt wird verstanden als eine Kontinuität der Geistesprozesse, als Fortsetzung der beim Ableben eines Individuums noch nicht erloschenen mentalen Kräfte, die sich in einer oder mehreren neu in Erscheinung tretende Existenz(en) aufs Neue »re-aktualisieren«.

Im Judentum taucht der Begriff Reinkarnation in der hebräischen Bibel (Tanach) nicht auf, wird aber an mehreren Stellen im Talmud durchaus kontrovers diskutiert und kann als ein grundlegendes Element der Kabbala, der mystischen Tradition des Judentums, betrachtet werden.

In der christlichen Bibel finden sich, wie der Historiker

und katholische Theologe Helmut Zander (*1957) in seiner Monografie »Geschichte der Seelenwanderung in Europa« schreibt, keine Vorstellungen einer Reinkarnation. Dennoch gab es im frühen Christentum schon Reinkarnationsvorstellungen. Sie waren der platonischen Philosophie geläufig und wurden durch konvertierte Heiden in christliche Milieus eingebracht. Namentlich in den sogenannten gnostischen Lehren und Strömungen des 2. und 3. Jahrhunderts waren sie präsent.

Die Ausdrücke »Gnosis«, »Gnostik« und »Gnostizismus« werden oft unterschiedslos verwendet. Üblicherweise bezeichnet Gnosis ein religiöses Geheimwissen, das die Gnostiker nach eigenem Verständnis von der übrigen Menschheit abhebt. Die Kirchenväter wendeten sich jedoch gegen derartige Tendenzen, da sie eine Reinkarnation in mehrfacher Hinsicht als mit dem christlichen Glauben unvereinbar betrachteten. Und dies beschreibt bis heute die Haltung der großen christlichen Kirchen.

Die Situation des Reinkarnationsgedankens innerhalb des Islam hat viele Gemeinsamkeiten mit dem Christentum und dem Judentum. Auch hier lehnen die meisten Vertreter der konfessionellen Hauptströmungen im Islam, Sunniten und Schiiten, das Konzept der Reinkarnation ab.

»Philosophieren heißt sterben lernen«, dieser sokratische Satz bleibt bis in die ersten Jahrhunderte nach Christus wahr. Wie man den Tod in seine Lebenshaltung einbezieht, dazu entwerfen die philosophischen Schulen unterschiedliche Konzepte. Bei den Epikureern ist er nur eine Scheinbedrohung, Stoiker halten die Angst vor dem Tod ebenfalls für beherrschbar. Der zeitgenössische Philosoph Peter Sloterdijk schreibt in seinem Buch »Du musst Dein Leben ändern«: »Als Übung definiere ich jede Operation, durch welche die Qualifikation des Handelns zur nächsten Ausführung der gleichen Operation erhalten oder verbessert wird.« Wenn ich Sloterdijk richtig verstanden habe, stellt der Tod die schwerste Bewährungsprobe für uns Menschen dar, da er uns am stärksten in die Passivität drängt.

Die christliche Lehre bricht durch einen grundsätzlich anderen Ansatz mit der Tradition des antiken Todesdenkens. Das Christentum macht ein Heilsversprechen und stellt den Tod in den Mittelpunkt des christlichen Lebens: Danach erlangt der Mensch entweder das Heil und wird gerettet oder er ist verloren und verdammt. Jedoch wissen wir Menschen im Leben nicht, ob wir im Tod tatsächlich das Heil erlangen. Viele Menschen hoffen es und glauben daran. Nach Kirchenvater Augustinus, einer der einflussreichsten Theologen und Philosophen der christlichen Spätantike, tritt das göttliche Gesicht nach dem Sterben auf und alle Heilsfragen stehen erst dann an. Der Mensch muss im christlichen Sinne ein anständiges Leben führen, um in den Himmel zu kommen. In der christlich mittelalterlichen Zeit ist der Tod stark augustinisch geprägt und seine Vorstellungen blieben bis in die heutige Zeit in unseren Köpfen. Mit dem Tod existieren die Seelen weiter, die einen bei Gott und die anderen in der Hölle.

Erst im 13. Jahrhundert kommt mit Thomas von Aquin (1225–1274), einem der bedeutendsten katholischen Kirchenlehrer, eine neue Sichtweise. Für ihn ist die Seele kein immaterieller Stoff, sondern eine substanzielle Form des Körpers. Sie bildet mit dem Leib gemeinsam die Person. Leib und Seele sind also als eins zu sehen. Im Tod wird die Seele nicht zerstört, sie löst sich vom Leib und ist eines eigenen Seins fähig: Im Erdenleben ist sie mit dem Körper verbunden, über den Tod hinaus bleibt die Seele als eigenständige Form erhalten.

Bei den neuzeitlichen Denkern des 16. Jahrhunderts wie dem englischen Philosophen Francis Bacon (1561–1626), dem Franzosen René Descartes, dem englischen Empiristen

John Locke oder Gottfried Wilhelm Leibniz spielen erneut natürliche Ursachen des körperlichen Todes eine Rolle. Sie gehen davon aus, dass es genauso natürlich ist zu sterben, wie geboren zu werden. Die Seele trennt sich beim Tod vom Körper, weil der Körper nicht mehr richtig funktioniert. Die christliche Wiederauferstehung des Körpers wird fraglich, die Ewigkeit der Seele wird bei John Locke nicht mehr behauptet. Der Tod gilt nicht länger als unmittelbar von Gott gegeben oder veranlasst. Auch die Thematik des Teufels, dem die sündigen Seelen überantwortet werden, verliert endgültig an Bedeutung. Es besteht kein Zusammenhang mehr zwischen Tod und Sünde.

An vielen Stellen der Bibel wird auf die Grundthemen Tod, Himmel und Hölle, mit denen sich die Menschen schon immer beschäftigen, eingegangen. Aber auch in christlichen Kreisen gibt es Verwirrung darüber, was im Jenseits passiert. Im Laufe der Epochen werfen die Vertreter verschiedener Sichtweisen einander vor, die Bibel in ein Prokrustesbett einzuspannen, verschiedene Texte »gewaltsam« ihrer Grundüberzeugung anzupassen.

In den Werken unseres großen deutschen Philosophen Immanuel Kant kommt der Tod eher selten vor. Kant sagt einmal: »Der Tod ist ein körperliches Faktum und lehrt nichts. Du bist Erde und sollst zu Erde werden. Jede Ursache des natürlichen Todes ist eine Krankheit, ein körperlicher Defekt, ein Mangel. Man kann eben kaum gesund sterben, das hat die Natur so eingerichtet.« Kant fordert ganz pragmatisch, man müsse seinen Tod standhaft erwarten, er sei nicht zu vermeiden und sich ständig in seinem Leben darüber Sorgen zu machen sei unnötig und auch unwürdig. Bei ihm gab es keine Auferstehung des Körpers und schon gar kein Fortbestehen der Seele. Er vertritt ein lakonisches[20],

[20] Lakonien, im antiken Griechenland ein Landstrich des Peloponnes, der von den wortkargen Spartanern besiedelt wurde.

eher wortkarges sich Fügen in eine unabänderliche Tatsache ohne weitere Entwicklung jeglicher Analogien. Aus heutiger Sicht ist Kant eher als Atheist zu sehen. Sein berühmter Satz vom »bestirnten Himmel über mir und das moralische Gesetz in mir« zeigt, die in allen seinen Werken klar postulierte Eigenverantwortlichkeit des Menschen. Der Mensch ist als Vernunftwesen frei und bestimmt sich durch seine Handlungen selbst. Das spricht auch sehr deutlich aus seinem berühmten kategorischen Imperativ. Selbstverpflichtung ist unsere Chance, sie bedeutet Pflichten gegen andere und gegen uns selbst. »Lebe der Natur gemäß, erhalte dich selbst, mache dich vollkommener als die Natur dich bestimmt.« In diesem Sinne lehnt Kant auch den Selbstmord kategorisch ab. Er hat dafür aber eine andere Begründung als die christliche Kirche. Nicht weil nur Gott über das Leben bestimmt, das in der christlichen Lehre allein Gott gehört, ist die Selbsttötung verboten, sondern weil wir eine Pflicht gegen uns selbst haben, was bedeutet, die Menschheit im Ganzen in uns zu achten, Leben zu erhalten und weiterzugeben. Deshalb dürfen wir unser Leben, nach Kant, nicht selbst zerstören. Dagegen zeigt der jüngere, der Romantik zuzuordnende und von der Aufklärung beeinflusste Philosoph Georg Wilhelm Friedrich Hegel eine andere Sichtweise über den Selbstmord. Bei ihm ist dieser im wahrsten Sinne des Wortes ein Freitod oder wörtlich »eine persönliche Freiheit zum Tode«.

Der Selbstmord des Protagonisten in Goethes Roman »Die Leiden des jungen Werther« war zur damaligen Zeit sehr umstritten. Goethe selbst nahm zur Selbsttötung Werthers niemals Stellung. Zu dieser Zeit wurde Selbstmord als Verbrechen betrachtet, das auch von der Kirche geächtet wurde. Ein englischer Bischof geißelte den Roman Goethes als »verdammenswert« und als Anleitung zum Selbstmord. Ob Menschen tatsächlich nach der Lektüre des »Werther«

Selbstmord begingen, ist umstritten und nicht belegt, wurde aber immer wieder behauptet. Goethes Werther hatte sich von den Vorstellungen der Aufklärung und der Religion entfernt. Er suchte keinen Trost im Glauben. Obwohl im Text immer wieder Hinweise auf Textstellen aus der Bibel vorkommen, bleibt »Werther« ein eher religionskritischer Roman. Werther ist ein Mensch, der als Individuum das Schicksal in die eigene Hand nimmt, und aus Hegelscher Sicht von der »Freiheit zum Tode« Gebrauch macht.

Kern allen menschlichen Lebens ist laut dem Philosophen Arthur Schopenhauer der unzerstörbare Wille zum Leben. Alles Lebende folgt einem blinden Lebenswillen. Schopenhauer geht so weit, dass er sagt, dass wir den Tod fürchten, weil der Lebenswille sich gegen jede Form der Endlichkeit sträubt. Er spricht kontrafaktisch dennoch auch vom »Jammertal« des Diesseits und hält den Tod für das bessere Leben. Daraus ist jedoch keine Aufforderung zur Selbsttötung abzuleiten. Für Schopenhauer stellt diese keine Lösung dar, weil der metaphysische Wille des Menschen umgehend eine neue Form finde und so das Lebensrad aufs Neue in Gang bringe. Im Gegensatz zu Schopenhauer hält Gottfried Wilhelm Leibniz diese Welt, in der wir leben, für die jeweils »beste aller möglichen Welten«. Leibniz gilt als der universale Geist seiner Zeit und war einer der bedeutendsten Philosophen des ausgehenden 17. und beginnenden 18. Jahrhunderts. Der Jurist, Naturwissenschaftler, Politiker, Philosoph, Historiker, Theologe und Diplomat sagte über sich: »Beim Erwachen hatte ich schon so viele Einfälle, dass der Tag nicht ausreichte, um sie niederzuschreiben.«

Wir kommen nun zu den Autoren der Romantik. Hölderlin (1770–1843), Novalis, Fichte und Schelling (1775–1854), die bedeutenden Autoren dieser Zeit, geben dem Tod eine neue, bisher nicht da gewesene Bedeutung. »Tod als das dunkle Gegenüber, was das Leben erst leuchtend machen kann« lautet die romantische Formel.

Das Zeitalter der Aufklärung im 17. und 18. Jahrhundert war besonders geprägt vom Bestreben, das Denken mit den Mitteln der Vernunft von althergebrachten, starren und überholten Vorstellungen, Vorurteilen und Ideologien zu befreien und Akzeptanz für neues Wissen zu schaffen. Man gibt sich in der Romantik dem Tod hin – der Freiheit zum Tode, wie wir bei Hegel lesen können. Die Bejahung der Endlichkeit, nicht um ihrer selbst willen, sondern weil gerade im Endlichen das Unendliche eine enorme Bedeutung bekommt und kraftvoll wirken kann. Der Tod ist überall im Leben präsent, er bedeutet den Romantikern sowohl Jubel als auch Melancholie. »Von des Einzelnen Tod blüht ja des Ganzen Gebild«, schreibt 1801 Friedrich Schlegel, und: »Das Sterben des Einzelnen dient der Gattung, ohne den Tod des Einzelnen kann die Gattung nicht existieren«.

Im 19. Jahrhundert spielen Biologie und Bevölkerungsstatistik eine wichtige Rolle für die Entstehung der neuen Vorstellung eines kollektiven stofflichen »Lebens« mit quasi physiologischen Eigenschaften. Es entsteht die Vorstellung eines Überlebens oder »Todes« auf der Ebene des Fortbestandes der Population oder der »Art«. Der Tod ist nicht mehr zwingend ein Gegenbegriff zum Leben. Der individuelle Tod wird abgewertet, er verschwindet und wird zum bloßen Lebensende. Das kollektive Leben kann mittels biologischer Überlegungen zum Argument für die »Nützlichkeit« eines individuellen Todes werden. Dies alles sind Begriffe und Formulierungen, die der britische Naturforscher Charles Robert Darwin (1809–1882) in seinen Beiträgen zur Evolutionstheorie prägt. Es gibt einen interessanten biografischen Roman über Darwin von dem Amerikaner Irving Stone (1903–1989) »Der Schöpfung wunderbare Wege, das Leben des Charles Darwin«, den ich mit großer Begeisterung gelesen habe. Auf eine sehr unterhaltsame und gut verständliche Art und Weise skizziert Stone in diesem Roman Darwins Evolutionslehre. Darwin schreibt 1859 eine Theorie der Entwicklung, die sich auf das Wie der Entstehung und Veränderung der Arten bezieht. Darwins Überlegungen enthalten nicht nur das berühmte Modell des Kampfes um das Dasein und der Konkurrenz der Arten untereinander, bei ihm bedeutet Tod das »Verwerfen« oder »Zerstören« des Einzelnen durch die natürliche Zuchtwahl, der von ihm sogenannten natural selection, also der natürlichen Zuchtwahl, die bei ihm eng verbunden ist mit der geschlechtlichen Auswahl, der »sexual selection«.

Der Wiener Arzt und Begründer der Psychoanalyse Sigmund Freud hatte sechs Kinder. Als seine zweitjüngste Tochter Sophie 1920 erst 27-jährig starb, entwickelte er seine sogenannte Todestriebtheorie, die jedem Menschen gewissermaßen apriori innewohnt. Dieser Thanatostrieb sei der Gegenspieler des Lebenstriebs, meint er. In seinem Buch »Jenseits des Lustprinzips«, das 1921 veröffentlicht wurde, kann man darüber noch weitere Ausführungen nachlesen. Jedoch wurden diese Gedanken damals nicht so richtig angenommen, viele behaupteten auch, dass er sie von seinem ehemaligen Schüler Alfred Adler übernommen habe. Noch bis heute werden die Todestriebtheorien Freuds eher kontrovers diskutiert.

Der Zellbiologe der modernen Zeit, August Weismann (1834–1914), erörtert das Problem des Todes vor dem Hintergrund der Darwinschen Theorie. Fest steht für ihn, dass alle höheren Lebewesen eine unterschiedlich lange typische Lebensdauer haben. Diese richtet sich laut Weismann ausschließlich nach den durchschnittlich zu erwartenden Umständen der für die Arterhaltung erforderlichen Fortpflanzung. Erst die Evolution habe den Tod entstehen lassen. Sie treibe nicht mehr Aufwand als nötig und lasse daher die Individuen so bald wie möglich, sprich nach der für die Arterhaltung erforderlichen Zeitspanne, sterben. Sie verliere das Interesse am Menschen, wenn er seiner Aufgabe nachgekommen ist. Der Tod des Einzelnen und der physische Fortbestand der Gesellschaft hängen bei ihm ganz eng zusammen. Die Evolution kennt unbegrenztes Leben und geht nutzenorientiert und »ökonomisch« vor. Das nützlichste, was ein gesunder Mensch tun kann, ist laut Weismann, sich im normalen Umfang fortzupflanzen, bevor er stirbt. Die Natur selbst sei nicht darauf aus, dem Menschen ein möglichst langes Leben zu sichern. Beispielsweise leben bei Bienen und Wespen die männlichen und weiblichen Tiere ganz unterschiedlich lang. Die weiblichen Tiere bleiben sehr viel länger am Leben als die männlichen. Wenn die männlichen ihre Arbeit vollbracht haben, würden sie nicht mehr gebraucht. Ist das das rein ökonomische Kalkül der Evolution? Ich weiß es nicht und bin auch kein Naturwissenschaftler, um das ausreichend beurteilen zu können. Auch Goethe griff das einmal auf und bezeichnet in diesem Zusammenhang den Tod als den »Kunstgriff der Natur, um viel, viel Leben zu haben«.

Tatsächlich gibt es aber auch unsterbliche Lebewesen auf diesem Planeten. Bei allen Lebewesen der zweigeschlechtlichen Fortpflanzung gibt es den Tod, die eingeschlechtliche Amöbe jedoch teilt sich in zwei gleiche Stücke und beide leben weiter, es gibt bei ihr keinen natürlichen Tod. Sterben können nur zusammengesetzte Formen des Organismus wie zum Beispiel alle Körperzellen. Die Keimzellen ähneln der Amöbe in Bezug auf ihre Unsterblichkeit. Hier bleibt der Tod außen vor. Ist der Tod also eine Folge der »Erfindung« der zweigeschlechtlichen Fortpflanzung im Verlauf der Evolution? Dies nur einmal als provokante Frage an alle Humanbiologen.

Eine andere hochaktuelle Frage unserer Zeit lautet: Kann

man seinen eigenen Tod planen? Und wenn ja: Wie weit darf man dabei gehen? Verschiedene europäische Länder geben darauf unterschiedliche Antworten: In den Niederlanden und in Belgien ist heute aktive Sterbehilfe, also Tötung auf Verlangen, unter gewissen Umständen erlaubt, in Österreich hingegen ist sie strikt verboten. Logisch wäre die Formel: Niemand besitzt das Recht zu sterben. Gibt es dann aber gleichzeitig auch keine gesetzliche Pflicht zu leben? Grundsätzlich gilt: Jeder kann selbst entscheiden, ob und wie er sich medizinisch behandeln lässt. Wird das Leben durch die moderne Medizintechnik eher bedroht? Ist der Tod im Krankenhaus human, ist er ein »guter« Tod in unserer mechanisierten Welt? Wichtig für uns ist, dass wir uns in »guten« Zeiten, im Vollbesitz unserer geistigen und körperlichen Kräfte jemand anvertrauen. Mit ihm über unsere Ängste sprechen. Derjenige muss jünger sein als wir, sodass er möglichst da ist, wenn wir ihn brauchen. Das kann ein naher Verwandter sein, ein Arzt, eine Person, der ausreichend bekannt ist, wie wir denken und fühlen. Wir sollten demjenigen auch nichts vormachen oder vorspielen. Ohne Weiteres können wir auch die Person unseres Vertrauens wechseln, wenn wir den Eindruck gewonnen haben, dass sie nicht mehr die oder der richtige ist. In den Zeiten unserer noch vollständigen geistigen Kraft haben wir jederzeit die Möglichkeit, unsere Entscheidungen erneut zu überdenken und zu korrigieren, wenn es notwendig sein sollte. Wir brauchen unseren Verwandten und Bekannten niemals Rechenschaft über unser Handeln ablegen. Selbstbewusst entscheiden wir über unser Selbst. Unsere körperliche Kraft kann zwar nachlassen im Alter, oft sind wir aber dennoch geistig wach und rege, das Beste für uns auszuwählen.

In der Praxis kann ein Schwerverletzter oder Sterbender alle Entscheidungen oft nicht mehr selbst treffen. Doch jeder kann rechtzeitig die Weichen stellen für diesen Fall. Seit

Mitte des Jahres 2009 gilt in Deutschland ein Patientenverfügungsgesetz. Dabei handelt es sich um eine Verfügung, in der man selbst und im Vollbesitz seiner geistigen und körperlichen Kräfte bestimmen kann, welche medizinischen Interventionen man ablehnt und wie man seine letzten Tage oder Stunden verbringen möchte. Zwar waren solche – nicht bindende – Dokumente auch davor schon möglich, ein neues Patientenverfügungsgesetz stärkt jedoch das Selbstbestimmungsrecht des Menschen. Am 1. September 2009 trat in Deutschland das vom Bundestag beschlossene neue Patientenverfügungsgesetz in Kraft. Ärzte müssen sich der Patientenverfügung beugen, sie müssen auf künstliche Ernährung und mechanische Beatmung verzichten, wenn das der Patient so festgelegt hat. Sollten Ärzte damit in einen Gewissenskonflikt geraten, muss der Arzt dafür sorgen, dass ein Kollege für ihn die weitere Behandlung übernimmt. Damit ist das neue Gesetz auch wegweisend in eine neue Medizin, die Palliativmedizin. Lateinisch »pallium«, der Mantel des Beistandes und der Schmerzlinderung, der dem todkranken Menschen umgelegt wird. Diese neue Medizinrichtung wirkt nicht unbedingt lebensverlängernd, sondern eher leidensmindernd.

Stephan Sahm lehrt Medizinethik am Frankfurter Universitätsklinikum und bezweifelt, ob wir überhaupt Patientenverfügungen brauchen, in denen versucht wird, verschiedene Eventualitäten gedanklich vorwegzunehmen. Er ist für Alternativen wie eine »natürliche Stellvertreterschaft« durch Angehörige, die Vorsorgevollmacht und einen »umfassenden Vorsorgeplan«, um den sich ändernden Bedürfnissen eines Patienten besser Rechnung zu tragen. Und dafür hat er gute Gründe. Bei seinen empirischen Studien stellte er fest, dass sich Blickwinkel und Vorstellungen deutlich verändern, je nachdem, ob man sich als Gesunder oder als Kranker mit diesem Thema beschäftigt. Sahm hat erstmals empirisch nachweisen können, dass sich im Krankheitsfall die Perspektive deutlich verändert: Er befragte Krebspatienten in verschiedenen Stadien und als Vergleichspersonen Gesunde, Pflegende und Patienten, wie sie Behandlungsalternativen für den Fall einer lebensbedrohlich unheilbaren Erkrankung einschätzen. Eines der bemerkenswerten Ergebnisse: Krebspatienten wünschen Behandlungen wie Chemotherapie und Strahlentherapie, während Gesunde und die Professionellen des Medizinbetriebs diese Behandlung eher ablehnen oder sich nicht festlegen möchten. Sahms Alternativvorschlag zur Patientenverfügung ist eine Änderung des Betreuungsrechts, um die rechtlichen Grundlagen für eine natürliche Stellvertreterschaft durch Angehörige zu schaffen. Danach sollten Angehörige berechtigt sein, für die Betroffenen zu sprechen, es sei denn, in einer Vorsorgevollmacht wäre anderes geregelt.

Bitte betrachten Sie meine Ausführungen nicht als persönliche Ratschläge. Wichtig ist meines Erachtens, dass jeder für sich alle diese Fragen mit seinen Angehörigen, Freunden, dem Arzt oder einer anderen Person seines Vertrauens bespricht. Jeder Einzelne muss sich fragen, ob er für sich selbst und seine Nachfahren etwas tun kann, will oder möchte.

Der französische Forscher Philippe Ariès (1914–1984) beklagte 1975 in seinem Buch »Geschichte des Todes im Abendland«, dass die Moderne Scham vor dem Tod zeige: »Er wird in die Kliniken verlagert, Experten sind dafür zuständig.« Seit 1910 sind in Deutschland die früher bekannten Leichenzüge in den Innenstädten verboten. Erst vor ein paar Jahren wohnte ich in Amerika einem solchen in New Orleans bei: Mitten im alten kreolischen Viertel der Stadt, der Heimat des Jazz, spielten die Musiker fantastischen Jazz und die Menschen liefen mit lautem Trauergesang tanzend dem Leichenzug hinterher. Ein unglaubliches Fest!

In Mexiko ist der »Dia de los Muertos«, der Allerseelen-Tag am 2. November jedes Jahres, ein gigantisches Volksfest. Die Menschen bereiten auf übergroßen Altären vor den Friedhöfen ein opulentes Büfett vor mit den köstlichsten Speisen für ihre Verstorbenen, deren Seelen an diesem Tag zurückkommen sollen. Die Mexikaner feiern ihre Toten regelrecht, sehr bunt, sehr laut, mit Musik und fröhlichem Tanz. Es wird ausgelassen mit den Toten gefeiert und ein sehr alter mexikanischer Volksbrauch erlaubt, dass »das was die Toten vom Büfett nicht essen«, von der Bevölkerung ausgiebig genossen werden kann. Die Seelen kehren zum Mictlan zurück. In der aztekischen Mythologie war Mictlan die Bezeichnung für die Unterwelt, den Hades, den Ort des Todes. Herrscher von Mictlan war Mictlantecuhtli (der Herr des Todes), der meist als furchterregende Gestalt dargestellt wurde. In den Mictlan kamen alle Personen, die eines natürlichen Todes starben. Gefallene Krieger oder Frauen, die bei der Geburt eines Kindes starben, gelangten direkt auf eine höhere Stufe und mussten den Mictlan nicht durchlaufen.

Bei den Hunzas, einem Bergvolk an der Seidenstraße im Himalaja, einem Gebiet in Pakistan, wird auf eine ganz eigene Art und Weise gestorben. Männer und Frauen haben eine vergleichsweise sehr hohe Lebenserwartung. Ein großer Teil der Menschen wird über 100 Jahre alt und gehört damit zu den am längsten lebenden Menschen der ganzen Erde. Eine Hunza-Weisheit besagt: »Alter hat nichts mit dem Kalender zu tun, es bedeutet lediglich ein Reifen von Körper und Geist.« Die meisten arbeiten bis weit über ihr 90. Lebensjahr hinaus. Ein nachberufliches Rentnerdasein wie bei uns kennt man nicht, es wird gearbeitet, bis einem die Kräfte schwinden. In erster Linie wird auch körperlich auf dem Feld gearbeitet. Wenn ein Hunza sein eigenes Ende nahen fühlt, sagt er seiner Familie Bescheid, dass er nicht mehr mit zur Arbeit gehen möchte. Für die Familie bedeutet dies, dass das Familienmitglied beschlossen hat zu sterben, sich dem Tod widerstandslos hinzugeben. Und in der Tat berichten Wissenschaftler, dass die Alten schmerzlos, gelassen und mit sich und der Welt völlig im Einklang aus dem Leben scheiden. Wenn die Familie am Abend von der Tagesarbeit zurückkehrt, findet sie den Entschlafenen mit einem sehr gleichmütigen Gesichtsausdruck vor.

Auf ein außergewöhnliches Buch möchte ich noch aufmerksam machen. Es trägt den Titel »Aus die Maus – Ungewöhnliche Todesanzeigen« und stammt von den beiden Autoren Christian Sprang und Matthias Nölke. Sprang hat seit vielen Jahren ein ausgefallenes, bemerkenswertes Hobby. Er sammelt mit besonderer Leidenschaft ungewöhnliche Todesanzeigen. In seinem Brotberuf ist Christian Sprang Justitiar des Börsenvereins des Deutschen Buchhandels. Seit er 2003 seine Sammlung ins Internet gestellt hat und einen Aufruf startete, ihm per E-Mail Todesanzeigen zukommen zu lassen, erhält er von allen möglichen Menschen ständig welche geschickt. In einem Interview (FAZ 25.08.2009, Seite 7) wurde er gefragt: »Warum sammeln Sie eigentlich?« Er antwortete: »In Todesanzeigen ist das ganze Leben komprimiert. Das ist eine unheimlich ergreifende Textform. Und irgendwann stirbt man ja selbst, deswegen betreffen sie auch jeden.« Es ist sehr überraschend, wie viele seltsame, schon kuriose, vielleicht auch unfreiwillig komische Todesanzeigen es gibt. Aber bei sehr vielen Anzeigen erkennt man auch gleich, dass die Hinterbliebenen sich gegen die Vorschläge der Bestatter durchgesetzt haben. In der Textankündigung des Verlags zu diesem Buch ist zu lesen: »Die Geschichten, die sich dahinter verbergen, sind herzzerreißend, skurril und komisch; sie zeichnen ein ungewöhnliches Bild vom Leben und Sterben in unserem Land, das beim Leser zu tröstender Erkenntnis und befreiendem Lachen führt.«

Eine ganz andere Literaturempfehlung ist die promovierte Philosophin Rebekka Reinhard. Sie bietet in ihrem lesenswerten Buch »Die Sinn-Diät« philosophische Rezepte für ein erfülltes Leben. Zum Thema Tod gefällt mir ihr einfaches Rezept: »Wälzen Sie nicht lange Argumente hin und her, tun Sie es einfach: Glauben Sie an eine höhere Ordnung. Lernen Sie an etwas zu glauben, das Ihnen in schwierigen Situationen Kraft gibt – und möglicherweise auch nach Ihrem Tod noch von Wert ist.«

Wer sich mit diesem Thema weiter auseinandersetzen möchte, dem sei das Museum für Sepulkralkultur[21] in Kassel empfohlen mit seiner Ausstellung zu Sterben, Tod, Bestattung, Trauer und Gedenken. Das Museum beschäftigt sich mit der Kultur des Todes, des Sterbens und des Bestattens.

Zum Abschluss dieses Kapitels über Tod und Endlichkeit möchte ich auf eine der ganz großen Persönlichkeiten hinweisen, die sich mit diesem Thema auf eine einzigartige Weise beschäftigt hat. Elisabeth Kübler-Ross, geboren 1926 als Drilling, hat als 19-jährige junge Frau gleich nach dem Zweiten Weltkrieg als freiwillige Helferin Dienste in Frankreich, Belgien, Schweden, Polen und Italien geleistet. Für eine junge Frau war das damals eine ungemein prägende Tätigkeit. Ihre Hilfe, die sie vielen Schwerverletzten und Sterbenden angedeihen ließ, motivierte sie später zum Studium der Medizin. Als Ärztin führte sie sehr viele Interviews mit Sterbenden, die sie in ihren vielen Büchern veröffentlichte. Ihr größtes Bestreben lag darin, den Menschen mit ihrer persönlichen Hilfe und ihren Büchern die Angst vor dem Tod zu nehmen und sie zu einem sinnerfüllten Leben zu führen. Sie selbst ist 78 Jahre alt geworden und in ihrem Haus in der Wüste Arizonas, wohin sie sich zurück-

[21] Lat. sepulcrum = Grab, Grabgelege

gezogen hatte, gestorben. Ihr ganzes Leben hat sie sich mit dem Thema Tod auseinandergesetzt und vielen Menschen geholfen. Ihre letzten Worte waren: »Ich ›selbst‹ habe zu wenig getanzt und zu wenig gespielt.«

Mit Trost spendenden Worten aus ihrem 2001 erschienenen Buch »Leben bis wir Abschied nehmen« schließe ich dieses Kapitel:

> *»Der Mensch ist gegenüber allen anderen Lebewesen eines großen Vorzugs gewürdigt: Er ist frei in seiner Wahl. Wir sind keine willenlosen, ohnmächtigen Staubkörner, die vom Wind des Zufalls hin- und hergetrieben und durcheinandergewirbelt werden. Wir sind vielmehr wie die schönen Schneeflocken, die Gott geschaffen hat – jeder Einzelne von uns. Im ganzen Universum gibt es keine Schneeflocke, die irgendeiner anderen genau gleicht – nicht einmal bei eineiigen Zwillingen ist das der Fall. Jeder Einzelne von uns ist aus einem bestimmten Grund und zu einem bestimmten Ziel geboren und jeder Einzelne von uns wird erst dann sterben, wenn er das vollbracht hat, was ihm zu vollbringen bestimmt war. Und nun hängt alles daran, dass wir bereit sind, aus der Zeit zwischen Geburt und Tod das Beste zu machen, und zwar das Beste aus jedem Tag, aus jedem Augenblick und aus jeder sich bietenden Gelegenheit.«*

»Wer bin ich?« oder »Erkenne dich selbst!«

Im Jahr 2008 hat der Philosoph und Buchautor Richard David Precht mit seinem Philosophieführer »Wer bin ich und wenn ja, wie viele?« Hape Kerkelings Pilger-Roman »Ich bin dann mal weg« auf der Bestsellerliste abgelöst. Die Wochenzeitschrift »Die Zeit« fragte in ihrer 27. Ausgabe, wer von beiden lebensklüger sei und veröffentlichte einen Vergleich unter verschiedenen Aspekten, was beide Autoren zu den wichtigsten Dingen des Lebens zu sagen haben. Eine Wertung wurde nicht vorgenommen. Sie wurde dem Leser überlassen. Das Buch von Precht bildete dann die Textgrundlage eines philosophischen Lektürekurses, den ich im Herbst/Winter-Semester 2008/2009 mit Mitgliedern der Akademie 55plus über acht Wochen veranstaltete. Der Zuspruch zu diesem Seminar war sehr hoch. Das überaus große Interesse an diesem Buch zeigt, dass sich der denkende Mensch irgendwann im Leben die Frage nach seiner Identität stellt. Während Jugend und Ausbildung und im Berufsleben findet man kaum die rechte Zeit dafür. Spätestens in der nachberuflichen Phase stellt sich für viele die Sinnfrage, die Frage nach einem gelingenden Leben. Spät, aber niemals zu spät, meine ich. Dann kommt die Zeit der Muße und des Verständnisses, der Beschaulichkeit, der Ruhe und der Gelassenheit zum fröhlichen Altern.

Für was steht das Buch von Richard David Precht, das sich in der Tat wie ein Philosophieführer liest? Warum wurde es explosionsartig in die Bestsellerliste katapultiert? Gewiss ist es nicht der Ratgeberliteratur zuzuordnen. Es geht tiefer, hat einen anderen Anspruch, es fordert geradezu auf zum Weiterdenken. Precht, ein akademisch ausgebildeter Philosoph, hat es nicht in der Sprache der wissenschaftlichen Philosophie verfasst, wie sie an den Universitäten gelehrt wird: Es ist allgemein verständliche und populärpraktische Philosophie. Vielleicht ist es gerade deshalb bereits in der x-ten Auflage erschienen, ein Hörbuch gibt es davon ebenfalls.

Gerade angesichts unserer derzeitigen Weltsicht, die geprägt ist von Krisendiskussionen – Wirtschafts- und Finanzkrisen, Begriffen wie Geld, Gier und Steuerhinterziehungen – kommt es dem Einzelnen vielleicht doch wieder mehr darauf an, nach seiner eigenen Identität zu suchen. Und das fordert dieses Buch geradezu heraus.

Seit Jahrtausenden stellen sich nicht nur Philosophen, Weisheitslehrer, Denkende und Antworten suchende Menschen die Frage »Wer bin ich?« auf dem Weg der Identitätssuche und Selbstfindung. Der Überlieferung nach soll am Eingang des Tempels von Delphi die Inschrift »Erkenne dich selbst« angebracht gewesen sein. Der griechische Schriftsteller Plutarch (*45 n. Chr., † um 125) interpretierte den Eingangsspruch als Apollinische Weisheit, als eine Aufforderung der Gottheit, individuelle Probleme und Fragestellungen durch die Auseinandersetzung mit der eigenen inneren Persönlichkeit zu lösen. Erkenntnisse durch Nachdenken über sich selbst zu gewinnen, um damit einen eigenen Zugang zur Problemlösung in der Außenwelt zu legen. Und Bert Brecht hat die Frage »Wer bin ich?« ergänzt um die Frage »Zu wem werde ich gemacht?«.

Wer ist dieses »Ich«, wer steht für das Personalpronomen im Nominativ der 1. Person Singular, auf Deutsch sagt man auch Fürwort? Precht ergänzt den Titel »Wer bin ich« um »und wenn ja, wie viele?«. Wechsele ich in verschiedene »Ichs« und wie viele dieser Ichs habe ich überhaupt? Wer bin ich eigentlich mit allen meinen Wünschen, Vorstellungen,

Fantasien, meinem Glauben, meinen Überzeugungen, meinen Ängsten und Verzweiflungen, meiner sozialen Stellung, meinem Habitus – also mit allem, was mich ausmacht? Wir umgeben uns gerne mit einem Habitus, der einem Schutzwall gleicht. Schützen wir uns, damit niemand leicht an uns herankommt? Vielleicht nicht einmal wir selbst?

Volker Gadenne, Professor für Philosophie und Wissenschaftstheorie an der Universität Linz, schreibt:

> *»Menschen haben Empfindungen und Gefühle und sie können Arten solcher mentaler Ereignisse wiedererkennen und unterscheiden. Sie haben erfahren, wie der Geschmack einer Zitrone ist und wie er sich von dem eines Stücks Schokolade unterscheidet. Sie wissen, wie das Blau des Himmels aussieht und wie es sich anfühlt, wenn man einen Finger in zu heißes Wasser taucht. Sie haben Gefühle der Freude und Trauer erlebt und wissen daher, wie es ist, solche Gefühle zu erleben. Dieses erlebte ›wie‹ eines mentalen Zustandes ist ein Quale (Plural Qualia). Man nennt es auch die Erlebnisqualität oder phänomenale Qualität des betreffenden mentalen Zustandes oder Ereignisses. Oft werden auch diese Zustände oder Ereignisse selbst Qualia genannt. Qualia sind weiterhin durch die Formulierung beschrieben worden, ›wie es für ein Subjekt ist‹, in dem mentalen Zustand zu sein, wie sich der Zustand ›an-fühlt‹. Der Begriff ›Quale‹ wurde 1929 von C. I. Lewis eingeführt, seine Bedeutung unterschied sich von der heutigen ein wenig, da sie im Zusammenhang mit Annahmen (über phänomenale Einzeldinge) stand, die heute von den meisten Philosophen verworfen werden. Qualia sind mit einer subjektiven Perspektive (Erste-Person-Perspektive) verbunden: Sie werden jeweils nur von dem Subjekt erfahren, das in dem entsprechenden mentalen Zustand ist. Auch wenn die explizite Diskussion der Qualia erst im 20. Jahrhundert aufkam, ist das Problem der Sache nach schon weit länger bekannt: Schon bei René Descartes, John Locke und David Hume lassen sich ähnliche, wenn auch nicht weiter ausgeführte Gedankengänge dieser Art finden. Hume*

behauptete in seinem ›Treatise on Human Nature‹ (1739): ›We cannot form to ourselves a just idea of the taste of a pineapple, without having actually tasted it.‹ »Wir können uns keinen Begriff vom Geschmack einer Ananas bilden, ohne diese tatsächlich gekostet zu haben.«

Der bekannte amerikanische Philosoph Thomas Nagel hat ziemlich Furore gemacht mit seinem 1974 veröffentlichten Aufsatz »What is it like to be a bat?« (»Wie fühlt es sich an, eine Fledermaus zu sein?«). Wir können noch so viel über eine Fledermaus wissen, wir kommen nie dahinter, wie sie in ihrem Bewusstsein tickt; was sie mit ihrem echolotartigen Wahrnehmungsapparat erkennt und empfindet. Nagel löste eine breite Debatte aus, nicht nur unter Naturwissenschaftlern, sondern gleichermaßen auch unter Philosophen. Unser Erkenntnisvermögen ist eingeschränkt, insbesondere was die Urteilsfähigkeit über andere Lebewesen betrifft. Doch wie nahe kommen wir an uns selbst heran? Wie urteilen wir über uns selbst, wer ist dieses »Ich«? Dieser Frage wollen wir nachgehen und es bietet sich immer an, bei unserem großen deutschen Philosophen Immanuel Kant zu beginnen.

Dem Königsberger Denker geht es um die Sinnfrage der menschlichen Existenz und den Wert menschlichen Lebens überhaupt. Die vier großen Fragen, die die Philosophie von Anfang an stellte, formulierte er auf seine Weise: Die erste Frage: »Was kann ich wissen?« kommt aus Kants Erkenntnistheorie oder auch Epistemologie, die neben der Ethik, der Logik und der Ontologie zu den wichtigsten Fragen der Philosophie überhaupt gehört. Bei der zweiten Frage »Was soll ich tun?« beschreibt er in seiner Ethik und Moralphilosophie, wie der Mensch handeln soll. Stichwort ist der berühmte kategorische Imperativ in seiner Schrift »Kritik der praktischen Vernunft«. Mit der dritten Frage

»Was darf ich hoffen?« kommen wir zur Religionsphilosophie und die vierte Frage »Was ist der Mensch?« behandelt Kant sehr ausführlich in seinem Werk »Anthropologie in pragmatischer Hinsicht«, das im Jahr 1798 erschienen ist. Mit allen vier Fragen werden wir uns ausführlich beschäftigen.

Es gibt die berühmte Geschichte von Anthony de Mello, einem 1931 in Indien geborenen Philosophen, Theologen und Psychologen. Er starb sehr früh 1987 in New York. Anthony de Mello war ein multikulturell geprägter Weisheitslehrer, der auf sehr humorvolle Art und Weise lebenspraktische Weisheiten und Erzählungen vermittelte, also sozusagen populärphilosophische Weisheiten. Hier eine schöne Geschichte von ihm:

> *»Eine Frau lag im Koma. Plötzlich hatte sie das Gefühl, sie käme in den Himmel und stünde vor dem Richterstuhl. ›Wer bist du?‹, fragte eine Stimme. ›Ich bin die Frau des Bürgermeisters‹, erwiderte sie. ›Ich habe nicht gefragt, wessen Ehefrau du bist, sondern wer du bist.‹ ›Ich bin die Mutter von vier Kindern.‹ ›Ich habe nicht gefragt, wessen Mutter du bist, sondern wer du bist.‹ ›Ich bin Lehrerin.‹ ›Ich habe nicht nach deinem Beruf gefragt, sondern wer du bist.‹ Und so ging es weiter. Alles, was sie erwiderte, schien keine befriedigende Antwort auf die Frage zu sein: ›Wer bist du?‹ ›Ich bin eine Christin.‹ ›Ich fragte nicht, welcher Religion du angehörst, sondern wer du bist.‹ ›Ich bin die, die jeden Tag in die Kirche ging und immer den Armen und Hilfsbedürftigen half.‹ ›Ich fragte nicht, was du tatest, sondern wer du bist.‹ Offensichtlich bestand die Frau die Prüfung nicht, denn sie wurde zurück auf die Erde geschickt. Als sie wieder gesund war, beschloss sie, herauszufinden, wer sie war.«*

Philosophische Fragen haben selten eindeutige Antworten. Irgendwo habe ich einmal gelesen: »Philosophen sind Geisteswissenschaftler, die die Kinderfragen nicht vergessen können, wenn sie erwachsen geworden sind«. Ich behaupte ganz forsch: Sie machen die Wozu- und Warum-Fragen zu ihrem Beruf.

Die Schriftstellerin und promovierte Philosophin Rebekka Reinhard schreibt: »Wenn wir uns ein bisschen mehr ums Selberdenken kümmern würden, hätten wir nicht so einen großen Sinn-Hunger.« Ihr Buch mit dem Titel »Die Sinn-Diät« gibt Antwort auf die Frage »Warum wir schon alles haben, was wir brauchen« und hält interessante, »philosophische Rezepte für ein erfülltes Leben« bereit. Das Buch der jungen Philosophin, die über amerikanische und französische Gegenwartsphilosophie promovierte, ist praktisch anzuwendende Alltagsphilosophie, weitab von der schwer zugänglichen professoralen Sprache der Wissenschaftsphilosophen an den Universitäten.

Auf was lässt man sich ein, wenn man praktisch-philosophisch selbst zu denken anfängt? Was geschieht dabei mit einem selbst? Grundsätzlich muss man sich darüber im Klaren sein, dass mit dem Denken Erkenntnisse gewonnen werden. Aber kommen einem dann nicht erst recht Zweifel und neue Probleme? Möchte ich mich unter diesen Bedingungen überhaupt auf die Philosophie einlassen? Dazu muss man bereit sein, und ich war es.

Doch zurück zum Ich. Wer oder was ist »Ich«? Machen Sie jetzt mit mir einen Sprung zu Ernst Mach, dem 1838 im damaligen Österreich-Ungarn geborenen und 1916 in Haar bei München gestorbenen Physiker, Philosophen und Wissenschaftstheoretiker. Sie kennen ihn wahrscheinlich alle besser durch die nach ihm benannte Mach-Zahl, die Darstellung der Geschwindigkeit im Verhältnis zur Schallgeschwindigkeit. Neben der Physik hat sich Mach, wie viele andere Physiker auch, intensiv mit Philosophie beschäftigt. Er profilierte sich durch die These, dass der Mensch für sich selbst immer den ökonomischsten Wahrnehmungsprozess auswähle. Alles menschliche Handeln und Trachten sei vom Verlangen nach Selbsterhaltung bestimmt. Das klingt vernünftig und äußerst darwinistisch. Anders ausgedrückt bedeutet das: Ich nehme nur das wahr, was auch in mein Lebensbild passt und der Evolution dient. Durch die Ausbildung der höheren intellektuellen Funktionen würden gerade jene angeborenen Eigenschaften und Reflexe ersetzt, die den niederen Organismen ihr Dasein ermöglichen. Für Mach gab es kein Ich, er war sowohl Naturwissenschaftler als auch Philosoph und Psychologe und für sein naturwissenschaftliches Ich galt nur, was man auch sehen, hören oder messen kann. Und heute sind wir genau an diesem Punkt wieder angekommen. Für die zurzeit hochaktuelle Hirnforschung gibt es ebenfalls kein Ich. Im 19. Jahrhundert prägte Rudolf Virchow seinen berühmten Spruch, den später auch Ferdinand Sauerbruch an der Berliner Charité übernahm: »Ich habe Tausende von Menschen seziert und operiert und bin niemals auf eine Seele im menschlichen Körper gestoßen.«

Also jetzt wissen wir zumindest, dass unser Ich nichts Materielles ist, kein Organ und kein Körperteil. David Precht zieht die Hirnforscher zurate bei der Erkundung des Ichs und schreibt: »Viele Hirnforscher neigen heute zu der Ansicht, dass es nicht ein Ich gibt, sondern viele verschiedene Ich-Zustände.« Mit den modernen bildgebenden Verfahren erblicken die Wissenschaftler viele blinkende Lämpchen:

»Zum Beispiel sorgt mein Körper-Ich dafür, dass ich weiß, dass der Körper, mit dem ich lebe, tatsächlich mein eigener Körper ist, mein Verortungs-Ich sagt mir, wo ich gerade bin, mein Perspektivischen-Ich vermittelt mir, dass ich der Mittelpunkt, der von mir erfahrenen Welt bin, mein Ich als Erlebnissubjekt sagt mir, dass meine Sinneseindrücke und Gefühle tatsächlich meine eigenen sind und nicht etwa die von anderen, … mein Autobiografisches-Ich sorgt dafür, …

dass ich mich durchgängig als ein und derselbe erlebe ...« und so weiter und weiter. Diese Aufzählung geht über mehrere Seiten und soll sagen, wie viele Ichs in mir arbeiten und in wie viele Ichs der Mensch schlüpfen kann.

Im kleinen Kind entsteht das Ich. Verschaltungen im Gehirn, elektrochemische Prozesse, die unheimlich kompliziert und auch heute noch nicht von der Forschung vollständig erklärbar oder reproduzierbar sind, bilden das Ich aus. So schrecklich die Vorstellung einerseits ist, dass Menschen jemals Methoden erforschten, mit denen sie in dieses Geschehen eingreifen könnten, so segensreich wäre es andererseits, wenn man Kranken damit Hilfe leisten könnte.

Stellen wir uns einmal vor, wir selbst suchten nach diesem Ich. Dann wohl in erster Linie deshalb, weil wir uns die Frage nach dem Sinn des Lebens früher oder später alle stellen. Die bedeutende Frage nach der Selbstfindung, die man sich nicht stellt, wenn alles rundläuft, denn erst die Störungen, wenn wir nicht mehr in der Balance sind, lassen uns nachdenklich werden. Man spricht auch von Identitätskrisen, wenn man mit seiner eigenen Persönlichkeit und der Rolle, die man im Leben spielt, zeitweise Probleme hat. Eine psychische Krise, die man erlebt, weil man mit dem Bewusstsein vom eigenen Leben nicht zurechtkommt. Auslöser solcher Identitätskrisen können mangelndes Selbstwertgefühl, irrationale Ängste oder auch eine seelische oder körperliche Krankheit sein. Übrigens ist man davon überzeugt, dass sich kein Tier jemals die Frage nach seinem Ich stellt und niemals in eine Identitätskrise kommt.

Im Gegensatz zum Tier kann der Mensch nicht anders, als sein eigenes Leben führen zu müssen. Ein Tier lebt instinktiv, der Mensch sieht sich durch sein Denken, sein Bewusstsein, seine Erkenntnisse und Einsichten ständig vor Entscheidungen gestellt, die er treffen muss. Es ist allein der Mensch, der nach Selbstfindung strebt, was auch immer das heißen mag. Und darauf hat der Mensch auch unzählige Antworten, je nach seinen religiösen, philosophischen oder psychologischen Überzeugungen. Gibt es einen Lebenszweck, dem das Leben dienen soll oder gar ein Ziel, das im Leben erreicht werden soll? Auch die Frage nach dem individuellen Glück, worüber ich ein eigenes Kapitel geschrieben habe, ist für den Menschen eine sehr wichtige. Oder die Frage nach dem Sinn eines Leidens oder gar einer Krankheit stehen in diesem Zusammenhang. Mehr oder weniger alle Menschen stellen sich früher oder später einmal die Frage nach dem Lebenssinn. Warum drängt es uns so sehr, darauf eine Antwort zu erhalten? Welchen Gewinn oder Verlust ziehen wir daraus? Und sind wir überhaupt in der Lage, mit der Antwort umgehen zu können?

Das »Ich« wird zum »Selbst«. Wir reden vom Selbst-Bewusstsein, das irgendwann einmal im Leben jeder denkende, vernünftige Mensch erreichen möchte. Das Ich wird uns bewusst. Erkenne dich selbst? In der Mitte des 19. Jahrhunderts spricht man in der Philosophie von der Erkenntnistheorie oder Epistemologie neben den schon bekannten Fragen zur Ethik, zur Logik und zur Ontologie. Während die Ontologie, zu Deutsch die Seins-Lehre, nach den fundamentalen Strukturen der Realität fragt und die Ethik, wie wir handeln sollen, fragt die Erkenntnistheorie, wie und was wir überhaupt von allem wissen können. Diese grundlegenden Fragen treten in den Mittelpunkt der Untersuchungen. Philosophische, aber jetzt auch immer mehr psychologischen Fragen. Zuvor habe ich schon einmal beschrieben, wie Immanuel Kant in seinem Hauptwerk »Kritik der reinen Vernunft« (1781) die Grundlagen der dem Menschen überhaupt möglichen Erkenntnis untersucht hat. Dabei versuchte er, die beiden Gegenpole der Erkenntnistheorie, den von René Descartes ausgehenden Rationalismus und den besonders von den Engländern

John Locke und David Hume vertretenen Empirismus, zu integrieren.

Der französische Philosoph, Mathematiker und Naturwissenschaftler René Descartes schreibt in seiner Erkenntnistheorie im 17. Jahrhundert: »Ich denke, also bin ich.« Der portugiesische, zeitgenössische Neurowissenschaftler António Damásio (*1944 in Lissabon) formuliert den bekannten kartesischen Satz um. Bei ihm heißt es: »Ich fühle, also bin ich.« Er hat darüber eine viel beachtete Schrift verfasst mit dem Titel »Descartes' Irrtum« und kommt darin zu dem Schluss, dass die dualistische Position Descartes, die Trennung zwischen Körper und Geist, auf einem Irrtum beruht. Damásio zieht zwei Fallbeispiele zur Untermauerung seiner neuen These der Untrennbarkeit von Geist und Materie heran:

Phineas Gage

1848 wird Phineas Gage, ein 25-jähriger Vorarbeiter bei einer Eisenbahngesellschaft, Opfer eines schweren Unfalls. Bei einer Sprengung im Rahmen der Verlegung von Schienen durch den US-Bundesstaat Vermont bohrt sich eine sechs Kilo schwere, 1,98 Meter lange und drei Zentimeter dicke Eisenstange mit einer Spitze von sechs Millimetern von unterhalb des linken Wangenknochens bis zu den vorderen Schädelknochen durch Gages Schädel und fliegt danach noch 30 Meter weiter. Es entsteht eine vier bis fünf Zentimeter große, kraterförmige Wunde. Trotz des offensichtlich schweren Unfalls ist Gage während der gesamten Zeit bei Bewusstsein. Er ist in der Lage, über den gesamten Hergang des Unfalls zu berichten und überlebt ihn. Seine Verletzung heilt innerhalb von zwei Monaten, doch er verliert sein linkes Auge. Die Ärzte stellen keinerlei Beeinträchtigung von Wahrnehmung, Gedächtnisleistung, Intelligenz, Sprachfähigkeit oder Motorik fest. Trotzdem stellen sich in der Zeit nach dem Unfall auffällige Persönlichkeitsveränderungen ein. Gage war zuvor verantwortungsbewusst, besonnen, ausgeglichen und freundlich, nach dem Unfall erscheint er seiner Umgebung nun zunehmend ungeduldig, launisch, wankelmütig und respektlos. Darüber hinaus kommt es zu einer Störung seiner Entscheidungsfähigkeit: Er trifft Entscheidungen, die seinen Interessen offensichtlich zuwiderlaufen, er kann seine Zukunft nicht mehr vernünftig planen und erleidet als Folge einen beruflichen und sozialen Abstieg.

Elliot

Als einen »modernen« Phineas Gage beschreibt Damásio einen seiner Patienten, dem aufgrund eines Tumors ein Teil seines Gehirns, der präfrontale Kortex, entfernt wurde. Nach dem operativen Eingriff veränderte sich auch Elliots Persönlichkeit radikal. Zwar kommt es auch bei ihm nicht zur Einschränkung der kognitiven, motorischen und sensorischen Fähigkeiten, jedoch weist er ebenfalls eine empfindliche Störung seiner Entscheidungsfähigkeit und einen Mangel an Gefühlen auf. Bilder von Situationen, die ihn einst erregten, lösen nun bei ihm keinerlei Reaktionen mehr aus. Diese Korrelation zwischen Gefühlsarmut und Entscheidungsunfähigkeit führt Damásio zur »Theorie der somatischen Marker«.

In beiden Fällen, sowohl bei Phineas Gages als auch bei Elliot, geht es um Gefühlsstörungen und die Unfähigkeit, sich zu entscheiden. Damásio folgert daraus: Es muss in uns ein automatisiertes körpereigenes System geben, das bei der Entwicklung des Menschen von klein auf alle Erfahrungen in einem emotionalen Gedächtnis speichert, das bei der Entscheidungsfindung hilft. Er nennt es den »somatischen Marker«, der uns Menschen – aufgrund individueller Erfahrung – Handlungsalternativen aufzeigt. Sie können für uns sowohl günstig als auch gefährlich sein. Und diesen somatischen Marker lokalisiert Damásio an einer bestimmten Stelle im Gehirn. Das könnte das Ich sein, das Körper, Seele und Geist mit einbezieht und sich nicht ausschließlich auf unser Denken bezieht, sondern sozusagen komplex und vernetzt wirkt.

Sehr interessant ist diesbezüglich die Sicht des Hamburger Professors Walfried Linden. Er steht den Ansichten der Verhaltenspsychologen der Mitte des 20. Jahrhunderts näher, insbesondere den amerikanischen Behavioristen. Bei ihnen ist der Mensch in erster Linie von den von außen kommenden Reizen abhängig. Der Mensch unterliegt in seinen Handlungsalternativen einer Reiz-Reaktions-Theorie, um Ursache und Wirkung, um einen gesetzmäßigen Zusammenhang, der einer Automatik unterliegt und nicht vom Willen gesteuert wird. Auch ich habe mich Ende der 1970er-Jahre sehr intensiv mit dem großen Werk »Analyse des Verhaltens« der beiden Harvard-Professoren James G. Holland und B. F. Skinner beschäftigt.

Über mein Ich, nach dem ich suche und dessen ich mir bewusst werden möchte, hat sich in Wien Sigmund Freud Ende des 19. und Anfang des 20. Jahrhunderts Gedanken gemacht. Und er kam damit gerade richtig. Eine neue Disziplin der westlichen Denkwelt stand in den Startlöchern. Die Psychologie wurde zur eigenständigen Wissenschaft. Die Beschäftigung mit der Seele, dem Erleben, dem Erkennen und Verhalten des Menschen war nicht mehr nur das Thema von Philosophen, Theologen und Medizinern, sondern es wurde jetzt akademisches Forschungsgebiet der Psychologen. Wissenschaftler machten sich nun daran, das Ich genauer zu untersuchen. Mit seiner von ihm neu entwickelten Therapiemethode des freien Assoziierens oder der Psychoanalyse wollte Freud den verdrängten Konflikten seiner Patienten näher kommen. Allein schon durch das Bewusstmachen oder Bewusstwerden konnte dem Menschen seiner Ansicht nach geholfen werden. Alles steckt im Menschen drin, war seine These. Freud prägte den Begriff des »Unbewussten«. Das war für diese Zeit neu. Der Wiener Arzt begann das Unbewusste systematisch am Menschen zu erforschen.

Ganz so neu war es jedoch auch wieder nicht. Vielleicht ließ er sich von Lao Tse inspirieren, der schon im 6. Jahrhundert v. Chr. über den Menschen nachdachte: »Wer viel über andere weiß, ist vielleicht gebildet, aber wer sich selbst kennt, ist klug.« Und Carl Gustav Carus (1789–1869), ein guter Freund Goethes, benutzte in seinem 1846 veröffentlichten Buch »Psyche. Zur Entwicklungsgeschichte der Seele« schon den Terminus des Unbewussten. Wir erinnern uns: Precht fragt, wie viele Ichs wir haben. Zumindest können wir an dieser Stelle schon einmal folgern: nach Freud mindestens zwei, ein bewusstes und ein unbewusstes. Kompliziert scheint vor allem das Unbewusste zu sein. Die Freudsche Erklärung der Dreiteilung der menschlichen Seele macht das ganze auch nicht leichter. Das Unbewusste wird bei Freud als »Es« bezeichnet, sein Gegenspieler ist das »Über-Ich« und dazwischen steht das »Ich«. Precht bezeichnet in diesem Zusammenhang das Ich wortwörtlich »als ziemlich arme Sau«. Der Mensch sei mit seinem Ich in der schrecklichen Lage eines Dieners dreier Herrn und sei dem »Es«, dem »Über-Ich« und der sozialen Umwelt gegenüber ständig um Balance und Ausgleich bemüht.

Lehnen Sie sich nach so viel Theorie einmal bequem zurück. Ich möchte mit Ihnen jetzt einmal »Ferien vom Ich« machen. Viele kennen sicher den fast schon historischen, wunderbaren Roman des schlesischen Schriftstellers Paul Keller (1873–1932) aus dem Jahr 1915 oder noch besser, den Film mit Rudolf Prack, Marianne Hold, Willy Fritsch, Grete Weiser und noch vielen anderen bekannten Darstellern. Insgesamt drei Mal wurde dieser Roman verfilmt. Es ist die herrliche Geschichte eines Arztes, der, unterstützt von dem reichen Amerikaner Mr. Stefenson, ein Sanatorium gründet, in dem man sich von seinem Ich erholen sollte. Alle Gäste dieses Sanatoriums berichteten, wie »sicher, geborgen und heimisch sie sich in ihren Ferien vom Ich gefühlt haben«. Sie schreiben alle freundliche Briefe des Dankes und guten Erinnerns und sagen, dass sie diese Heilanstalt überall preisen und berichten werden, wie herzstärkend und verjüngend die Rückkehr zu kindlicher Schlichtheit gewesen sei. Viele haben gerade durch ihren Aufenthalt in dieser Klinik Gleichgesinnte gefunden und die Erkenntnis gewonnen: »Es gibt kaum ein größeres Unglück auf der Welt, als sich mit dummen oder schwachen Menschen zu verbinden, und kaum einen größeren Vorteil, als einen klugen Freund«, wie Paul Keller schreibt. Schauen Sie sich diesen Film an, er wirkte auf mich tatsächlich wie ein kleiner Urlaub von meinem eigenen Ich.

In der zweiten großen philosophischen kantischen Frage »Was soll ich tun?« geht es um Ethik und Moralphilosophie. In der Philosophie unterscheiden wir zwischen den Begriffen Moral und Ethik. Zur Moral gehören unsere moralischen Überzeugungen, Regeln, Normen, Wertmaßstäbe und Haltungen. Die Ethik dagegen beschäftigt sich mit den philosophischen Reflexionen über Moral. Anders gesagt, alle moralischen Fragen stehen für persönlich gelebte Ethik. Mit Moral bezeichnen wir allgemein, was moralisch richtig oder falsch ist und die Ethik begründet, warum etwas moralisch als richtig oder falsch zu gelten hat. Kant schreibt: »Zwei Dinge erfüllen das Gemüt mit immer neuer und zunehmender Bewunderung und Ehrfurcht, je öfter und anhaltender sich das Nachdenken damit beschäftigt: der bestirnte Himmel über mir und das moralische Gesetz in mir. Ich sehe sie vor mir und verknüpfe sie unmittelbar mit dem Bewusstsein meiner Existenz.« Beide Fragen, »der bestirnte Himmel über mir« und die damit verbundene Frage der Naturerkenntnis, der Astronomie, wie auch die allgemeine Frage des sittlichen Handelns, der Moralphilosophie, »des moralischen Gesetzes in mir« haben den großen Denker zeitlebens beschäftigt und viele der ihm nachfolgenden Philosophen ebenfalls herausgefordert. Kant suchte nach den Ursachen und Gesetzen des menschlichen Handelns, gewissermaßen nach einer Formel, nach der die Menschen handeln, urteilen und sich selbst und anderen gegenüber verhalten. Besitzt die menschliche Vernunft von Natur aus ein von der persönlichen Erfahrung unabhängiges Wissen, fragt Kant. Er nennt es das »Apriori«, ein Gesetz oder Prinzip, das es der Vernunft möglich macht, in allen Fällen moralisch richtig zu handeln. Oder anders gefragt: Auf was können wir aufbauen, um ein guter Mensch zu sein oder zu werden? Und lohnt es sich überhaupt, ein guter Mensch zu sein? Was bedeutet es, ein guter Mensch zu sein? Was ist für den Einzelnen gut: gut aussehen, hilfreich sein, die Armen unterstützen, gottesgläubig sein und dergleichen? Nur das Letztere kommt infrage, wenn wir an einen Gott glauben. Doch viele Philosophen sagen, dass es überhaupt keinen Beweis für die Existenz Gottes gibt, aber ebenso gibt es auch keinerlei Beweise dafür, dass Gott nicht existiert. Für Kant war allein der gute Wille ausschlaggebend. Die Menschen sollten immer ihrem guten Willen folgen und das in jedem Falle, als ob dieser ein unbedingt zu befolgendes Gesetz sei.

Sie merken schon, auf was das hinausläuft: Kant nannte diese Aufforderung seinen kategorischen Imperativ, der eine angestrebte Handlung einem objektiven Gesetz unterwirft, das allgemeingültig und notwendig ist. Eine Formulierung des kategorischen Imperativs, des Sittengesetzes oder der Grundlage der Sittlichkeit, lautet: »Handle nur nach derjenigen Maxime, durch die du zugleich wollen kannst, dass sie ein allgemeines Gesetz werde.« Davon gibt es unzählige Formulierungen oder Interpretationen. Man kann es auch anders formulieren: »Handle so, als ob die Maxime deiner Handlung durch deinen Willen zum allgemeinen Naturgesetze werden sollte.« Das Gesetz kommt einem Verhaltenskodex, einer Regel, einer Formel gleich, einer Selbstverpflichtung zu bestimmten Verhaltensmustern, die ich bei jeglichem Handeln einsetzen kann. Eine Handlungsmaxime, die meinem Tun gebietet und anderes verbietet. Das Sittengesetz erhält einen Imperativ, auf Deutsch: einen Befehl, der als kategorisch bezeichnet wird, weil er keinen spezifischen Inhalt trägt. Bei Kant sind Kategorien sogenannte apriorische Denkformen. Der kategorische Imperativ ist eine »Formel«, die unbedingt und unabhängig von den jeweiligen Wünschen und Bedürfnissen des Handelnden ist. Wollen die Menschen gut miteinander auskommen, resultiert daraus eine Pflicht: »Handle so, dass du die Menschheit, sowohl in deiner Person, als in der Person eines jeden andern, jederzeit zugleich als Zweck, niemals bloß als Mittel brauchst.« In Kants formalistischer Ethik gibt es das bekannte »Mörder-Beispiel«. Er besteht sogar im Extremfall darauf, dass Lügen immer unmoralisches Verhalten ist: Selbst wenn man von einem Mörder, dessen Plan man kenne, nach dem Aufenthalt seines Opfers gefragt werde, dürfe man niemals lügen. Was sollen wir nur wollen oder können wir wollen, was wir wollen? Ist dieses moralische Gesetz in mir grundsätzlich und auch noch heute in der modernen Welt für uns alle anwendbar? Ein uneingeschränktes Ja. Wir Menschen haben immer die Wahl, zwischen wahr und falsch zu unterscheiden. Wir sind mit Kant dazu aufgefordert, selbst herauszufinden, was wichtig oder unwichtig ist. Wir haben eine Vernunft, einen Geist und die Fähigkeit, uns selbst Ziele zu setzen und sie auch zu verfolgen.

Ein menschliches Leben ohne ständige Entscheidungen für oder gegen etwas gibt es nicht. Die berühmte Frage, ob wir Menschen überhaupt einen freien Willen haben, Entscheidungen zu treffen, ist heute insbesondere in der Auseinandersetzung zwischen Hirnforschern und Philosophen wieder in aller Munde. Der amerikanische Philosoph Daniel C. Dennett (*1942 in Boston) schreibt: »Wenn unter Freiheit die Unabhängigkeit von Naturgesetzen verstanden wird, dann sind wir nicht frei, wenn jedoch unser Wollen und Handeln nach bestem Wissen und Gewissen interpretiert wird, kann man tatsächlich von menschlicher Freiheit sprechen.« In den individuellen Lebensgeschichten der Menschen bildeten sich Leitmotive, Wiederholungen, herausstechende, ganz persönliche Merkmale und Momente heraus. Dennett nennt das ein »Zentrum der narrativen Gravitation«. Was damit im Einzelnen gemeint ist, darauf möchte ich an dieser Stelle nicht genauer eingehen. »Das Ganze des Lebens besteht in einer Einheit der Lebensgeschichte, die wir über uns erzählen«, sagt der Philosophieprofessor Gerhard Gamm von der TU Darmstadt. Tugend oder Tüchtigkeit lasse sich daran ablesen, ob man seine Lebensgeschichte in einem anderen Menschen erzählbaren Geschichtszusammenhang bringen kann.

Dazu eine kurze Geschichte. Eine gute Bekannte, 67 Jahre alt, fragte mich um Rat, wie sie in einem konkreten Fall handeln sollte. Eine berühmte Antwort, die Psychologen in diesem Fall geben, lautet: »Wie würdest du denn am liebsten handeln?« Meistens wissen wir Menschen sehr genau, wie wir uns am liebsten entscheiden würden, wir brauchen oft nur noch eine Entscheidungsbestätigung oder Entscheidungshilfe. Doch die Dame antwortete sehr feinsinnig, mit einem etwas verschmitzten, sehr wohl wissenden Gesichtsausdruck: »Ich würde am liebsten so handeln, wie es zu mir passt, in meine eigene Lebensgeschichte, in meine Biografie, wie die Menschen mich kennen und es von mir erwarten würden. Ich möchte auch später noch beim Erzählen meiner Lebensgeschichte immer auf jeden einzelnen Punkt stolz sein.« Diese für mich weise Herangehensweise, sein eigenes Verhalten und Handeln zu steuern, fand ich ganz außerordentlich und sie beeindruckte mich sehr. Mir kam der zeitgenössische, 1929 in Schottland geborene und seit 1969 in den Vereinigten Staaten lehrenden Professor für Philosophie und Soziologie, Alasdair MacIntyre, in den Sinn. Im Zentrum seiner zeitkritischen Moralphilosophie steht die Frage, wie wir heute leben sollen. In seinem Buch »Der Verlust der Tugend: Zur moralischen Krise der Gegenwart« will MacIntyre klären, inwiefern das menschliche Leben als eine narrative Einheit zu verstehen ist. »Will ich das Leben im Ganzen verstehen, so muss ich es als Geschichte erzählen können.« MacIntyre steht auf dem Standpunkt, wer ich war, bin oder sein möchte, richtet sich nach meinen Erzählungen. Ich muss gleichzeitig damit rechnen, dass das, was ich erzähle, auf mich zurückschlägt. Man legt sich mit etwas fest, mit seiner eigenen Geschichte. Ein Erzähler seiner eigenen Lebensgeschichte kann verschiedene Rollen annehmen. Er kann Autor, Redakteur, Leser, Urheber, Zuschauer und Empfänger zugleich sein. Mein eigenes Leben ist die Art und Weise, wie ich es erzähle. Menschen bringen Ordnung in ihr Leben, indem sie es als Geschichte erzählen. Über unsere eigene Geschichte finden wir uns selbst. Irgendwo habe ich einmal gelesen, dass der Mensch ein Geschichten erzählendes Tier sei. Geschichten sind Formen der Selbstverständigung. Nicht jede Geschichte kann man jedem erzählen und schon gar nicht in immer der gleichen Fassung. Wir verstehen unser Leben so, wie wir unsere Geschichte verstehen. Damit wird unser eigenes Schicksal durchsichtig. Ist ein Leben, wenn es erzählbar ist, auch gelungen? Der österreichische Schriftsteller und Theaterkritiker Robert

Musil (1880–1942) meint, das Leben in der Moderne sei im Ganzen abstrakt und unerzählbar geworden.

Der Philosoph Walter Benjamin (1892–1940), Gesellschaftstheoretiker, Literaturkritiker und Übersetzer schreibt 1918: »Soldaten kommen aus dem Ersten Weltkrieg zurück und haben nichts zu erzählen.« Was ist die eigene Lebensgeschichte zu erzählen anderes als eine Psychotherapie? Die aus dem Krieg zurückkehrenden Soldaten waren aufgrund des erstmaligen Einsatzes moderner Vernichtungswaffen dermaßen traumatisiert, dass sie lange nicht darüber sprechen konnten. Nach dem Vietnamkrieg kamen amerikanische Soldaten mit schweren sogenannten Posttraumatischen Belastungsstörungen – die in Amerika auch »Post Vietnam Syndrome« genannt wurden – zurück, die sich bei vielen als tiefe Verzweiflung äußerten, über die sie nicht sprechen konnten bzw. erst nach jahrelangen psychotherapeutischen Behandlungen. In Deutschland wurde damals über »Kriegszitterer« gesprochen. Das Gleiche konnte man auch bei Holocaust-Opfern, die unter dem sogenannten KZ-Syndrom sprachlos geworden waren, beobachten.

Der Mensch, ein »homo narrans«? In der Akademie 55plus in Darmstadt gibt es seit Jahren ein sehr beliebtes und gut besuchtes Seminar mit dem Titel »Erzählcafé«. Menschen erzählen von sich selbst, von ihren Familien, von ihrer Vergangenheit, Gegenwart und Zukunft, von ihren Sehnsüchten und Wünschen. Sie erzählen eine Geschichte. Was tun sie dabei anderes, als in ihren eigenen Worten ihr Ich darzustellen, eingebettet in ihre ganz individuelle Lebensgeschichte. Mit Reflexionen und Projektion in Vergangenheit und Zukunft sind sie damit auch auf Identitätssuche.

Die dritte große philosophische Frage »Was darf ich hoffen?« stellt Kant in der Religionsphilosophie. Was kann ich denn ernsthaft hoffen? Hoffnung und Glauben gehören zusammen: ohne Hoffnung kein Glauben und kein Glauben ohne Hoffnung. Begriffe wie Glück, Freiheit, Liebe, Gott und ganz allgemein der Sinn des Lebens basieren immer auf Hoffnung und Glauben. Wie aber steht es um das Verhältnis von Glauben und Wissen? Die Empiriker sagen, Wissen ist gesicherte, auf Erfahrung gegründete Erkenntnis. Wir wissen heute sehr viel über Planetenbahnen und Molekülaufbau, wir kennen die Gravitationsgesetze und schauen mit technischen Apparaten in den Menschen. Dennoch gibt es leider oder besser Gott sei Dank immer noch sehr viel mehr in diesem Universum zwischen Himmel und Erde, das wir nicht verstehen und uns nicht erklären können. In allen wissenschaftlichen Fachrichtungen finden wir Bereiche des Nichtwissens, des Hypothetischen, der Vermutung und des Glaubens.

Philosophen haben sich wenig oder selten mit Religionen auseinandergesetzt, ihr Interesse galt in erster Linie den Menschen, die sich auf religiöse Bezüge beriefen, um weltliche Interessen zu legitimieren. Bei Kant ist Religion die »Erkenntnis unserer Pflichten als göttliches Gebot«. Im Glauben sieht er »der das Wesentliche aller Verehrung Gottes in die Moralität der Menschen setzt«. Bei ihm ist Religion eine Ethik, bei der jeder Mensch aus eigener Vernunft den Willen Gottes erkennen kann. Bei Kant steht das freie Denken und Kritisieren über jeder Religion. Oft wird diskutiert, ob Kant Agnostiker oder Atheist war. Agnostiker sind sich der Begrenztheit menschlichen Wissens bewusst. Für sie ist die Existenz oder Nichtexistenz eines höheren Wesens wie eines Gottes ungeklärt und für das Leben völlig irrelevant. Der vorsokratische hellenische Philosoph Protagoras (490–411 v. Chr.), ein selbsterklärter Agnostiker, beschreibt es folgendermaßen: »Von den Göttern weiß ich nichts, weder, dass es solche gibt, noch dass es keine gibt.« Protagoras lehrte, dass der Mensch zwar von Natur aus danach strebe, eine Religion auszuüben und einer Gemeinschaft anzugehören, das aber seine ureigene Sache sei. Für Protagoras gab es keine allgemeingültige und verbindliche, sondern nur eine subjektive Wahrheit. Von ihm stammt auch der berühmte Satz: »Der Mensch ist das Maß aller Dinge, der Seienden, dass sie sind, und der Nichtseienden, dass sie nicht sind.« Kant wird eher zu den Agnostikern gezählt als zu den Atheisten. Für einen Atheisten gibt es keinen Gott. Sie lehnen es ausdrücklich und grundsätzlich ab, überhaupt in irgendeiner Form an einen Gott oder an Götter zu glauben.

Kann ich denn auf ein glückliches, sinnvolles Leben in Freiheit und Liebe hoffen, mit dem Glauben an Gott oder meinetwegen auch ohne ihn? Gerade wenn Menschen in den Konfessionen keine überzeugenden Antworten auf Sinnfragen finden, wenden sie sich verstärkt an die Philosophie. Auch wenn die Philosophie vielleicht keine schlüssigen Antworten auf die Fragen nach dem Sinn des Lebens und dem eigenen Ich liefern kann, so ist sie zumindest ein wertvoller Helfer mit ihren vielen Denkern und deren Ansichten zu diesem Thema.

Doch noch einmal möchte ich für alle Gläubigen, und dazu zähle ich mich, eines feststellen: Die Würde der religiösen Erfahrung besteht nicht darin, endgültige und unumstößliche Belege für unsere Hoffnungen zu finden, sondern darin, dass sie eben nicht zum Gegenstand einer rationalen Analyse gemacht wird. Anders gesagt: Man kann und darf nicht versuchen, Gott zu beweisen. Auch Jesus hütete sich, den Menschen den Glauben durch Beweise zu bringen. Dennoch hat sich in Notsituationen schon oft herausgestellt, dass es in jedem Fall besser ist, wenigstens an etwas zu glauben und damit Hoffnung zu schöpfen, als den Glauben aufgegeben und verloren zu haben. Machen wir es uns ganz einfach mit Rebekka Reinhard, die ich an anderer Stelle schon einmal zitiert habe: »Wälzen Sie nicht lange Argumente hin und her, tun Sie es einfach: Glauben Sie an eine höhere Ordnung. Lernen Sie, an etwas zu glauben, das Ihnen in schwierigen Situationen Kraft gibt – und möglicherweise auch nach Ihrem Tod noch von Wert ist. Man weiß nie, was einen erwartet. Geben Sie Ihrem Glauben einen Namen: Glauben an Gott, Glauben an eine Urkraft, Glauben an den Sinn des Lebens, Glauben an den Sinn des Leidens. [...] Lassen Sie es zu, dass Ihr Glauben an etwas Übergeordnetes Ihr Leben bereichert – auf eine Art, wie es ein BMW X 5 nie könnte!«

Ich muss bei der Frage nach dem gelungenen Leben noch einmal auf Aristoteles zurückkommen. Er gehörte zu den bekanntesten und einflussreichsten Philosophen der Geschichte. Er war unter anderem Erzieher und Lehrer Alexander des Großen (356–323 v. Chr.), der wiederum sehr bekannt geworden ist für seine Schlacht bei Issos, Sie kennen alle »333 bei Issos Keilerei«. Aristoteles verfasste für seinen Sohn Niko eine seiner berühmtesten Schriften, die »Nikomachische Ethik«. Er wollte mit dieser Schrift seinem Sohn Rezepte und Ratschläge an die Hand geben, wie es möglich ist, ein richtiges oder gelungenes Leben zu führen. Was muss man wissen, um sich im Leben zurechtzufinden, wo muss man sein Glück suchen? Was ist die sinnvollste Lebensführung? Schließlich streben alle Menschen nach Glück. Doch wie muss ein Leben aussehen, von dem man sagt, es sei glücklich und gelungen? Wir sprechen so häufig von einem Lebensziel oder davon, dass man im Leben ein Ziel haben müsse. Doch dieses Ziel steht nicht wie sonst bei Zielen üblich am Ende, sondern es liegt in der Lebensführung, im Lebenslauf. Der Mensch lebt gleichermaßen zurückblickend und vorausschauend, ein glückliches und sinnvolles Leben als Ganzes ist sein Ziel: die tägliche Arbeit an der eigenen Biografie. Sie erinnern sich an die Feststellung: »Das Leben muss erzählbar sein.« Will ich das Leben als Ganzes verstehen, so muss ich es als Geschichte erzählen können mit allen Höhen und Tiefen. Jede einzelne Entscheidung, die zu diesem geschilderten, gelungenen Leben beiträgt, muss in diese Lebensgeschichte passen.

Kommen wir nun zur vierten und letzten Frage »Was ist der Mensch?«. Es ist die anthropologische, die menschenkundliche Frage, die sich mit dem Wesen des Menschen befasst. Eigentlich ist diese Frage eine Zusammenfassung der drei ersten Fragen, den Fragen nach dem Wissen, der Ethik und der Hoffnung. Wer sind wir? Woher kommen wir? Welches Wissen haben wir von uns selbst? Wie sind wir eingebunden in dieses Universum? Kant begann 1773 seine Vorlesungen zur Anthropologie – damals ein völlig neues Fach an der Universität. Diese Vorlesungen haben in seinem philosophischen Werk keinen unmittelbaren Niederschlag gefunden, sie bilden aber einen wesentlichen Hintergrund für sein Denken und sollten im Rahmen einer sogenannten Weltweisheit ein umfassendes Menschenbild zeichnen. Dennoch galt das Interesse nicht in erster Linie physiologischen Erkenntnissen, »was die Natur aus dem Menschen macht«, sondern eher das Problem, »was der Mensch als frei handelndes Wesen aus sich selber macht oder machen kann und soll«. Vor 1773 behandelte er solche Themen schon einmal. 1764 etwa unter dem Titel »Beobachtungen über das Gefühl des Schönen und Erhabenen« und »Über die Krankheit des Kopfes«. Die Zusammenfassung erfolgte auf seiner letzten Anthropologie-Vorlesung im Wintersemester 1795/96 unter dem Titel »Anthropologie in pragmatischer Hinsicht«. Ich möchte nicht ausführlicher auf diese Vorlesungen und ihre Inhalte eingehen. Viele der empirischen Aussagen von Kant erweisen sich gerade aus moderner Sicht als unhaltbar und durch Vorurteile geprägt, die man aber vor dem Hintergrund der Zeit sehen sollte und deshalb nicht so kritisch betrachten kann. Auf der anderen Seite macht es Sinn, für viele Fragen den großen Denker zu bemühen. Es gibt kaum ein Problem, für das man keine nachdenkenswerte Antwort bei Kant erhält.

Auch der Münchner Mediziner, Philosoph und Soziologe Max Scheler (1874–1928) hat sich mit der philosophischen Anthropologie, der »Menschenkunde« befasst und viele Schriften verfasst. Im beginnenden 20. Jahrhundert wurde von vielen Denkern der unterschiedlichsten Wissensgebiete ein allgemeiner Verlust der Weltorientierung beklagt. Max Scheler beschreibt das folgendermaßen: »Wir sind in der ungefähr zehntausendjährigen Geschichte das erste Zeitalter, in dem sich der Mensch völlig und restlos problematisch geworden ist: in dem er nicht mehr weiß, was er ist; zugleich aber auch weiß, dass er es nicht weiß.« Max Scheler erwähne ich insbesondere deshalb, weil er einen Bezug zu Darmstadt, meiner Heimatstadt, hat. Im April 1927 hielt er in Darmstadt auf einer Tagung an der »Schule der Weisheit« des Grafen Hermann Keyserling einen damals viel beachteten Vortrag zu anthropologischen Themen.

Zum Ende dieses Kapitels »Wer bin ich?« möchte ich diese Frage noch einmal mit dem »Erkenne dich selbst« beantworten. In der Philosophie scheint die Suche nach Selbsterkenntnis über Jahrtausende hinweg eine der hervorragendsten Aufgaben des menschlichen Lebens überhaupt zu sein: Wie komme ich an mein Ich heran und welche ontologische und metaphysische Bedeutung hat mein eigenes Sein.

Wir haben gehört, dass dies nur über die Differenzierung meiner verschiedenen vielen Ichs geht. Der Schweizer Philosoph Andreas Urs Sommer beurteilt das so: »Darüber, ob ich mein Leben als gelingend betrachte, entscheidet nicht die Menge und Intensität der glücklichen Augenblicke, sondern die Kontinuität der das Lebens bestimmenden Grundstimmungen und Grundhaltungen.« Für den schottischen Philosophen Alasdair MacIntyre steht fest, dass das Leben im Ganzen aus erzählbaren Geschichten besteht. Meine Ausstrahlung und das, was ich bin oder sein möchte, richtet sich ausschließlich nach meinen Erzählungen. Das Leben wird verstanden als eine Geschichte und darüber hinaus kommt es noch darauf an, wie ich sie erzähle. Ist der Mensch ein »Homo narrans«?, ein »Geschichten erzählendes Tier«?, wie es der promovierte Philosoph Bruno Gransche in seinem Buch beschreibt. Die sehr persönliche und höchst individuelle religionsphilosophische Frage »Was darf ich hoffen?« haben wir mit einem Rat der Philosophin Rebekka Reinhard abgeschlossen. Sie empfiehlt, an etwas zu glauben, das in einer schwierigen Situation hilft. Was oder wer das ist, an das wir glauben, lässt sie dabei offen. Hauptsache, wir haben etwas, das in schwierigen Situationen Kraft gibt und hilft. Die letzte anthropologische Frage »Was ist der Mensch?« ist ein wenig zu kurz gekommen. Der Mensch ist so vieles, ein individuelles Ich, aber auch ein »man«, manchmal auch ein »jemand«, oft auch eine »Person«. Fest steht, jeder Mensch möchte in seiner Individualität anerkannt werden. Seine Fähigkeiten, Wünsche und Herkunft machen ihn zu einer individuellen, unverwechselbaren, einmaligen, besonderen Person.

Und als solche müssen wir uns in die Gesellschaft integrieren. Dabei kann uns die Philosophie helfen oder besser gesagt das Lesen, das Beschäftigen mit und das Nachdenken über philosophische Texte. Vor über zweieinhalbtausend Jahren begann alles auf den hellenischen Marktplätzen und öffentlichen Philosophieschulen, heute ist leider viel zu viel davon hinter den Mauern von Universitäten verborgen. Der professorale Sprachstil, mit dem viele Hochschullehrer Philosophie lehren, dient auch nicht gerade der Lebensschule, dem Erkennen von Lebensweisheiten, die uns wirklich weiterbringen. Aber die vielen älteren Menschen, die Philosophievorlesungen an den Hochschulen und Universitäten besuchen, zeigen, dass das Beschäftigen mit dieser spannenden Materie allemal zum fröhlichen Altern beitragen kann.

Das Leben aufschreiben oder »Wer schreibt, der bleibt«

Es ist gut, die Dinge aufzuschreiben. Wer schriftliche Zeugnisse hinterlässt, wird nicht so schnell vergessen. »Wer schreibt, der bleibt«, sagt der Volksmund. Wieder so ein kategorischer Imperativ. Dieses Kapitel ist keine Schreibschule und auch kein Ratgeber für Autoren oder Schreibwillige. Dafür fehlt mir jegliche Kompetenz. Ich habe gerade erst mit meiner ersten Buchveröffentlichung angefangen. Dennoch bin ich ziemlich sicher, dass dieses Kapitel zum Schreiben anregen wird. Zuvor habe ich schon einmal zitiert: »Will ich das Leben im Ganzen verstehen, so muss ich es als Geschichte erzählen können. [...] Wer ich war, bin oder sein möchte, richtet sich nach meinen Erzählungen.« Am besten ist allerdings, wenn ich darüber schreibe, und warum das so ist, möchte ich jetzt aus meiner Sicht erläutern. Jedes Schreiben über sich selbst ist autobiografisch, das geht nicht anders. Es ist immer eine Beschreibung der eigenen Lebensgeschichte.
Einen wichtigen Grundsatz, eine Grundeinstellung zum autobiografischen Schreiben möchte ich gleich zu Beginn ansprechen. Alles, was man tut, kann man besser oder schlechter machen in unserer eigenen Vorstellung, aber auch in der Kritik von anderen. Ich habe aber auch erkannt, dass die Dinge nur die Bedeutung haben, die wir ihnen selbst geben. Wie oft habe ich mich beim Schreiben selbstkritisch gefragt, ob das Geschriebene irgendeinen Menschen interessiert. Getröstet habe ich mich immer damit, dass ich es für mich selbst tue – und damit war Schluss mit allen Selbstzweifeln.

Einige wenige Grundsätze, die ich in Schreibschulbüchern gelesen hatte, wollte ich dennoch beherzigen. Schreibe nie, wenn du in Rage bist! Verurteile niemanden, auch wenn dir manchmal danach ist! Belaste deinen Geist niemals mit Groll, wenn du schreibst! Von Cato dem Jüngeren (95–46 v. Chr.), dem römischen Moralisten, habe ich mir auch für mein Leben zu Herzen genommen: »Wer zu schweigen weiß, wenn ihm ungerechtfertigt Übel geschieht, der kommt Göttern gleich.« Und das fällt nicht immer leicht. Diese weise Einstellung der Verzeihung kommt einer großartigen Tugend gleich und ist insbesondere beim Schreiben sehr wichtig. Denn was einmal geschrieben steht, ist sehr schwer wieder zu löschen.

Welchen Sinn macht das autobiografische Erzählen und Schreiben? An dieser Stelle möchte ich noch einmal den schottisch-amerikanischen Philosophen Alasdair MacIntyre zitieren: »Der Mensch ist in seinen Handlungen und in seiner Praxis ebenso wie in seinen Fiktionen im Wesentlichen ein Geschichten erzählendes Tier. [...] Ich kann die moralphilosophische Frage ›Was soll ich tun?‹ nur beantworten, wenn ich die vorgängige Frage beantworten kann: ›Als Teil welcher Geschichte oder welcher Geschichten sehe ich mich selbst?‹« MacIntyre meint, dass Menschen mit dem Schreiben Ordnung in ihr Leben bringen. Ganz zwangsläufig denkt man beim Schreiben über sich selbst nach. Findet man damit aber zu sich selbst? In jedem Fall bringt das autobiografische Schreiben ganz viel Nähe zu sich selbst. Das kann wunderbar sein, ist vielleicht aber auch nicht ganz ungefährlich und manchmal auch nicht gewollt. Wenn ich schreibe, werde ich ruhig, der Alltagsstress fällt von mir ab und ich gerate in eine gelassene, sehr ausgeglichene Stimmung.

Bei Goethes Werk »Dichtung und Wahrheit« wird die Autobiografie zu einer der wichtigsten literarischen Formen der Selbstbestimmung. Obwohl hier eine außergewöhnliche Form der Autobiografie vorliegt. Immerhin zeigt schon der Titel, dass es sich nicht nur um das Erzählen der eigenen Lebensgeschichte handelt. Bei Goethe weiß der Leser nie genau, was wahr und was erfunden ist.

Gegenüber einem Brief, der meistens nur an einen Adressaten gerichtet ist und dem Tagebuch, das man ausschließlich für sich selbst schreibt, liegt die Spannung einer Autobiografie darin, dass diese privaten Äußerungen eventuell mit Blick auf Veröffentlichung verfasst werden. Hierbei muss sehr genau abgewogen werden, was man von sich und anderen preisgibt, um niemanden zu kompromittieren.

Alle Geschichten sind Formen der Selbstverständigung, aber auch Brücken zu meinen Zuhörern. Man kann nicht jede eigene Geschichte jedem erzählen, und schon gar nicht in immer der gleichen Fassung. Wir verstehen unser Leben so, wie wir unsere Geschichte verstehen und erzählen. Damit wird unser eigenes Schicksal durchsichtig und das nicht nur für uns selbst. Ist das Leben, wenn es erzählbar ist, auch gelungen? Dazu meint der österreichische Schriftsteller und Theaterkritiker Robert Musil, dass das Leben in der Moderne im Ganzen abstrakt und unerzählbar geworden sei. Wir werden später noch verstehen, was er damit sagen will. Für MacIntyre jedenfalls steht fest, und ich wiederhole es noch einmal, dass das Leben im Ganzen aus einzelnen erzählbaren Geschichten besteht. Meine Ausstrahlung, das, was ich bin oder sein möchte, richtet sich ausschließlich nach meinen Erzählungen. Er versteht das Leben als eine Geschichte und darüber hinaus kommt es wesentlich darauf an, wie ich sie erzähle. Ist der Mensch tatsächlich der viel zitierte Homo narrans? Terry Pratchett schreibt in seinem Buch »Scheibenwelten« vom »Pan narrans«, einem Geschichten erzählenden Affen, dessen größte Errungenschaft darin besteht, dass er seine eigene Zivilisation, den Lebensraum um sich herum, durch das Erzählen von Geschichten einem andauernden Entwicklungsprozess unterzieht.

Vielleicht wage ich die Verallgemeinerung und behaupte, nicht nur Philosophie und Literaturwissenschaft leben von den Geschichten erzählender Menschen, sondern insbesondere auch die von Sigmund Freud begründete Psychoanalyse basiert darauf. Zugegeben, auch umgekehrt ist das autobiografische Schreiben für jeden Menschen ein ausgezeichnetes Mittel zur Bewältigung traumatischer Erfahrungen. Jedes Buch, egal wo und wann es spielt, enthält immer ein offenes oder verstecktes Selbstporträt seines Autors und seinen Drang, sich anderen Menschen mitzuteilen. Aber wir wollen zunächst erst einmal gar nicht an ein eigenes Buch denken, es kann gleichwohl ein Gedicht sein oder auch eine Kurzgeschichte, in die autobiografische Erlebnisse einfließen können. Und ganz bestimmt ist es das eigene Tagebuch, wenn man sich entschlossen hat, eines zu führen.

Im letzten Kapitel versuchten wir über die Frage »Wer bin ich?« einen Weg zu uns selbst zu finden. Ich bin mir sicher, dass auch über das autobiografische Schreiben eine Selbstfindung möglich sein kann. Wie kann das gehen? Seit Jahrtausenden stellen sich nicht nur Philosophen, Weisheitslehrer, denkende und Antworten suchende Menschen diese Frage zur Identitätssuche und Selbstfindung. Erkenntnisse durch Nachdenken über sich selbst zu gewinnen, um damit einen Zugang zur Problemlösung in der Außenwelt zu legen. Was für eine großartige Möglichkeit, durch das Aufschreiben eigener Erkenntnisse einen noch besseren Zugang zu sich, zu seinem eigenen Selbst zu bekommen!

Damit würde das Schreiben in freier Assoziation, wie Freud das nannte, einer Psychotherapiesitzung ohne Therapeut gleichen. Die Verknüpfungen, das Nachdenken beim Schreiben lassen einen oft den tieferen Sinn unserer Wahrnehmungen erkennen, die erst dabei aus dem Unbewussten in das Bewusstsein steigen und dann unter Umständen viel leichter zu bewältigen sind. Tagebuchschreiben ist praktisch nichts anderes als autobiografisches Aufzeichnen: von der »Redekur« zur »Schreibkur«. Bei der Redekur hat man in den meisten Fällen ein Gegenüber, einen Psychotherapeuten, einen klinischen Psychologen oder einen Arzt, dem man alles erzählt. Schreiben jedoch tut man allein. Das birgt auch eine gewisse Gefahr in sich: Schreiben kann auch einsam machen, wie das einmal eine berühmte Buchautorin beklagte. Wenn zur Therapie neurotischer Probleme Hilfe gebraucht wird, ist es in jedem Falle besser, einen Psychotherapeuten aufzusuchen. Über die Entstehung der sogenannten Redekur ist von dem Erfinder dieses Wortbildes, Irvin D. Yalom, ein sehr interessantes Buch mit dem Titel »Und Nietzsche weinte« erschienen. Yalom ist 1931 als Sohn russischer Einwanderer in Washington D. C. geboren und heute noch einer der angesehensten Psychoanalytiker in den Vereinigten Staaten überhaupt. In seinem sehr spannend geschriebenen Roman erfährt man sehr viel Biografisches über die Protagonisten, den Wiener Arzt Josef Breuer, Sigmund Freud und Friedrich Nietzsche.

Im Buch des Germanisten Stefan Schwidder mit dem Titel »Ich schreibe, also bin ich« fand ich ein interessantes Zitat: »Wenn wir unser Leben beschreiben, schreiben wir uns damit eine Last von der Seele weg, die Schwere landet auf dem Papier. Nehmen Sie einmal die beiden Vorsilben von be- und weg-schreiben, schon zeigt sich Ihnen die ganze Bedeutung dieses Vorgangs: ›be‹ und ›weg‹ ergibt ›bewegen‹. Durch autobiografisches Schreiben bewegt sich etwas.« Die »freie Assoziation« ist nur eine Methode des Schreibens, es gibt jedoch noch viele weitere kreative Methoden des autobiografischen Schreibens. Tania Konnerth, Autorin eines autobiografischen Schreibkurses, nennt da noch das Clustern, das Freewriting und das Mind-Mapping. Darauf möchte ich im Augenblick nicht näher eingehen, diese Methoden aber wenigstens erwähnt haben. Auch das »moderne« Tagebuchschreiben wäre ein eigenes Kapitel wert. Unsere Kinder und Enkelkinder schreiben sehr wohl Tagebuch, nur auf eine viel zeitgemäßere Art und Weise als wir Älteren in der herkömmlichen Form es tun. Sie nennen es bloggen, chatten, twittern, simsen. Sie sind unterwegs bei Facebook und Whatsapp und stellen ihre Mitteilungen sogar manchmal als Film bei Youtube ein.

Weiter vorn habe ich einmal behauptet, jegliches Schreiben trägt autobiografische Züge, bei allem, was sich Menschen ausdenken, sind sie selbst involviert. Da ist es sicher sehr reizvoll, einmal einen Perspektivenwechsel zu vollziehen, auch beim Schreiben. Ich möchte Sie zu einem Selbstversuch ermuntern. Betrachten Sie sich selbst einmal aus einer fernen Warte und notieren Sie, was Ihnen assoziativ dazu einfällt. Wenn Sie sich auch gewiss nicht so sehen werden, wie ein anderer sie wahrnimmt, so kann dieser kleine Kunstgriff dazu beitragen, dass Sie Abstand zu sich selbst gewinnen, um sich dabei im besten Falle ihrer eigenen Außenwirkung gewahr zu werden.

Seit vielen Jahren schreibe ich in mein Tagebuch, das auch einen Titel trägt: »Erlebnisse, Gedanken, Gefühle und Ideen«. Ich glaube zurzeit beschreibe ich gerade Buch Nr. 44, die sind bei mir nämlich alle durchnummeriert. Diese Chronologie macht es mir leichter, etwas zu finden, wenn ich noch einmal nachlesen will, wie oder was irgendwann genau passierte. Mein Tagebuch ist ein buntes Sammelsurium von Einträgen über den normalen Alltag hinaus, es enthält Kommentare zu Wahrnehmungen und persönlichen Erlebnissen, aber auch zu für mich wichtigen Erkenntnissen. Auch Charakterstudien über Menschen, die ich getroffen und kennengelernt habe, halte ich fest. Aber selten etwas Negatives. Viele Menschen schreiben in ihr Tagebuch immer nur die schlechten Nachrichten, das kommt bei mir auch vor, aber eher selten, meistens berichte ich von den interessanten und spannenden Vorgängen in bestimmten Zeiträumen. Es macht nämlich keinen Sinn festzuhalten, über was man sich geärgert hat, was einen traurig machte und wann man ein schlimmes Erlebnis hatte. Damit gerät man beim wiederholten Lesen mental nur noch einmal in die gleiche Situation, die unter Umständen vielleicht schon längst emotional verarbeitet ist.

Der große Meister der Glücksforschung Ed Diener, der uns in diesem Buch schon einmal begegnet ist – 63 Jahre alt, Psychologieprofessor an der University of Illinois – berichtete von einer interessanten Studie, bei der die Tagebücher junger Nonnen ausgewertet wurden. Die Wissenschaftler hatten die Tagebücher anonymisiert analysiert und die Befragten in zwei Kategorien eingeteilt: in eine Gruppe der relativ glücklichen Nonnen und eine der sehr unglücklichen. Ein erstaunliches Ergebnis konstatierte man bei einer Auswertung viele Jahrzehnte später: Im Durchschnittsalter von 93 Jahren war die Hälfte der Nonnen, die nur glückliche Erlebnisse in ihr Tagebuch notierten, noch munter am Leben und von denjenigen, die zum größten Teil nur Negatives in ihr Tagebuch schrieben, waren 80 Prozent schon gestorben. Eine weitere, ebenfalls bemerkenswerte psychologische Studie kam zu dem Ergebnis, dass, wer in seinem Tagebuch viel über Positives wie Freude, Liebe und angenehme Erlebnisse schreibt, etwa sechs Jahre länger lebt als jemand, der sich mehr mit den Themen Ärger, Angst und unschöne Erlebnisse befasst (vgl. »Happiness: unlocking the mysteries of psychological wealth« von Ed Diener, Robert Biswas-Diener, deutsch: »Glück, freisetzen von Rätsel oder Geheimnissen von psychologischem Reichtum«).

Manchmal fragen mich Menschen, was sie denn in ihr Tagebuch schreiben sollen. Einfache Regel: Alles, was Ihnen so durch den Kopf geht. Ich sagte schon, meine Tagebücher tragen den Titel »Erlebnisse, Gedanken, Gefühle und Ideen«. Mein Tagebuch ist mein persönlicher Begleiter. Es ist bei allen Vorträgen mit dabei, die ich besuche und bei denen ich mitschreiben möchte. Ich schreibe nicht auf irgendwelche Zettel, die man hinterher meistens doch nicht mehr findet. Auch neue Erkenntnisse oder Dinge, die ich mir vorgenommen habe zu ändern, schreibe ich hinein. Ein großes Thema sind bei mir aber auch Träume, wenn ich sie mir denn merken konnte. Das Tagebuch mit dabeizuhaben macht es leichter, spontane Gedanken, Aussprüche oder Redewendungen, Geschehnisse oder Wahrnehmungen kurz festzuhalten, um sie später unter Umständen auch literarisch zu verarbeiten. Das habe ich bei vielen schreibenden Menschen beobachtet. Vielleicht ist es auch ratsam, ein kleines, unscheinbares Diktiergerät zur Verwendung im Auto oder bei Zug- und Flugreisen mitzuführen, wenn man nicht auf Schreibutensilien angewiesen sein möchte.

Lassen Sie mich Ihnen einmal von einer ganz außergewöhnlichen, interessanten Kreativitätstechnik des Schreibens erzählen. Wir kennen alle Ernest Hemingway und vielleicht haben auch einige von Ihnen eine oder mehrere seiner Kurzgeschichten schon gelesen. Er wurde einmal von einem seiner Freunde herausgefordert, eine Kurzgeschichte mit nur sechs Wörtern zu Papier zu bringen. Er ging auf den Spaß ein und seine Geschichte lautete: »For sale: baby shoes, never worn« (»Zu verkaufen, Babyschuhe, nie getragen«). Seit dieser Zeit gibt es diese neue Kategorie von Erzählungen: die »Sechswörtergeschichte«. Diese literarische Form ist auch bekannt geworden unter dem Begriff Flash-Fiktion. Als Form einer Kurzgeschichte, die mit einer limitierten Anzahl von Wörtern geschrieben wird. Flash steht auch für Mikro-, plötzlich, kurz-kurz, Postkarte, Minuten, schnell, wütend und dünn. In der Regel hat sie einen traditionellen Anfang-Mitte-Ende-Handlungsstrang, aber natürlich kommt alles in einer ultrakomprimierten Form vor. Man erzählt sich, dass nicht nur Hemingway selbst, sondern viele Literaten sich später an dieser Form versucht haben, bevor sie anfingen zu schreiben. Der geplante Inhalt wurde erst einmal in eine kurze Sechswörtergeschichte verpackt. Bei Hemingway waren es sechs Wörter, andere Schriftsteller begrenzten sie auch schon einmal auf 50 oder eine andere beliebige Anzahl von Wörtern. Versuchen Sie es doch auch einmal, schreiben Sie über sich, ihre Memoiren oder sonst etwas, in einer Sechswörtergeschichte. Sie werden staunen, welche witzigen, traurigen, vielleicht auch sehr weisen oder auch skurrilen sogenannten Autobiografien dabei herauskommen. Es gibt sogar einige literarische Stammtische, die dies zur Unterhaltung als Gesellschaftsspiel betreiben. Das Spiel könnte heißen: »Mein Leben in nur sechs Wörtern«. Ich habe einige Beispiele, die Heiko Ernst, Chefredakteur der Fachzeitschrift »Psychologie heute« gesammelt hat:

»Die eine gefunden, die andere geheiratet.«

»Leben ist eine Sache von Beinahe.«

»Schwierige Kindheit führte mich zur Weisheit.«

»Stiller Typ. Bitte beachtet mich mehr.«

»Siebzig Jahre. Gingen ziemlich schnell um.«

»Freundin ist schwanger, sagte mein Mann.«

»Ich dachte, ich könnte mehr ausrichten.«

»Immer Angst, wie Mutter zu werden.«

»Zorniger Mann wird Anwalt. Prozessiert gerne.«

»Arbeit, Familie, Freizeit. Alles furchtbar langweilig.«

»Ich denke, also bin ich einsam.«

»Keine Frau, keine Kinder, keine Probleme.«

Das könnten zum Beispiel auch alles spannende Buchtitel werden. Fantasievolle Menschen – und es gibt keine Menschen ohne eigene Fantasie – nehmen sie als Grundlage zum Schreiben. Finden Sie ihre eigene Sechswörterstory und fangen Sie an, darüber zu schreiben!

Nützliche Empfehlungen für das Schreiben

Schreiben lernen brauchen Sie nicht, das haben Sie schon in der Schule gelernt. Schreiben können die meisten Menschen in unserem Kulturkreis. Beim autobiografischen Schreiben lernen geht es jedoch wie mit allen Disziplinen, die man sich neu aneignen möchte: Übung macht den Meister. Man muss es tun, und zwar je öfter, desto schneller kommt man weiter. Schreiben lernt man nur durch Schreiben, nicht ausschließlich durch Lesen und wahrscheinlich auch eher nicht so gut durch Zuhören. Manchmal sind wir etwas unsicher, ob unsere Geschichte überhaupt jemanden interessiert. In allen unseren Gesprächen dreht es sich um Geschichten über oder von anderen Menschen. In den allermeisten Romanen geht es um die Geschichte des Protagonisten und der Menschen, die ihn umgeben. Wir messen uns selbst am liebsten an anderen und je schlechter es denen geht, desto besser fühlen wir uns dabei. Warum hat die Zeitung mit den Großbuchstaben auf der Titelseite eine so hohe Auflage, obwohl viele Menschen nicht einmal zugeben, dass sie sie lesen und sie trotzdem die Tageszeitung mit der höchsten Auflage Deutschlands ist?

Machen Sie einfach: Alles, was Sie sich vorgenommen haben und was Sie innerhalb von 72 Stunden beginnen, hat eine 99-prozentige Aussicht auf Erfolg. Die Kehrseite: Alles, was Sie nicht innerhalb von 72 Stunden begonnen haben, werden Sie mit an Sicherheit grenzender Wahrscheinlichkeit nie umsetzen. Dabei müssen Sie das, was Sie tun wollen, innerhalb dieser Zeit nicht zum Ende bringen. Vielmehr ist der erste Schritt das Wichtigste an dieser Regel.

Die 72-Stunden-Regel (drei Tage und drei Nächte) besagt: Wenn man sich etwas vornimmt, muss man innerhalb von 72 Stunden den ersten Schritt durchführen, da sonst die Chance nur 1 Prozent beträgt, dass man das Vorhaben ausführt. Wenn Sie sich also etwas vornehmen, dann fixieren Sie es schriftlich und machen Sie den ersten Schritt, ihr Vorhaben zu realisieren, in den folgenden drei Tagen. Nutzen Sie Ihre Motivation, etwas zu tun bzw. etwas zu verändern und schieben Sie es nicht hinaus.

Feste Schreibzeiten: Wenn Sie sich vorgenommen haben, zukünftig regelmäßig zu schreiben, sollten Sie sich feste Schreibzeiten einrichten. Schon nach kurzer Zeit werden diese Zeiten zur Gewohnheit. Ich schlage auch vor, nicht dann zu schreiben, wenn die Tagesarbeit gemacht ist oder wenn nichts anderes mehr ansteht. Schreiben Sie lieber zu den starken Zeiten eines Tages. Damit meine ich nicht nach dem Mittagessen oder spätabends, sondern zur kreativsten Zeit des Tages und die ist nachgewiesenermaßen bei den meisten Menschen morgens bis spätestens zwölf Uhr mittags. Das ist auch bei mir so. Mit welchem Werkzeug Sie schreiben, liegt an Ihnen: Füllfederhalter, Bleistift, Laptop, PC oder die gute alte Schreibmaschine. Kennen Sie das Moleskin? Vor langer Zeit las ich einmal von dem berühmten Moleskin-Notizbuch und erzähle hier deshalb davon, weil vielleicht jemand gerne in ein besonderes Buch schreiben möchte. Das Moleskin ist ein Notizbuch, dessen heutige Form auf ein in der ersten Hälfte des 20. Jahrhunderts in der Pariser Künstler- und Literatenszene beliebtes Notizbuch zurückgehen soll, das von einem kleinen Schreibwarenhändler in Tours vertrieben und wegen seiner schlichten Funktionalität geschätzt wurde. Der Einband bestand früher aus einem schwarzen Umschlag aus Moleskin, einem schweren, robusten Baumwollstoff, dessen französische Aussprache dem Notizbuch seinen Namen gab. Weiteres Kennzeichen ist ein Gummiband, mit dem das Buch geschlossen gehalten werden kann, sowie eine Tasche am Ende. Die Bekanntheit des Namens geht zurück auf den Romanautor Bruce Chatwin, der seine Notizbücher »les carnets moleskines« nannte und sie in seinem 1987 erschienenen Buch »Traumpfade« (engl. »The songlines«) detailliert beschrieb. Der Autor wird oft mit den Worten zitiert: »Losing my passport was the least of my worries, losing my notebook was a big catastrophe.« (»Meinen Pass zu verlieren war die geringste meiner Sorgen, mein Notizbuch zu verlieren, war eine große Katastrophe«). Mir selbst macht es ganz besonderen Spaß, mein Moleskin fortwährend dabeizuhaben. Das wird mit der Zeit zur Gewohnheit und ist auch zu einer gewissen Marotte geworden. Sehr wichtig ist, dass Sie zum Schreiben ungestört sind. Es ist lästig, wenn das Telefon klingelt oder jemand an der Tür steht und etwas von Ihnen möchte. Machen Sie allen ringsherum klar, dass Sie beim Schreiben nicht gestört werden möchten. Und vor allem, dass Sie ernst genommen werden wollen. Sicher ist es auch hilfreich, immer in einem bestimmten Umfeld zu schreiben. Vielleicht richten Sie sich ja sogar eine eigene Schreibwerkstatt ein, einen ungestörten Raum. Ich habe auch schon oft beobachtet, dass Menschen in Cafés oder auf einer Parkbank schreiben. Hemingway schrieb immer in der Kneipe und wie wir wissen, ist viel Vernünftiges dabei herausgekommen. In dem berühmt gewordenen Romanischen Café in Berlin oder dem Café Central in Wien ist einiges an berühmter Kaffeehausliteratur entstanden – und das ist überhaupt nicht abwertend gemeint. In Berlin waren unter anderem Else Lasker-Schüler, Bertolt Brecht, Stefan Zweig, Erich Kästner, Gottfried Benn Stammgäste im Romanischen Café und schrieben dort. Im Café Central in Wien sah man Alfred Adler und Robert Musil beim Schreiben.

Denken Sie vielleicht auch daran, neben Ihrem Tagebuch eine Sammelmappe oder den berühmten Zettelkasten anzulegen. Dort kommt alles hinein, was Sie später vielleicht zum Schreiben benötigen könnten. In meinem befinden sich

Zeitungsausschnitte, wichtige Briefe, Fotos, Eintrittskarten von besuchten Veranstaltungen, Visitenkarten, Geburts- und Todesanzeigen, Einladungen und vieles mehr. Also alles, aus dem man noch einmal Kreativität schöpfen könnte.

Das Leben aufschreiben oder »Wer schreibt, der bleibt« lautet die Überschrift dieses Kapitels. Man könnte es auch betiteln »Autobiografisches Schreiben, ein Weg zu meinem Selbst?« oder »Eine sinnvolle Methode, zu seinem Selbst zu finden?«. Aber warum sucht der denkende Mensch eigentlich nach seinem Selbst? Was bedeutet diese Suche? Wenn man auf der Suche nach etwas ist, hat man es vielleicht noch nicht gefunden oder es ist verloren gegangen. Was ist denn überhaupt dieses geheimnisvolle Selbst, nach dem Menschen suchen und worüber Generationen von Psychologen und Philosophen geschrieben haben? Erkennen wir hier einen Zusammenhang zwischen der Selbstbestimmung und der Freiheit des Menschen? Die Freiheit, sich selbst zu bestimmen. Eine Freiheit, die von der modernen Hirnforschung mit ihren bildgebenden Verfahren heutzutage infrage gestellt wird. Ich bin sicher, dass das autobiografische Schreiben die Möglichkeit bietet, dem wieder auf die Spur zu kommen, was unter Umständen während eines Lebens verloren gegangen ist. Wir kommen als hilflose kleine Menschenkinder auf die Welt und brauchen die Unterstützung der Eltern und anderer erwachsener Menschen, um erwachsen zu werden. Wir sind auf ihre Hilfe und Führung angewiesen. Sie prägen uns von Anfang an. Im Kindergarten, in der Schule, im Studium und in der Berufsausbildung lernen wir viel theoretisches Wissen, was dem einen schwerer, dem anderen leichter fällt und manchem sogar zufliegt. Zuerst werden kindliche Verhaltensweisen unterstützt, danach werden sie uns mit mehr oder weniger Mühe wieder ausgetrieben. Lernen wir in der Schule, im Studium oder in der Berufsausbildung wirklich, wie man seinen Lebensunterhalt verdient und wie man im Leben bestehen kann? Was hilft die allerbeste Berufsausbildung, wenn man hinterher keine Anstellung findet, was hilft das interessanteste Studium, wenn es zum Taxifahren führt? Fehlen nicht ganz wichtige Erkenntnisse für das Bestehen können im alltäglichen Leben? Was haben wir von allem Lernstoff – von der Integral- und Differenzialrechnung der Mathematik, vom lateinischen Alphabet, von den Texten von Cicero und Caesar, von der modernen Literatur, ganz zu schweigen von den vielen Formeln in Physik und Chemie? Diese Überlegungen sind nicht neu. Sie lassen mich an ein Buch von dem amerikanischen Schriftsteller Philip Roth (*1933) denken. Er schreibt sinngemäß, das Umgehen mit dem Stress im Beruf, der Trauer oder der Angst vor Krankheit und Tod, aber auch der Freude und der Lust am Leben, ist ein lebenslanger, mühevoller Prozess, dem wir uns jeden Tag aufs Neue stellen müssen und der gewiss nicht in erster Linie abhängig ist von Schulwissen.

Wie erfahre ich, was meine ureigene Berufung in diesem Leben ist, wie lerne ich, wie ich mich selbst und andere um mich herum im Leben glücklich machen kann, was sind meine Talente, Fähigkeiten, durch was erhalte ich Kraft, was fasziniert mich oder was lasse ich lieber los? Wie lerne ich die Kunst des Genießens, die ich manchmal an anderen Menschen so bewundere? Wie verwirkliche ich meinen sehnlichsten Traum und lebe mit der viel zitierten »Unerträglichen Leichtigkeit des Seins« des tschechischen Autors Milan Kundera? Wie komme ich zu meinem Selbst, zu einem selbstbestimmten Leben, das nicht mehr von anderen abhängig ist? Sie werden es erraten: Ein ganz ausgezeichneter Weg ist nun mal das autobiografische Schreiben. Indem ich aufschreibe, was mir gut tut und was ich zukünftig lieber loslassen sollte, wo meine Stärken sind, was ich gern tue und wo ich grandiose Fähigkeiten entwickeln kann. Nur so bekomme ich eine Übersicht, die mir hilft, mein wirkliches Leben sinnvoll zu gestalten. Es lohnt sich in jedem Fall, innerhalb der nächsten 72 Stunden zu beginnen. Denken Sie an die 72-Stunden-Regel!

Gehört dazu nicht ebenfalls die Kunst, fit und gesund bis ins hohe Alter zu bleiben? Indem ich mir bewusst werde, was mir gut tut und was ich lieber lassen sollte. Ein langes Leben in Gesundheit und Freude ist immer auch ein Leben mit gesunder Ernährung, mit körperlicher Bewegung und interessanten sozialen Kontakten. Nicht die moderne Medizin allein trägt dazu bei, dass wir Menschen immer älter werden, sondern es sind auch – und besonders wichtig – die Erkenntnisse der modernen gesunden Ernährung. Der bekannte Biochemiker Hans Günter Gassen von der TU in Darmstadt fügt noch hinzu, dass eine Plastizität des Gehirns einhergeht mit regelmäßiger Bewegung. Die tägliche Bewegung, natürlich altersangepasst, ist viel wichtiger, als bisher angenommen wurde. Bei Menschen, die diesen Rat beherzigten und täglich ihr Bewegungsprogramm absolvierten, setzte erst sehr stark verzögert ein Nachlassen der Gehirnfunktionen ein. Ausführlicher behandele ich dieses Thema im Kapitel »Fröhlich altern«.

Ich lebe sehr viel als Beobachter und schreibe auf, was mir auffällt. Dabei habe ich keine Angst, als Autor meiner Biografie einsam zu werden. Das Schreiben fordert geradezu heraus, Kommunikation mit anderen zu pflegen. Man braucht ständig neuen Stoff zum Schreiben und den bekommt man beim Kommunizieren mit anderen Menschen frei Haus geliefert. Dabei bin ich auch ein besserer Zuhörer geworden. Das kommt ganz nebenbei gut an und macht einen selbst obendrein noch interessanter und sicher auch sympathischer. Wenn man sich mit interessanten Menschen umgibt oder deren Gesellschaft sucht, die etwas zu sagen haben, dann hat man auch immer genug zu schreiben. Andere Menschen nicht voreilig einzuschätzen und manchmal gar allzu schnell zu verurteilen, das gebe ich zu, das fällt mir nicht immer leicht. Doch wie oft wurde ich schon eines Besseren belehrt, als ich hinter die vollständigen Beweggründe ihres Handelns blickte. Ein schon fast kontemplatives Beobachten ohne zu urteilen ist eine weise Lebenseinstellung, an der ich noch arbeite und die ich am Dalai Lama ehrfurchtsvoll bewundere. In eher seltenen Fällen, wie ich schon vorher erwähnte, schreibe ich auch über Probleme jeglicher Art in mein Tagebuch und muss fast jedes Mal nach einer gewissen Zeit feststellen, dass es im Nachhinein betrachtet oft kein so großes Problem war. Auch dafür ist Schreiben eine wunderbare Methode.

Beim Schreiben bin ich auf interessante Veröffentlichungen gestoßen, auf die ich hinweisen möchte: Die Digitale Bibliothek enthält deutsche Autobiografien aus den Jahren 1690 bis 1930. Auf einer CD, aber auch direkt auf dem Bildschirm werden Autobiografien vom 17. bis zum beginnenden 20. Jahrhundert vorgestellt. Auf über 80000 Bildschirmseiten sind 180 autobiografische Werke von Schriftstellern, Forschern, Ingenieuren, Schauspielern, Künstlern, Musikern, Industriellen und Politikern wiedergegeben, die mit ihren Lebensläufen direkte Einblicke ins Private gewähren und zugleich wichtige Zeugnisse der Zeitgeschichte sind. Überdies dokumentiert die Auswahl, dass auch die Autobiografie immer wieder der Selbstbehauptung und der Selbstfindung diente. Das Online-Angebot »Deutsche Biographie« bietet strukturiertes lexikalisches Expertenwissen zu mehr als 90000 historischen Persönlichkeiten aus allen Bereichen des öffentlichen Lebens. Es umfasst zurzeit digitale Volltexte von mehr als 46000 historisch-biografischen Artikeln der Allgemeinen Deutschen und der Neuen Deutschen Biographie. Die Internetpräsenz »Deutsche Biographie« entstand als gemeinsames Projekt der Historischen

Kommission bei der Bayerischen Akademie der Wissenschaften und der Bayerischen Staatsbibliothek.

Zum Schluss des Kapitels möchte ich noch auf eine Frage eingehen, die immer wieder im Zusammenhang mit dem Schreiben gestellt wird. Wie veröffentliche ich meine eigene Autobiografie, wenn ich das denn beabsichtige und wie mache ich sie anderen Menschen zugänglich? Die modernste und einfachste Möglichkeit bieten die neuen sozialen Netzwerke. Viele bloggen heutzutage ihr Tagebuch. Allein in Deutschland haben fast 10 Prozent der Internetnutzer einen eigenen Blog. Wie das funktioniert, möchte ich hier nicht genauer erläutern. Das kann man sehr gut bei Wikipedia nachlesen und mehr darüber in Erfahrung bringen, wenn man das denn überhaupt möchte.

Beim Veröffentlichen der eigenen Biografie sollte man sehr vorsichtig vorgehen und daran denken, dass dann viele Menschen Zugang zu den eigenen, ganz privaten Gedanken bekommen werden. Und darüber hinaus, was vielleicht noch wichtiger ist: Man veröffentlicht sein eigenes Leben, mehr oder weniger ganz persönliche Ereignisse, intime Gedanken und Erlebnisse unter seinem eigenen Namen. Die Welt erfährt sehr viel von einem und darüber muss man sich im Vorhinein im Klaren sein. Auch die Personen, die mit diesen Ereignissen im Zusammenhang stehen, werden bekannt und könnten darüber unter Umständen nicht erfreut sein. Es gibt natürlich die Möglichkeit, alle Namen zu ändern, um damit anonym zu werden, aber erkennen werden sich die Personen dennoch im Zusammenhang mit dem Autor, wenn er nicht anonym schreibt. Viele Autoren wählten deshalb schon erfundene Namen, um nicht sofort unter ihrem eigenen Namen mit ihren Veröffentlichungen an die Öffentlichkeit zu treten. Das will alles wohlüberlegt und abgewogen sein.

Es ist ein Irrglaube, dass man für seine Buchveröffentlichung unbedingt selbst einen Verlag suchen muss. Schon oft habe ich fantasiereiche Erzählungen von Autoren über das Abklappern zahlreicher Verlagsadressen gehört, bis manchmal überhaupt keiner oder zum Schluss vielleicht ein kleiner, unbedeutender Verlag sich erbarmte, das Werk aufzunehmen und zu vermarkten.

Ich rate da zu einem anderen Weg. Es gibt heute in Deutschland einige sogenannte Print-on-Demand-Verlage. Das sind professionell geführte Verlage, die vollständige Bücher erstellen. Und das auf eine ganz einfache Weise. Der Autor schickt, in welchem Format auch immer, sein Werk dorthin und kann selbst wählen, welche Unterstützung und Bausteine zur Buchveröffentlichung er wünscht. Vom einfachen Abdrucken des Textes in Buchform ohne große Vorarbeit bis hin zur professionellen Gestaltung des Buchs mit allem, was dazugehört, und bis hin zu einer ISB-Nummer. Dabei kann man selbstverständlich auch die Hilfe eines Lektors in Anspruch nehmen. Das heißt, der Text wird von einem professionellen Lektor überarbeitet. Der gibt bis hin zu stilistischen Änderungsvorschlägen oder Empfehlungen zum Weglassen und Hinzufügen von Texten jegliche Unterstützung, die auch ein Verlag geben würde. Nur müssen Sie das bei einem Book-on-Demand-Verlag selbst finanzieren. Das kann sich jedoch unter Umständen bezahlt machen: Viele große und bekannte Buchverlage von Bestsellerautoren sind beständig bei Book-on-Demand-Verlagen auf der Suche nach interessanten Neuerscheinungen. Ist das Buch wirklich gut, bekommt man unter Umständen auch weitere Angebote. Und dann wird der Traum vom bekannten Buchautor auch wahr.

Schlau bleiben ist harte Arbeit

Alles, was ich in diesem Kapitel empfehle, hat nur einen Sinn: Unser Gehirn soll dabei so richtig zum Rauchen kommen. Gerade weil nur die eigene Beschäftigung und nicht allein theoretische Erkenntnisse zu einer größeren Plastizität (Neuronale Plastizität = alte neuronale Verbindungen durch neue zu ersetzen) des Gehirns führen, wollen wir uns einige Trainingsmöglichkeiten ansehen. Wie ich zuvor an verschiedenen Stellen schon darauf hingewiesen habe, betrachte ich Altern als eine individuelle Aufgabe. Und fröhlich sollte das Altern allemal sein.

Der Physiker Ralf Bönt schreibt in seinem im August 2009 erschienenen Roman »Die Entdeckung des Lichts«: »Jedes und alles [...] will bleiben, wie es ist. Jeder Körper bleibt in Ruhe oder bleibt in Bewegung, solange keine neue Kraft auf ihn wirkt, auch der Apfel, der die Hand des Werfers verlassen hat, fliegt weiter, solange ihn keine neue Kraft bremst [...] und das gilt nicht nur für die Materie, sondern auch für den Geist.«

Auf ein Zitat von Immanuel Kant möchte ich in diesem Zusammenhang eingehen. Es ist der erste Satz der Einleitung seines Hauptwerks »Kritik der reinen Vernunft«: »Dass all unsere Erkenntnis mit der Erfahrung anfange, daran ist gar kein Zweifel; dennoch, wodurch sollte das Erkenntnisvermögen sonst zur Ausübung geweckt werden, geschähe es nicht durch Gegenstände, die unsere Sinne rühren und teils von selbst Vorstellungen bewirken, teils unsere

Verstandestätigkeit in Bewegung bringen, diese zu vergleichen, sie zu verknüpfen oder zu trennen und so den rohen Stoff sinnlicher Eindrücke zu einer Erkenntnis der Gegenstände verarbeiten, die Erfahrung heißt? Der Zeit nach geht also keine Erkenntnis in uns vor der Erfahrung vorher und mit dieser fängt alles an.« Was meint denn Kant mit »unsere Verstandestätigkeit in Bewegung bringen«? Mit anderen Worten sagt er, dass wir mit der Wahrnehmung und Verarbeitung neuer Erkenntnisse unser Gehirn in Bewegung bringen sollen. Die durchschnittliche Lebenserwartung zu Kants Zeiten betrug für Männer 36 Jahre und für Frauen 39 Jahre. War diese Schwelle einmal überwunden, konnte man durchaus auch ein höheres Alter erreichen. Heute schenkt nicht nur die medizinische Forschung den Menschen ein durchschnittlich höheres Lebensalter, es sind gleichermaßen auch der aktuelle Erkenntnisstand der Ernährungswissenschaften (Ökotrophologie) und die verbesserten Hygienestandards der vergangenen 50 Jahre. Es ist an uns, ein langes Leben zu genießen. Aber wir müssen auch lernen, damit umzugehen. Körper und Geist sind im höheren Alter ganz anderen Belastungen ausgesetzt.

Nur mit einem individuell ausgewählten und gut abgestimmten Training bewältigen wir dieses Problem. »Körper und Geist lassen sich auf viele Weisen trainieren«, schrieb die FAZ in einer interessanten Serie im März 2008. Frank Schirrmacher, einer der Herausgeber der FAZ und Autor des nicht unumstrittenen Buchs »Das Methusalem-Komplott«, schreibt von der »Heraufkunft« der alternden Gesellschaft. Daher Methusalem. Wörtlich genommen bedeutet der Buchtitel »Methusalem-Komplott« eine Art Intrige, eine Verschwörung, eine Bedrohung. Sind wir Älteren eine Bedrohung? Und wenn ja, für wen? Im Alten Testament soll ein Urvater vor der Sintflut 969 Jahre alt geworden sein. Diese Zahl ist natürlich symbolisch gemeint und bedeutet, dass er uralt geworden ist. Einige Wissenschaftler gehen davon aus, dass in weniger als 15 bis 20 Jahren Menschen ohne Weiteres 125 Jahre alt werden könnten.

Wenn wir am Altwerden hart arbeiten müssen, dann beginnen wir doch mit drei Fragen, was wir dafür tun müssen und was am wichtigsten dabei ist: Wie kann ich mein Denken selbst im Alter noch verbessern? Wie kann ich meine Erinnerung nachhaltig schulen? Können Gedanken mein Gehirn positiv beeinflussen? Wenn man in der Lage ist, diese drei Fragen für sich selbst positiv zu beantworten, ist man schon auf einem sehr guten Weg die Forderung »Fangen wir doch an, über unser Gehirn gut zu denken« zu erfüllen und einen Riesenschritt weiter zum »Schlau bleiben« zu kommen!

Dieses Thema scheint viele Menschen zu interessieren. Auch das »Darmstädter Echo« veröffentlichte 2007 eine dpa-Meldung über die Plastizität des Gehirns: »Größeres Hirn im Alter, Senioren, die etwas Neues lernen, können das Wachstum anregen«. Das hat tatsächlich eine Studie von Forschern des Universitätsklinikums Hamburg-Eppendorf und des Universitätsklinikums Jena belegt. Für die Untersuchung wurden 44 Menschen zwischen 50 und 67 Jahren gebeten, Jonglieren zu lernen. Nach einer dreimonatigen Trainingsphase stellten die Wissenschaftler mittels einer Kernspintomografie-Untersuchung Vergrößerungen in verschiedenen Gehirnregionen der Probanden fest. Gewachsen waren tatsächlich die Bereiche, die für das Lernen, die Wahrnehmung von Bewegungen und das hirneigene Belohnungssystem von Bedeutung sind. Anschließend legten die Männer und Frauen eine dreimonatige Trainingspause ein, nach der sie erneut untersucht wurden. Dabei kam heraus, dass sich Teile der zuvor erweiterten Gehirnregionen wieder zurückgebildet hatten.

Lassen Sie uns einen kurzen Blick auf unser Wunderwerk

Gehirn werfen: 100 000 000 000 Nervenzellen (für alle Mathematiker unter den Lesern, das sind 100 Milliarden = 10^{11}) hat das durchschnittliche Erwachsenengehirn. Jedes einzelne Neuron ist ständig wechselnd und sich verändernd mit mindestens 10 000 anderen verbunden. Die Übertragung von einer Gehirnzelle zur anderen erfolgt durch elektrische Impulse an der Zellmembran und durch chemische Botenstoffe, die sogenannten Transmitter. Am leichtesten ist es vielleicht, sich das Zusammenwirken der 100 Milliarden Nervenzellen wie bei einem riesengroßen Sinfonieorchester vorzustellen. Wie bei den Musikern arbeiten bestimmte Gruppen von Neuronen zusammen, um bestimmte Ergebnisse zu erzielen. Dabei handelt es sich um Bewegungen, Gefühle, Gedanken, Erinnerungen und alle körperlichen Wahrnehmungen. Was ein Ausfall einzelner Regionen bedeutet, erkennt man sehr schnell zum Beispiel bei einem Schlaganfall, wenn ganz bestimmte, einzelne motorische oder geistige Fähigkeiten abgeschaltet werden. Wie wichtig unser Gehirn für alle unsere Sinne ist, wollen wir uns verdeutlichen. Nicht unsere Augen oder unser Geist produziert die Bilder, die wir sehen, nicht unsere Ohren, sondern unser Gehirn sagt uns, was wir hören und unsere Vorstellungskraft, unser Geist und unser Gehirn machen unsere Stimmung und bestimmen, ob wir fröhlich und aufgeweckt durch die Welt gehen oder niedergeschlagen und depressiv sind.

Es gibt einen sehr berühmten Test, mit dem wir prüfen können, was das Wunderwerk Gehirn vermag: der Stroop-Test. Ein amerikanischer Psychologe John Stroop hat 1935 zum ersten Mal den nach ihm benannten Stroop-Effekt beschrieben. Er gehört heute noch hochaktuell zu den Klassikern der experimentellen Psychologie und kein Student kommt an ihm vorbei. Wenn Sie über einen Computer mit Internetzugang verfügen, können Sie folgende Seite aufrufen und an sich selbst den Test ausprobieren: *http://www.kommdesign.de/texte/stroop.htm* Der Stroop-Effekt bezeichnet ein psychologisches Phänomen, das bei ganz besonderen Automatismen auftritt. Er besagt, dass trainierte Handlungen schwerer unterbrochen werden können als solche, die aufgrund ihrer Ungewohntheit eine stärkere kognitive Verarbeitung benötigen. Beim Betrachten von Farben und den dazugehörigen Farbwörtern, die aber jeweils eine andere Farbe bezeichnen als abgebildet ist, muss man laut die Schriftfarbe, und zwar jedes einzelne Wort nacheinander, benennen. Da es sich um Farbbezeichnungen handelt, entsteht ein Konflikt zwischen der visuellen Wahrnehmung der Farbe und der Wortbedeutung. Man kann selbst ausprobieren, wie viel langsamer man die Farbe benennen kann, wenn der Inhalt des Wortes der eigentlichen Farbe widerspricht. Dieser Effekt tritt auf, obwohl die Person den Wortinhalt überhaupt nicht beachten soll. Er zeigt, dass der automatisierte Prozess des Lesens nur schwer zu unterdrücken ist. Lesen ist die viel stärker automatisierte kognitive Tätigkeit als das Benennen von Farben. Dies führt anfänglich zu den eben erwähnten widersprüchlichen Gehirnreaktionen, wenn die Versuchsperson auf die geschilderte Diskrepanz zwischen Farbnamen und Wortfarbe stößt. In der klinischen Psychologie gibt es noch zahlreiche weitere Stroop-Tests wie etwa den physischen oder numerischen Zahlenstroop-Test.

Die zweite Empfehlung der FAZ-Serie lautete: »Bewegt euch und ihr werdet klüger«. Wie zuvor schon beschrieben, gibt es auch im späteren Alter eine Neuroplastizität des Gehirns. Doch sie ist abhängig von ausreichender Bewegung und damit auch geistiger Aktivität. Bewegung ist notwendig als physiologischer Anreiz, den Hippocampus in unserem Gehirn »auf Empfang« zu stellen und damit auf Plastizität. Fachleute nennen das auch die Steigerung der adulten Neurogenese. Gerd Kempermann, Hirnforscher der Deutschen Forschungsgemeinschaft an der Technischen Universität in Dresden (DFG), hat in einem Mäuseversuch nachgewiesen, dass auch und gerade körperliche Bewegung über viele Monate den ansonsten im Alter zu beobachtenden Abfall der Stammzellenaktivität vermindert und das Potenzial für die Bildung von Nervenzellen auf einem jugendlicheren Niveau hält. Er übertrug diese Forschungsergebnisse auf den Menschen und stellte ebenso wie die Neuropsychologieprofessorin Angela Friedrici die Neuroplastizität auch im späteren Alter fest. Grundvoraussetzung dafür sind nach Kempermann körperliche Bewegung und geistige Aktivität gleichermaßen. Auf den sogenannten Hippocampus, unser »Seepferdchen«, kommen wir später noch zu sprechen.

Vor Kurzem konnte man es in fast allen Tageszeitungen lesen: »Regelmäßiges Laufen verlängert das Leben.« Ältere Menschen, die regelmäßig laufen, sind körperlich weniger eingeschränkt und leben deutlich länger als ihre inaktiven Altersgenossen. Wissenschaftler der kalifornischen Stanford Universität haben das in einer Langzeitstudie zweifelsfrei nachgewiesen. Dazu noch einmal Kempermann, er schreibt: »Bewegung bringt auch geistige Stimulation.« Eine Maus muss sich in Bewegung setzen, um an Futter zu kommen. Das mussten wir früher auch. Bevor es Telefon, Fernsehen, Internet und Smartphones gab, mussten wir uns, wenn wir etwas erleben wollten, bewegen. Heute bekommen wir fast alles, ohne einen einzigen Schritt zu tun. Ein guter Vorschlag von Gerd Kempermann ist das Fernsehen vor dem Laufband im Fitnessstudio oder zu Hause auf dem Hometrainer. Und es gibt in der Tat immer mehr Fitnessstudios, auch und gerade in Senioren-Wohnparks. Es gibt schon sehr viele Hinweise dafür, dass auch ein sogenanntes Gehirnjogging gegen Demenz hilft. Wir brauchen heutzutage beides wieder sehr viel mehr, körperliche und geistige Aktivität, wenn wir auch mit zunehmendem Alter fit bleiben wollen. In dem Fitnessstudio, das ich regelmäßig besuche, ist die älteste Teilnehmerin jetzt 93 Jahre alt. Ich fragte sie kürzlich, wie lange sie das schon mache, da lachte sie und antwortete, sie habe erst mit ihrem 85. Lebensjahr damit begonnen. Kürzlich habe ich eine fast 90-jährige Dame kennengelernt, die mir begeistert erzählte, dass sie eine Seniorensportgruppe in einem Altenheim trainiere. Der an der Göttinger Universität lehrende Neurobiologe und Hirnforscher Prof. Dr. Gerald Hüther sagte kürzlich in einem Interview im Hessischen Rundfunk, es ginge nicht ohne Begeisterung. Sie muss in jedem Falle dazukommen, gewissermaßen als Dünger der neuroplastischen Stoffe.

»Lebenslanges Lernen – das ist wie eine Muskelübung«, sagt Angela Friederici, Direktorin des Max-Planck-Instituts für Kognitions- und Neurowissenschaften in Leipzig. Die Professorin für Neuropsychologie stellt ebenfalls fest, dass es auch im späteren und hohen Alter eine Neuroplastizität gibt, also eine deutliche Zunahme der sogenannten grauen Zellen möglich ist. Selbst bei hirngeschädigten Patienten hat das Gehirn eine relativ gute und große Chance zur Erholung. Was die Trainierbarkeit angeht, ist, ihrer Meinung nach, das Gehirn mit einem Muskel zu vergleichen. Wie wir alle wissen, ist ein Muskel, der lange nicht trainiert wurde, schwerer zu reaktivieren. Im Zuge einer Studie, an der Kinder des Leipziger Thomaner-Chors teilnahmen, stellte sie fest, dass das Gehirn bei frühem und intensivem Musiktraining sehr viel flexibler wird. Ebenso verhält es sich, wenn Kinder zweisprachig aufwachsen: Je früher damit begonnen wird, desto besser. Beim lebenslangen Lernen sind die Dänen in Europa an der Spitze. Deutschland landet im Vergleich von 27 EU-Staaten nur im Mittelfeld auf dem 14.

Rang. Dies ist ein Ergebnis des sogenannten ELLI, des European Lifelong Learning Index der Bertelsmann-Stiftung, nachzulesen bei *www.elli.org* und auf der Homepage der Bertelsmann-Stiftung *www.bertelsmann-stiftung.de*

Neben den Niederlanden und Dänemark haben auch Finnland und Schweden die Nase vorn. Auffallend ist zudem, dass diese Staaten auch bei den Indizes der höchsten Lebenszufriedenheit, der größten Wettbewerbsfähigkeit und der niedrigsten Korruption an der Spitze stehen. Wenn lebenslanges Lernen der beste Garant für Gesundheit, sozialen Zusammenhalt, Wohlstand und Glück ist, so werden wir logischerweise durch eine höhere Lebenserwartung länger lernen müssen. Und wir werden anders lernen als früher. Herausforderungen in der neuen digitalen Welt sind nun einmal das World Wide Web, die elektronische Kommunikation per E-Mail und der Umgang mit diesen neuen Medien. Ist das Gehirn ein Rechenmuskel? Das ist eine eher provokative Frage, denn Muskeln können nicht rechnen. Ist unser Gehirn eine Art Computer? Jürgen Kaube, FAZ-Redakteur, Soziologe und Philosoph, zieht die Schlussfolgerung, dass wenn unser Gehirn ein Computer wäre, wir es nicht benutzen müssten, um es funktionsfähig zu erhalten. Dem Denkvermögen, dem Gehirn nutzt es aber, wenn es beansprucht wird, dem Computer ist es egal, wie oft er zum Einsatz kommt.

Bleiben wir kurz beim Rechnen: Können Sie 264 durch 6 teilen? Geht das auch mit römischen Zahlen: CCLIV durch VI, ohne dass wir die Zahlen in unsere arabische Schreibweise übersetzen? Rechnen können ist eine Frage des Umgangs mit Wahrnehmungen und Vorstellungen, einen zentralen Rechenprozessor besitzt unser Gehirn nicht. Das älteste bekannte Zahlensystem der Menschheitsgeschichte ist das Strich- oder Kerbensystem. Die römischen Zahlenzeichen, die bei uns bis weit ins Mittelalter dominierten, waren bereits eine Weiterentwicklung des Kerbensystems. Auf einem Stock wurden die Zahlen eingeritzt: I, II, III, IIII. V für 5 bedeutete schon eine abstrakte Darstellungsform. Daraus lässt sich gut folgern, dass die Mathematik ihre Grundlagen in neurologischen Strukturen hat. Wir müssen uns einfach merken, dass ein lateinisches V für die Ziffer 5 steht. Ein französischer Wissenschaftler hat anhand zahlreicher Experimente nachgewiesen, dass mathematische Fähigkeiten tatsächlich angeboren sind. Die Frage, ob Babys schon rechnen können, wird heute auch positiv beantwortet. Entwicklungspsychologen der Schule des Schweizer Jean Piaget (1896–1980) haben das noch anders behauptet. Es ist heute unumstritten, dass unser Gehirn keinen zentralen Rechenprozessor hat. Sehr viele unterschiedliche Regionen in unserem Kopf sind mit dem Rechnen beschäftigt. In jedem Fall funktioniert es über die anschaulichen Dimensionen, die Bilder, die wir uns einprägen. Wenn Sie für sich etwas Gutes tun möchten und ihren »Rechenmuskel« trainieren wollen, spielen Sie »Mensch ärgere dich nicht!« mit Ihren Enkelkindern. Das ist die Empfehlung von Stanislas Dehaene, dem Neurowissenschaftler und Professor am Collège de France in Paris. Er hat ein Buch dazu veröffentlicht: »Der Zahlensinn oder Warum wir rechnen können.«

Unsere Enkelkinder machen es uns vor mit ihrem Nintendo. Nun hat der japanische Hersteller von Videospielen und Spielekonsolenhersteller Nintendo auch die Erwachsenen, insbesondere die älteren, als Kunden entdeckt. Der japanische Neurowissenschaftler Dr. Ryuta Kawashima, hat das Spiel »Dr. Kawashimas Gehirn-Jogging – Wie fit ist Ihr Gehirn?« für den Nintendo DS entwickelt mit dem Ziel, das Gehirn von älteren Menschen wirkungsvoll zu trainieren. Der Spieler muss Aufgaben wie Kopfrechnen, Zählen, schnelles Lesen oder Silbenzählen erfüllen. Die Kombination von kognitiven, motorischen und auch sprachlichen Elementen soll die unterschiedlichen Gehirnareale stimulieren. Spannend ist auch der integrierte Alterstest, bei dem drei verschiedene Aufgaben aus einer speziellen Auswahl nacheinander gelöst werden müssen und am Ende wird das geistige Alter ermittelt. Probieren Sie es aus, Ihre Kinder und Enkelkinder werden staunen, wenn Sie plötzlich mit einem Nintendo spielen.

In der Zeitschrift »Psychologie Heute« vom August 2008 wird berichtet wie Neurologen vom Klinikum rechts der Isar in München die den Nachweis erbracht haben, dass durch richtiges Hirntraining tatsächlich die graue Hirnsubstanz zunimmt. Dabei verstehen die Forscher unter richtigem Hirntraining, immer wieder Neues zu lernen. Ähnliches zu lernen bringt wenig bis keine Effekte für die Zunahme der Hirnmasse. Wichtig ist, dass möglichst viele verschiedene Fertigkeiten trainiert werden, um unterschiedliche Funktionsbereiche des Gehirns zu aktivieren. Damit ist gemeint, dass das gute alte »Mensch ärgere dich nicht!«, wie schon einmal erwähnt, sehr gut dazu geeignet ist, ebenso wie mit Bällen zu jonglieren oder Gleichgewichtsübungen wie auf einem Bein stehen und Hände und Arme gleichzeitig gegeneinander zu bewegen. Ich habe verblüfft erfahren müssen, wie meine Enkelkinder mir beim »Memory« spielen überlegen waren. Leider gibt es eine nicht so gute Nachricht für alle, die gerne Kreuzworträtsel lösen: Nach einer Untersuchung des schwedischen Neuropsychologen Valgeir Thorvaldsson helfen die beliebten Kreuzworträtsel allein nicht, die grauen Zellen zu aktivieren.

Immer wieder werde ich gefragt, was ich zum großen Thema Meditation zu sagen habe. Meditation ist eine »betörende Flucht aus der Gedankenflut«, beschrieb das einmal der Dalai Lama. »Öffne der Veränderung deine Arme, aber verliere dabei deine Werte nicht aus den Augen«, meinte das geistliche Oberhaupt der tibetanischen Buddhisten. Was hat er damit gemeint? Es steht zweifelsfrei fest, dass Meditation eine Menge in uns verändern kann. Sie ist eine Methode, mit der es uns gelingt, diese ewig quatschende innere Stimme und den niemals versiegenden Gedankenstrom mit bestimmten Vorstellungen auf unsere innere Mitte zu lenken und dem Brummen wie in einem Wespennest in unserem Kopf zu entrinnen. Diplom-Psychologin und Harvard-Forscherin Britta Hölzel von der Universität Gießen untersuchte, wie sich Meditation auf Funktion und Struktur des Gehirns auswirkt. Meditation, oder auch mentales Training, führt ganz eindeutig zu Verbesserungen der kognitiven Funktionen, die mit Veränderungen bestimmter Hirnareale einhergehen. Wenn Sie über einen Computer mit Internetzugang verfügen, schauen Sie sich ihre interessante Präsentation auf Youtube an:

http://www.youtube.com/watch?v=GDz4Hud-Etk

Ganz neue Töne kommen auch vom Direktor der Abteilung für Neurophysiologie am Frankfurter Max-Planck-Institut für Hirnforschung, Wolf Singer. Anlässlich eines Vortrags in Frankfurt beantwortete Singer die Frage »Warum ist das Interesse des Westens an der Meditation so groß?« mit dem Religionsverlust in der westlichen Welt. Meditation, eine jahrtausendealte Tradition, versetze den Menschen in die Lage, der immer hektischer werdenden Welt wirksam zu entfliehen. Besonders reizvoll daran sei, jahrtausendealten Praktiken der modernen westlichen Psychologie gegenüberzustellen. Fest steht, dass Meditierende bessere Leistungen im Ausblenden von Störreizen haben, dass dank Meditation die Konzentrationsfähigkeit wächst und angestrebte Ziele leichter verfolgt werden können. Die Neurowissenschaftlerin Sara Lazar von der berühmten Harvard University forscht an der Frage »Ist regelmäßiges

Meditieren ein Schutzwall gegen Demenz?«. Sie stellt ganz eindeutig fest: ja. Bekannt ist bisher, dass bei regelmäßig Meditierenden die altersbedingte Abnahme der frontalen Großhirnrinde ausbleibt. Was kann Meditation bewirken? Eine ganze Menge: physiologische Veränderungen, Konzentration, Entspannung von Körper, Geist und Seele. Gelassenheit und Ruhe werden herbeigedacht, Stressminderung bei Schmerzen, Krankheiten, Ängsten. Sie eröffnet den Weg zu einer Haltung des Annehmens, der Akzeptanz, zweckfreiem Kontakt mit dem Hier und Jetzt, einer Annäherung an den Idealzustand und im Buddhismus bietet sie sogar »ein gleichmütiges Glücksgefühl«. Auch die Schulung der Achtsamkeit, um »sukha«[22] zu erreichen, um das, was man wahrnimmt, nicht bewerten zu müssen. Oder anders ausgedrückt, eine wohltuende Balance zwischen dem Sollen, Wollen und Können herbeizuführen.

Nur ganz kurz möchte ich einige der zahlreichen Meditationsmethoden beschreiben. Im Buddhismus ist die wohl am meisten verbreitete Methode, die Aufmerksamkeit auf ein Objekt zu fokussieren: zum Beispiel auf den Schein einer Kerze, ein Mantra, ein Bild (Mandala) oder auch ganz einfach nur auf den eigenen Atem zu achten. In der modernen Psychologie geht es heute vielfach um die sogenannte Achtsamkeitsmeditation. Alles wird beachtet, bewusst registriert und niemals bewertet, was den Geist beschäftigt: Körperempfindungen, Gefühle, Gedanken und die Objekte der Gedanken. Mit Beobachten und innerlichem Benennen soll der Geist abgelenkt werden. Mit der MBSR-Methode (Mindfulness based stress reduction) von Jon Kabat-Zinn, einem emeritierten Professor der University of Massachusetts Medical School, durchwandert man in Gedanken den Körper, macht einen sogenannten body scan. Mithilfe eines

[22] Sukha ist ein Sanskrit-Wort, das oft mit Glück, Leichtigkeit, Freude oder Glückseligkeit übersetzt wird.

regelmäßigen, zunächst bewusst gesteuerten Atems werden automatische Gedanken- und Gefühlsabläufe zu unterbrechen versucht.

In der erfahrungsorientierten Körperpsychotherapie »Hakomi« von Ron Kurtz (1934–2011) versuchte dieser, sich in den 1970er-Jahren mit der Frage »Wer bist du? Der, der du bist!« dem Idealzustand zu nähern. Wer sich intensiver damit beschäftigen möchte, kann das auf der Website *www.hakomi.de* tun.

Auch Musik kann der Meditation dienen. Nietzsche sagte einmal: »Bizet macht mich zu einem besseren Philosophen.« Wir wissen alle, dass Musik in uns etwas auslöst. Sehr gut nachzulesen ist das in dem amüsanten Buch des britischen Schriftstellers und Neurologen Oliver Sacks, »Der einarmige Pianist. Über Musik und das Gehirn«. Krankheitssymptome wie Bewegungsunfähigkeit oder Bewegungseinschränkung, Demenz, Amnesie, Sprachverlust (Aphasie) oder krankhafte Schläfrigkeit (Hypersomnie) verbessern sich oder verschwinden vollständig beim Klang klassischer Musik. Wie das geht? Sacks meint damit, dass die Einteilung in Zeit und Takte Ordnung schafft. Bekannt ist, dass begabte Musiker meistens auch gute Mathematiker sind. Musik setzt einen eigenen Rhythmus frei, sie initiiert nicht selten Bewegung. Bei Menschen, die zum Beispiel Klavier üben, ist die Plastizität des Gehirns enorm hoch. Selbst ein Instrument spielen ist vielleicht noch wichtiger als das Hören, genau wie Schreiben so wichtig ist wie Lesen. Wortfindungsstörungen, die im Alter oft auftreten, können mit Musik verringert werden. Es kann auch eine erhebliche Verbesserung des Wortgedächtnisses erfolgen.

Lassen Sie mich noch etwas zum Thema Mentaltraining sagen. Autoren vieler Ratgeberbücher haben das Mentaltraining immer wieder angepriesen, konnten aber dessen Wirksamkeit bisher nie wissenschaftlich begründen. Das ist jetzt endlich vorbei. Wie funktioniert das Mentaltraining? Es beginnt mit einem Umdenken im Kopf und das ist gar nicht so einfach für ältere Menschen. Jahrelange Konditionierung und alles, was zu unserem lebenslang aufgebauten Habitus zählt, soll infrage gestellt, überdacht und neu eingestellt werden. Von vielen vertrauten Gewohnheiten heißt es womöglich, sich zu trennen. Das kostet viel Energie und Ausdauer, aber es ist nie zu spät, damit anzufangen – weil es sich lohnt. Nur mit der Kraft der Gedanken gesund, glücklich und erfolgreich zu sein, das kann jeder von uns, behaupten heute viele namhafte Forscher. Gedanken sind Energie. Worauf wir bewusst und sicher auch unbewusst unsere Aufmerksamkeit richten, bekommt Energie und wächst. Dadurch ziehen wir alles, was wir uns wünschen, wie ein Magnet in unser Leben. Wirkt dieses Gesetz der Anziehung immer? Sind Gesundheit, Glück, Reichtum demnach nie Willkür, sondern etwas, das aufgrund unserer inneren Einstellung erfolgt? Außen wie innen. Du bist, was du denkst, das du bist. Haben unsere Gedanken wirklich eine so große Macht über uns? Erfolgreiche Sportler, Manager und Unternehmer nutzen die Kraft der Gedanken schon sehr lange. Die Gegenwart ist das Ergebnis vergangenen Denkens. Durch das Gesetz der Anziehung bekommen wir immer die Realität in unser Leben gespiegelt, die unserem Denken und Fühlen, also unserer innersten Einstellung, entspricht. Im logischen Umkehrschluss muss man annehmen, dass wir mit der Veränderung der Einstellung alles in unsere reale Welt hineinziehen können.

Die Wissenschaftlichkeit von Meditation und Mentaltraining bekommt eine völlig neue Dimension. Ich möchte Ihnen von einem Treffen eines der bekanntesten Hirnforscher und Neurophysiologen Wolf Singer, dem Direktor des Max Planck Instituts für Hirnforschung in Frankfurt am Main, mit Matthieu Ricard berichten. Die beiden sprachen über das Phänomen »Meditation«. Schon seit den 1970er-Jahren forschen Naturwissenschaftler aus Medizin, Hirnforschung und Psychologie an diesem Phänomen. Es gibt allein in Deutschland zurzeit 15 universitäre klinische Forschungsprojekte und sechs private Forschungseinrichtungen, die sich mit dem Thema Meditation beschäftigen. Doch zunächst, wer ist Matthieu Ricard? Er ist 1946 in Frankreich geboren, buddhistischer Mönch, studierter Molekularbiologe mit Abschluss in Zellulargenetik und Promotion bei Nobelpreisträger François Jacob (1920–2013) am Institut Pasteur in Paris.

Folgende wertvolle Erkenntnisse formulierten die beiden bei diesem Treffen: Jeder erwachsene Mensch ist in jedem Alter imstande, ein sogenanntes Bewusstseinstraining oder Mentaltraining mittels Meditation anzuwenden. So wie man immer und in jedem Lebensalter motorische Fähigkeiten lernen kann, lassen sich auch interne Zustände willentlich herbeiführen. Mentaltraining verändert unsere Hirnfunktionen dauerhaft und in jedem Lebensalter. Es erfolgt in jedem Alter eine Zunahme der grauen Hirnsubstanz. Mittels Mentaltraining lassen sich genauso gut auch positive Gefühle antrainieren und dauerhaft kultivieren. Mentaltraining ist ein äußerst wirksames Antidot gegen Fremdbestimmung, Extroversion und Hektik.

Die bisher eher auf dem Feld der Esoterik angesiedelte Meditation wird tatsächlich wissenschaftlich. Kein geringerer als Wolf Singer gibt zu, dass er aus dieser Erkenntnis heraus selbst angefangen hat, regelmäßig zu meditieren. In einem Fernsehgespräch bei 3Sat diskutierte Wolf Singer mit dem Philosophen Julian Nida-Rümelin unter der Leitung von Gert Scobel über seine neuesten Erkenntnisse. Nach Wolf Singer gehen alle großen ungelösten Krankheiten vom Gehirn aus. Wenn überhaupt, dann können wir Menschen nur über das Gehirn in unsere psychische Befindlichkeit eingreifen. Der 1886 in Stuttgart geborene Viktor von Weizsäcker, Arzt und einer der Begründer der anthropologischen Medizin, schreibt in seinen »Gesammelten Schriften«, dass der Mensch seine Krankheiten nicht einfach bekommt. Jede Krankheit habe ihre seelische Dimension und sei von psychischen Dimensionen abhängig. Doch auch Wolf Singer rät dringend davon ab, »am Gehirn herumzuklempnern«. Die großen Menschheitsfragen »Woher kommt der Mensch?« »Wohin geht er?« »Welche geheimnisvollen Kräfte bewegen ihn?«, »Beherrscht die Materie den Geist?« sind bis heute auch mit den neuen technischen Apparaten, mit denen die Hirnforscher glauben, den Menschen in den Kopf sehen zu können, noch keinen entscheidenden Schritt weiter gekommen. Auch wenn sie mit der sogenannten Tiefenhirnreizung – einem implantierten Neurochip, so etwas Ähnliches wie ein Herzschrittmacher für das Gehirn – den Nucleus accumbens, das Belohnungssystem des Gehirns, reizen und glauben, damit den Menschen etwas glücklicher machen zu können. Die Dopaminforschung nimmt für sich in Anspruch, in den letzten Jahren in der Depressionsforschung zu einer niedrigeren Selbstmordrate beigetragen zu haben. Auch neue kognitionssteigernde Pillen sollen dem Menschen mehr Glückseligkeit bringen.

Zum Abschluss dieses Kapitels möchte ich Sie auf ein mich unheimlich faszinierendes neues Buch von Hans Günter Gassen hinweisen. Dieses auch für jeden interessierten Laien bebilderte Lexikon von unserem Gehirn lässt mich nicht mehr los. Prof. Gassen lehrte seit 1973 Biochemie an der TU Darmstadt und war der Leiter des Fachgebiets Biochemie. 2004 wurde er emeritiert und ist seitdem ein begehrter Vortragsredner. Gassen meint, trotz aller moderner wissenschaftlicher Erkenntnisse wüssten wir bis heute nicht, »wie komplexe Botschaften im Gehirngefüge entstehen. Wenn es um die molekularen Details von Gedächtnis,

Bewusstsein oder dem Willen zum guten Handeln geht, umgibt uns eine – vielleicht von unserem Denkorgan sogar gewollte – seit Jahrtausenden anhaltende und auch fortwährende Unkenntnis«. »Werden wir im Alter wieder dümmer?«, fragt Gassen. Wir altern alle, doch es liegt an uns, wie wir das tun. Wir sind diesem naturgegebenen Prozess niemals hilflos ausgeliefert, wir können ihn beeinflussen. Bestimmten Prozessen und Funktionen des Alterns können wir uns nicht entgegenstellen, schon gar nicht sie aufhalten. Dafür wachsen uns neue Fähigkeiten zu. Einerseits wird das Gehirn etwas langsamer und dadurch vielleicht auch überlegter, andererseits profitieren wir im Alter von dem Zuwachs an Lebenserfahrung und Lebensweisheit. Prof. Dr. Hans Gutzmann, Vorsitzender der Deutschen Gesellschaft für Gerontopsychiatrie und -psychotherapie, bringt es auf den Punkt: »Gesund alt werden ist harte Arbeit.« Man muss an seiner körperlichen und geistigen Form ständig arbeiten, das geht nicht kurzfristig und schon gar nicht mit nur einer Übung, weil man diese dauerhaft nicht durchhält. Menschen, die sich ihr Leben lang geistig stimulieren, haben es im Alter leichter und hohe Chancen, die altersbedingten Verschlechterungen erst viel später zu erfahren. Das jedenfalls ist die Meinung des schwedischen Psychologen Thorvaldsson. Nach Gutzmann geht der den richtigen Weg, der in welchem Alter auch immer etwas anfängt, was mit einer echten Herausforderung zusammenhängt. Wie schon vorher erwähnt, spricht nichts dagegen, mit dem Klavierspielen zu beginnen oder eine völlig exotische Sprache zu lernen. Ich kenne eine 92-jährige Dame, die gerade Japanisch lernt, weil Schwiegertochter und Sohn in Japan leben und sie sich mit ihren Enkelkindern in deren Sprache unterhalten will. Ich habe vorhin auch schon darauf hingewiesen, dass es eine aktuelle Hamburger Studie gibt, die feststellt, dass regelmäßiges Musizieren im Alter den Abbau grauer Hirnsubstanz verhindern kann. Gesund zu altern ist deshalb eine Anstrengung, weil sich die durch harte Arbeit hinzugewonnene Hirnsubstanz leider sofort wieder abbaut, wenn wir mit dem Training aufhören. Das ist mit dem Geist nicht anders als mit dem Muskel: Ein Muskel, der nicht beansprucht wird, verkümmert und bereitet uns erhebliche Beschwerden, hinzugewonnene graue Hirnsubstanz verschwindet genau so schnell wieder, wie sie gekommen ist. Es lohnt sich, für das Altern aktiv zu werden. Und jegliche Aktivität macht uns ein bisschen fröhlicher.

De senectute – Über das Alter

Marcus Tullius Cicero (106–43 v. Chr.), römischer Politiker, Anwalt, Schriftsteller, Philosoph und glanzvoller Redner im alten Rom verstand es hervorragend, das Denken der griechischen Philosophen an die römische Welt zu vermitteln. Seine Schrift »Über das Alter« ist bis heute eine der wertvollsten Orientierungshilfen zum Thema »sinnerfülltes Leben im Alter«. Ein genialer Ratgeber für fröhliches Altern!

Was Cicero im alten Rom vor mehr als 2000 Jahren in seiner Schrift »De senectute – Über das Alter« Gescheites verfasst hat, ist eine geniale, kreative, ideenreiche und sofort umsetzbare Anleitung zum Altwerden – sehr empfehlenswert und vielleicht hilfreicher als manches Ratgeberbuch unserer Zeit! Cicero bekleidete das höchste Staatsamt im alten Rom und erst als er politisch kaltgestellt war, wurde er zum philosophischen Schriftsteller. Seine Bücher sind so eindrucksvoll wie seine wortgewaltigen Reden. Am 7. Dezember 43 vor Chr. wurde er von den Häschern der neuen Herren Roms – Antonius und Octavian, Caesars Adoptivsohn –, auf der Flucht getötet.

Wenn man in der Schule am Lateinunterricht teilnahm, ein humanistisches Gymnasium besuchte, Medizin oder Jura studierte, ist man zwangsläufig mit Caesar, dem römischen Imperator, in Kontakt gekommen. Die meisten Lateinschüler kennen den Spruch »Gallia est omnis divisa« und mussten vielleicht Textausschnitte auswendig lernen. Cicero stand ebenfalls auf dem Lehrplan, zu seinen Meisterstücken der Rhetorik gehören die vier Reden gegen Catilina[23]. Kaum ein Latinum wird bestanden, ohne in Kontakt gekommen zu sein mit beiden römischen Schriftstellern. Sie gehören zum Standardrepertoire jedes Lateinunterrichts.

Bevor wir direkt einsteigen in das eigentliche Thema, das Marcus Tullius Cicero »Cato maior de senectute« (»Cato der Ältere über das Alter«) nennt, möchte ich grundsätzlich etwas über das Alter sagen. Da auch ich zur Generation der Älteren gehöre, sei es mir erlaubt, meine Einstellung, Überzeugung und Denkweise zum Alter in einer Hypothese festzuhalten: Würdiges Altern bedeutet, ein weitestgehend selbstbestimmtes, nicht von fremden Autoritäten geprägtes Leben zu führen. Selbstständig über alle Einzelheiten des Lebens entscheiden zu können, unbeeinträchtigt von jeglicher autoritären Instanz. Diesem Grundsatz werden wir noch öfter in diesem Buch begegnen.

Bei meinen Vorträgen stelle ich immer wieder fest, dass ältere Menschen gerne abwinken, wenn sie von meinen Ideen über das Alter und das Altern hören. »Das kenne ich doch schon alles.« Dann erzähle ich von einem psychologischen Phänomen, dem »Ich hab's ja schon immer gewusst«-Effekt. Der stellt sich aber meistens erst nach dem Eintritt des Ereignisses ein, leider nicht vorher. Tröstlich ist aber, dass vor über 2000 Jahren die Menschen mit dem Altern gewiss nicht weniger Probleme hatten als wir heute.

Doch das wollen wir genauer untersuchen und einmal schauen, was Cicero zur Problemlösung beitragen kann. Was wir noch heute zum Altwerden gut gebrauchen können, sind seine Erkenntnisse, die er selbst erst ein Jahr vor seinem Tod festhielt. Sie gehören für mich zu den wertvollsten Orientierungshilfen für ein sinnerfülltes Leben im Alter. Ausdrücklich möchte ich darauf hinweisen, dass Cicero

[23] www.wikipedia.org: Lucius Sergius Catilina (*vermutlich 108 v. Chr., †62 v. Chr.) war ein römischer Politiker, bekannt durch die von ihm durchgeführte Catilinarische Verschwörung.

niemals belehren wollte. Seine Thesen für ein erfolgreiches Altern sind eine hoffnungsvolle Anregung und keine schulmeisterliche Belehrung. Wir werden ihn sehr viel zu Wort kommen lassen.

Cicero war nicht nur ein philosophischer Kopf mit einer eigenen Philosophie, sondern auch Mittelsmann zwischen Römern und Griechen. Bekannt sind seine berühmten Reden und unzähligen Briefe an seine Freunde. Im Mittelpunkt dieses Kapitels steht die wunderbare kleine Schrift Ciceros »Über das Alter«. Wer tiefer einsteigen und einen ausführlicheren, umfassenderen Überblick über die Person Cicero bekommen möchte, dem sei das Buch von Manfred Fuhrmann »Cicero und die römische Republik« empfohlen. Eine sehr interessante, gut zu lesende, ausführliche Cicero-Biografie. Cicero war zeitlebens ein Alleskönner. Insbesondere verstand er es, mit seinem ausgezeichneten rhetorischen Talent Menschen mit seinen Reden zu begeistern. Von früher Jugend an beschäftigte er sich mit der griechischen Philosophie. Er war davon überzeugt, dass die Philosophie dem Menschen den Weg zu einem sinnerfüllten Leben weist. Doch der Weg von Rom nach Athen war umständlich und weit. Und die Sprachbarriere vom Lateinischen zum Griechischen war ebenfalls nicht ganz leicht zu überwinden. Cicero unternahm zahlreiche, heute würde man modern sagen »Bildungsreisen« nach Griechenland. Er lernte die Sprache sehr intensiv, um die Lebensweisheiten der griechischen Philosophen an der Quelle zu erfahren und zu verstehen. Man weiß auch, dass er eine sehr hohe Sprachbegabung hatte. Er übersetzte die griechische Philosophie ins Lateinische. Dazu gehörte natürlich auch, die Inhalte der griechischen Philosophie selbst zu verstehen und sie darüber hinaus auch zu interpretieren, um sie wiedergeben zu können. Doch dabei kam ihm, wie zuvor schon erwähnt, sein außerordentliches rhetorisches Talent zugute. Die griechische Philosophie war keine schwer verständliche Kathederphilosophie, sondern eine Lebensschule, eine Lebenshilfe für eine breite Bevölkerungsschicht. Die meisten griechischen Philosophieschulen waren auch Sklaven und Frauen zugänglich, wie ich das schon zuvor bei Epikur beschrieben habe. Alle bekannten großen altgriechischen Philosophen verwendeten für das Volk eine leicht verständliche Sprache. Bertolt Brecht hätte sie »die Sprache der Fischweiber und Wollhändler« genannt. Zu dieser Zeit war Griechisch die Weltsprache.

Cicero gehörte zu den Vielschreibern des alten Roms. Und vieles davon ist bis heute noch erhalten. Bei Reclam kann man sowohl den lateinischen Originaltext als auch die deutsche Übersetzung bekommen. Unendlich viele Reden – politische Reden, Prozessreden und allgemeine Reden. Noch mehr philosophische Schriften: »Über den Staat« (»De re publica«), »Über die Ziele menschlichen Handelns« (»De finibus«), »Vom Wesen der Götter« (»De natura deorum«), »Über das Schicksal« (»De fato«), »Vom rechten Handeln« (»De officiis«), um nur einige zu nennen. Außerdem verfasste er auch eine Menge rhetorischer Schriften wie »De oratore« (»Über den Redner«) und unendlich viele Briefe. Der bekannteste dürfte der »An seine Freunde« (»Ad familiares«) sein. Cicero wusste: »Worte sind Taten«. In seinem fünften Buch »Tusculanae disputationes« (»Gespräche in Tusculum«) schreibt er sinngemäß: Niemals könne Philosophie genug gepriesen werden; denn wer ihren Lehren folge, könne jeden Lebensabschnitt ohne Beschwerden verbringen.

Gerade in Bezug auf den letzten Lebensabschnitt, dem Alter, gab es für Cicero viele griechische Vorbilder. Cicero legte seine Worte allerdings dem römischen Feldherrn Marcus Portius Cato (234–149 v. Chr.) in den Mund, der selbst schon im 85. Lebensjahr und bei bester Gesundheit stand.

Sie kennen alle seinen berühmtesten Ausspruch: »Ceterum censeo Carthaginem esse delendam« (»Im Übrigen bin ich der Meinung, dass Karthago zerstört werden muss«). Deshalb wurde er auch immer »Cato Censorius« genannt. Heute kennen wir meistens nur noch das »Ceterum censeo« als geflügelten Spruch, wenn etwas beharrlich gefordert wird. Übrigens kennen auch alle Asterix-Leser Cato aus den Asterix-Büchern. Für Cicero »ist das hohe Alter [...] das Schönste, was es überhaupt gibt«. Endlich könne sich der Mensch frei von Lüsten, Begierden und Sehnsüchten mit Vernunft seinem Geist widmen. Der reife Mensch gelange zu einer Altersweisheit, die er würdevoll mit Ruhe und Gelassenheit ausleben könne. Vorausgesetzt der Mensch werde nicht »arm und krank«. Nach Cicero sind die Gründe für die meisten Krankheiten im Alter auf eine schlechte Lebensweise in den Lebensabschnitten davor zu erklären. Erfolgreich altern kann man nur, wenn der Grundstein dazu in der Jugend gelegt wird. Die irische Schriftstellerin Edna O'Brien reflektiert dazu: »Die Geschichte eines Lebens ist im Körper ebenso enthalten wie im Gehirn.« Arthur Schopenhauer betrachtet den Verlust von Begierden und Leidenschaften überhaupt nicht als Mangel, im Gegenteil, im Alter könne sich der Mensch darüber freuen, endlich frei von Zwängen, Begierden und Lüsten zu sein. Ist man in der Jugend noch optimistisch, unruhig, ungeduldig, neugierig und ständig aktiv und nach vorn blickend, so ist das Alter die Zeit der Reflektion, die Zeit der Vergangenheit, der weisen, gelassenen Akzeptanz und nicht die der Resignation.

In seiner Einleitung schreibt Cicero: »Mir jedenfalls war die Abfassung dieses Buchs so angenehm, dass sie nicht nur sämtliche Beschwerden des Alters beseitigt, sondern das Alter sogar behaglich und angenehm gemacht hat. Nie wird man also die Philosophie würdig genug lobpreisen können, deren folgsamer Zögling ja seine gesamte Lebenszeit ohne

Beschwerden verbringen kann. [...] Wer nämlich in sich selbst nicht die Voraussetzung dafür hat, gut und glücklich zu leben, für den ist jede Altersstufe beschwerlich. Wer alles Gute bei sich selbst sucht, dem kann nichts Schlimmes erscheinen, was die Naturnotwendigkeit ihm bringt.« In diesem Zitat sind gleich zwei wichtige grundsätzliche Erkenntnisse enthalten. Das gute Leben fängt nämlich nicht erst im Alter an, sondern es muss von Jugend an aufgebaut werden. Dabei hat es ein grundsätzlich positiv und glücklich gestimmter Mensch leichter als der Pessimist, doch darauf komme ich später noch einmal zurück. Zum Zweiten sind wir gezwungen, uns zu allen Lebenszeiten der »Naturnotwendigkeit« unterzuordnen. Gegen die Natur zu leben ist unmöglich. Die Weisheit der Sprache lehrt uns auch hier, dass die Natur alles tut, um eine »Not zu wenden«, etwas »notwendig« zu machen. Natur heilt in jedem Fall, oft ist das für uns sehr schwer verständlich und wir erkennen das erst nach einem gewissen Zeitraum. Für ein gelingendes Alter macht Cicero unseren Charakter verantwortlich, einen Charakter von Jugend an, mit dem wir unser gesamtes Leben verbringen (müssen): »Denn alte Leute, die gelassen, nicht mürrisch und nicht ungebildet sind, erleben ein Alter, das erträglich ist, ein unfreundliches und schroffes Wesen ist aber in jedem Alter beschwerlich.«

Heute, in der Zeit der Wirtschafts- und Finanzkrisen, wird wieder sehr viel von Altersarmut gesprochen. Wie hoch ist die Rente? Wie sieht es mit den Abgaben aus? Wie teuer ist die Lebenshaltung? Werde ich alle Kosten für mein Alter tragen können? Werden meine Ersparnisse reichen? Die finanzielle Gestaltung des Ruhestands ist für viele Senioren mit bangen Fragen verbunden. Hierzu passt wieder ein Zitat von Cicero: »Denn einerseits kann das Alter bei völliger Mittellosigkeit nicht einmal für einen Weisen leicht sein, andererseits ist es auch bei größtem Reichtum nicht möglich, dass das Alter für einen Dummen nicht beschwerlich ist.«

Ist eine optimistische Perspektive auf das Alter überhaupt möglich? Alle haben wir den Willen und die Hoffnung, alt zu werden. Können wir von Cicero lernen, auf welche Weise wir am leichtesten die zunehmende Last des Alters tragen können? Unbedingt und uneingeschränkt: ja! Beginnen wir jedoch erst einmal mit den vier Gründen, warum das Alter elend erscheint (für die Lateiner: »quattuor reperio causas, cur senectus misera videatur«): Zwang zur Untätigkeit, weil uns das Alter von den Tätigkeiten abhält (»unam quod avocet a rebus gerendis«); Schwächung der körperlichen Kräfte, weil es den Körper gebrechlicher macht (»alteram quod corpus faciat infirmius«); Verlust vieler Freuden und Gelüste, weil es einem fast aller Gelüste beraubt (»tertiam quod privet fere omnibus voluptatibus«); Nähe des Todes, weil es nicht weit vom Tod entfernt ist (»quartam quod haud procul absit a morte«).

»Nun wollen wir sehen, wenn es recht ist, wie beschaffen und wie gerechtfertigt ein jeder von diesen Gründen ist« (»earum si placet causarum quanta quamque sit iusta una quaeque, videamus«). »Zwang zur Untätigkeit? Warum hält uns das Alter von Tätigkeiten ab? Von welchen?«, fragt Cicero. Etwa von jenen, die in der Jugend und durch Kraft ausgeübt werden? Gibt es also keine Altersbeschäftigungen, die – wenn auch mit gebrechlichem Körper – dennoch vom Geist vorgenommen werden können? Cicero schreibt, dass auch einem alt gewordenen Menschen eine Fülle von Wirkungsmöglichkeiten offen stehen. Es stimmt schon gar nicht, dass man im Alter zur Untätigkeit verdammt ist. Er zählt viele Tätigkeiten auf, die man auch im hohen Alter noch verrichten kann: Das sind zum Beispiel politische, künstlerische, erzieherische und häusliche Betätigungen.

»Wenn das Alter uns wirklich hindert an der Ausübung von Tätigkeiten, dann müssen wir uns fragen, von welchen? Der alte Mensch tut nicht das Gleiche, was junge Menschen tun.« Cicero verallgemeinert und sagt dazu: »Große Dinge vollbringt man nicht durch körperliche Kraft, Behändigkeit und Schnelligkeit, sondern durch Planung, Geltung und Entscheidung; daran pflegt man im Alter nicht nur abzunehmen, sondern sogar noch zuzunehmen.«

Warum sollte sich im Alter der Charakter eines Menschen grundlegend wandeln? Wenn ein Mensch zeitlebens schon immer sehr agil, rege, kreativ und lebhaft war, warum sollte sich das im Alter ändern. Vielleicht wird dieser Mensch im Alter seine Ungeduld und seine Ruhelosigkeit etwas los. Aber möchte er das vielleicht nicht auch selbst so und ihm ist das ganz angenehm. Eine wichtige Eigenschaft ist die Kreativität. Kreativen Menschen fällt immer etwas ein, auch und vielleicht gerade im Alter, wenn die Zeit dafür da ist.

Dazu wieder ein Cicero-Zitat: »Daher bringen die Leute Nichtiges vor, die sagen, dass man sich im Alter nicht mit Tätigkeiten beschäftigen kann und wirken so wie Leute, die sagen, dass der Steuermann beim Reisen nichts tue, während die einen die Mäste besteigen, die anderen durch die Schiffsgänge laufen, andere das Kielwasser herausschöpfen, jener aber hält nur das Ruder und sitzt reglos auf dem Schiff und tut nicht das, was die jungen Leute tun. Aber in Wahrheit tut er etwas viel Wichtigeres und Besseres. Nicht durch Kraft oder Schnelligkeit oder Flinkheit des Körpers werden große Dinge getan, sondern durch Planung, Ansehen und Meinung; diese Leute pflegt das Alter nicht nur nicht zu berauben, sondern sogar zu stärken. […] So ist das Alter auch ehrbar, wenn es sich selbst verteidigt, wenn es sich sein Recht behält, wenn es an niemanden abgetreten wird, wenn es bis zum letzten Atemzug über seine Nachkommen herrschen kann.«

Ein weiterer Punkt ist die Schwächung der körperlichen Kräfte. Natürlich schwindet im Alter die Körperkraft, das ist des Lebens Lauf. Aber dafür gibt es im Alter einen Ausgleich, dass nämlich gleichermaßen die Kräfte des Geistes zunehmen. Die Gelassenheit, »das zu gebrauchen, was man hat, und alles, was man tut, entsprechend seinen Kräften tun«, ist eine gute Empfehlung. Die Annahme des eigenen Ichs, zu akzeptieren, was einem das Schicksal auferlegt hat. Friedrich Nietzsche nannte das »amor fati«, liebe dein Schicksal. Bewusst annehmen, was einem widerfährt, weil man es doch nicht ändern kann. Damit scheint es sich leichter zu leben. Es kostet mehr Kraft, etwas abzulehnen als es anzunehmen. Und das sowohl geistig als auch körperlich. Cicero sagt: »Man sollte das gebrauchen, was man hat, und alles, was man tut, entsprechend seinen Kräften tun.« Die Lebenserfahrung älterer Menschen kann ein großes Potenzial sein. Wie willkommen sind heute bei manchen Unternehmen wieder ältere Mitarbeiter oder schon im Ruhestand befindliche Menschen. Eine große Rolle spielt das Ehrenamt oder auch zum Beispiel eine Tätigkeit als ehrenamtlicher Referent bei der Akademie 55plus, diesem gemeinnützigen Verein, den ich in Darmstadt mit aufgebaut habe. Das Ehrenamt wurde schon damals sehr hoch eingeschätzt. Dazu Ciceros Meinung: »Wer Ehrenämter bekleidet hat, besitzt im Alter solche Autorität, dass sie mehr wert ist als alle Freuden der Jugend. [...9 Ansehen kann man sich nicht plötzlich durch graue Haare und Runzeln verschaffen, sondern ein schon früher in Ehren geführtes Leben erntet am Ende die Früchte des Ansehens. Denn Dinge, die unwichtig und gewöhnlich scheinen, sind selbst schon ehrenvoll: dass man uns grüßt und aufsucht, dass man uns Platz macht und vor uns aufsteht, dass man uns beim Kommen und Gehen geleitet und dass man uns um Rat fragt.«

Viele Ältere scheuen auch nicht den Weg in die Universitäten als Gasthörer oder beginnen regelrecht noch einmal ein Studium. Zur Stärkung des Geistes. Wie wichtig es ist, seinen Geist rege zu halten, habe ich schon einmal in einem früheren Kapitel beschrieben. Hirnforscher haben ganz aktuell nachgewiesen, dass Plastizität des Gehirns bis ins hohe Alter möglich ist. Und es gibt ganz besondere Tätigkeiten, die das ohne Weiteres leisten. Am wenigsten funktioniert es mit Kreuzworträtsellösen. Weit besser sind zum Beispiel Klavierspielen und vor allem ausreichende Bewegung. Auch Gedichte auswendig lernen gehört dazu. Bei Cicero klingt das so: »Man muss gegen das Alter wie gegen eine Krankheit kämpfen; man muss gesundheitliche Rücksichten nehmen und sich maßvollen Übungen unterziehen; man sollte so viel essen und trinken, dass man seine Kräfte stärkt und nicht belastet. Im Alter ist es leichter nicht nur den Körper zu trainieren, sondern den Verstand zu unterstützen. Er erlischt durch das Alter, wenn man ihn nicht wie eine Lampe mit Öl versorgt.«

Vor Kurzem konnte man in der Presse lesen, dass ein 116 Jahre alter Japaner verstorben war. Der älteste Mann der Welt. In zahlreichen Interviews hat er seine Überzeugung immer wieder betont, dass er sein hohes Alter nur einer gesunden Ernährung verdanke. Immer nur »80 Prozent essen«, war eine seiner Empfehlungen. Wissenschaftliche neuere Studien behaupten, zu 50 Prozent sei die Ernährung mitverantwortlich für die Entstehung der meisten Zivilisationserkrankungen, zu denen Herz-, Kreislaufkrankheiten, Autoimmunerkrankungen sowie Krebserkrankungen insbesondere der Brust, der Prostata und des Darms zählen. Hippokrates wusste schon vor 2500 Jahren, »Nahrung ist Medizin«.

Auch das Verhältnis zur jüngeren Generation spielt eine große Rolle. Cicero meint, wir müssten es jungen Menschen leicht machen, dass sie uns akzeptieren: »Denn wie sich kluge, alte Menschen über junge Leute mit guter Verantwortung freuen und das Alter denen leichter wird, die von der Jugend verehrt und geliebt werden, so freuen sich junge Menschen über die Lehren der Alten, durch die sie angeleitet werden, nach Tugenden zu streben. Was gibt es Erfreulicheres, als im Alter von jungen Menschen voller Eifer umdrängt zu sein.« Nutzen wir unser Potenzial! Ich habe mir konsequent abgewöhnt, Jüngeren Ratschläge zu geben. Es sei denn, sie fragen mich danach. Seit ich das beherzige, werde ich umso öfter gefragt.

Verlust vieler Freuden und Gelüste, dass einen das Alter fast aller Gelüste beraubt – diese dritte Anschuldigung, der Verlust vieler Freuden im Alter, lässt Cicero Cato vollständig und grundsätzlich ablehnen. Auch schon in jüngeren Jahren stünden die wesentlich wertvolleren Freuden des Geistes dem entgegen. Sie wissen vielleicht noch von meinem Epikur-Kapitel, dass auch eine asketische Lebensweise in jedem Lebensalter Freude und Glück im Leben bringen kann und auch damit ein lustvolles Leben möglich ist. Cicero lässt Cato von einer Rede Archytas' von Tarent (um 430–345 v. Chr.) erzählen, einem griechischen Philosophen, Mathematiker, Musiktheoretiker, Physiker, Ingenieur, Staatsmann, Feldherrn und Freund Platons. Er führte das Prinzip der mechanischen Bewegung in die Geometrie ein und gilt als der Begründer der wissenschaftlichen Mechanik. Vornehmlich wirkte er in seiner Heimatstadt, der griechischen Kolonie Tarent in Apulien. Er schreibt, die Menschen hätten von der Natur keine verheerendere Pest bekommen als die Lust. Alles negative Verhalten des Menschen wie Vaterlandsverrat, politische Zerrüttung, Verbrechen, Unzucht, Ehebruch entstünden durch unbändige Lust. Und da dem Menschen, sei es von Natur, sei es von Gott, nichts Besseres verliehen worden sei als der Geist, sei dieser Gottesgabe nichts so feindlich wie die Lust. Die Lust ist die Gegenspielerin der Vernunft, sie blendet den Einsatz unseres Geistes aus. Doch wo wäre die Menschheit ohne die Lust? Ausgestorben? Im Alter hat das so seine Vorteile. Bei mir jedenfalls übersteigt die Lust nach guten Gesprächen mit Freunden die Lust nach Trank und Speise. Cicero schreibt über Sophokles (496–406 v. Chr.), den Autor von »Antigone« und »König Ödipus«, als ihn im vorgerückten Alter jemand fragte, ob er noch den Freuden der Liebe fröne: »Gott bewahre! Zu meiner Freude bin ich dem wie einem rohen, rasenden Herrn entronnen.«

Die Nähe des Todes und dass im Alter das Leben nicht weit vom Tod entfernt ist, kann für Cicero kein Verzweiflungsgrund sein: »Ach, armer alter Mann, der nicht erkennt, dass der Tod in so hohem Alter verachtet werden muss! Diesen muss man entweder ignorieren, wenn er die Seele gänzlich auslöschen sollte oder sogar ersehnen, wenn der Tod einen irgendwohin entführt, wo man künftig für ewig leben wird; aber einen dritten Ausgang kann man nicht finden.« Den vierten Vorwurf, dass das Alter belastend sei durch den nahenden Tod, lässt er überhaupt nicht gelten. Der Tod kann den Menschen in jedem Alter treffen. Er gesteht zu, dass der Blick auf den Tod sich für einen älteren Menschen, der schon auf ein erfülltes Leben blicken kann, anders anfühlt als für einen jungen. Aber auch dabei verweist er auf die damals von Sokrates begründete Erwartung eines Fortlebens der Seele nach dem Tod. In Platons Dialogen »Kriton und Phaidon« kann man nachlesen, wie Sokrates seine Freunde tröstete vor der bevorstehenden Vollstreckung seines Todesurteils. Sie sollen nicht traurig sein, es stünde keineswegs fest, wer den »besseren Weg« beschreite, er zu seinem Tod und sie um zu leben. Der zum Tod verurteilte Sokrates stellte sich ein körperloses Weiterleben in der Unterwelt, dem Hades, als sehr attraktiv vor. Er hoffte auf ein Weiterleben der Seele nach dem körperlichen Tod. Er freute sich sogar auf seinen eigenen Tod, damit er zu denen, die ihn alle schon verlassen hatten, zurückkehren konnte, um mit ihnen seine philosophischen Gespräche und Diskussionen fortzuführen. In Platons Dialog »Phaidon« definiert Sokrates den Tod als Trennung von Körper und Seele: Wenn man sich jedoch im Leben zu stark den körperlichen Genüssen hingegeben habe, könnten die Seelen unter Umständen Schwierigkeiten haben mit der Ablösung vom Körper. Cicero lässt den Griechen Xenophon (430–355 v. Chr.) zu diesem Thema zu Wort kommen. Dieser war davon überzeugt, dass die Seele existiert, auch wenn wir nicht wissen, wo sie in unserem Körper ist. Nach seiner Logik tritt sie, wenn wir leben, nicht in Erscheinung und damit logischerweise auch nicht, wenn wir verschwunden sind.

Epikur gibt uns den Rat: »Halte dir täglich den Tod vor Augen«. Für ihn gibt es keine unsterbliche Seele und kein Leben nach dem Tod. Wir seien ganz und gar dem Leben verpflichtet, das wir führen und es komme dabei in allem darauf an, für die seelische Gesundheit zu sorgen. Dabei hätten wir für die rechte Balance zwischen Sinneslust und vernünftiger Einsicht zu sorgen, denn ein glückliches Leben sei ohne sinnliche Freuden ebenso wenig denkbar wie ohne tiefere Erkenntnis.

Viele, nicht nur antike Philosophen, beschäftigten sich sehr intensiv mit Alter und Tod. Zusammenfassend gilt die Aussage von Epikur: »Lebe so, als ob der gegenwärtige Augenblick der erste sei, aber auch, als ob er der letzte sei. Wenn du morgens aufwachst, weißt du doch überhaupt nicht, ob du den Tag noch überlebst.« Cicero nimmt das später wieder auf und schreibt: »Man muss jeweils mit dem zufrieden sein, was einem an Zeit zum Leben vergönnt ist. [...] Sterben muss man gewiss, ungewiss ist nur, ob man es nicht bereits an diesem Tage muss.« Er macht in diesem Zusammenhang einen wunderbaren Jahreszeitenvergleich.

Der Frühling bedeutet die Jugend, die Freude auf künftige Früchte, im Sommer und Herbst ist man damit beschäftigt, die Früchte zu ernten und einzubringen. Er sagt, die Frucht des Alters ist ein reich gedeckter Tisch der Erinnerung an das »früher erworbene Gute« im Leben. Alles im Leben erfolgt nach den Gesetzen der Kausalität. Wir ernten das, was wir säen. Der Bauer auf dem Feld weiß, wenn er Weizen sät, wird er keinen Mais ernten.

Ich ließ es zu Beginn dieses Kapitels schon einmal anklingen und wiederhole es noch einmal: Alle Hypothesen in dieser herrlichen Schrift über das Alter klingen wie moderne Ratgeberliteratur – Erkenntnisse einer Tausende von Jahren lehrenden Philosophie.

Zu allen größeren und kleineren Beschwerden des Alters meint Cicero: »Niemand ist so alt, dass er nicht glaubt, er könne noch ein Jahr leben.« Natürlich ist alt werden nicht immer einfach. Oft glauben wir bei unseren Beobachtungen, die oder der hat es aber leichter als ich. Dann sehen wir wieder Menschen, die sich besonders plagen und sind froh, dass es uns selbst besser geht. Einerseits lesen wir bei Cicero, dass es uns hilft, wenn wir akzeptieren, was wir doch nicht ändern können, andererseits hat er aber auch eine generalisierte Lösung, nämlich zu kämpfen: »Die besten Waffen gegen das Alter [...] sind überhaupt die Tugenden und ihre Betätigung. Zu jeder Lebenszeit geübt, bringen sie, wenn man lange gelebt hat, wunderbare Früchte, nicht nur weil sie niemals, nicht einmal in der letzten Lebenszeit, versagen (obwohl das jedenfalls sehr wichtig ist), sondern auch weil das Bewusstsein eines gut gelebten Lebens und die Erinnerung an viele gute Taten höchst angenehm ist.« Zu den sogenannten Tugenden, die er meint, den vier Kardinaltugenden der Antike, zählen: verständig, gerecht, fromm und tapfer zu sein. Ein moralisch einwandfrei gelebtes Leben sei »die beste Waffe gegen das Alter«. Und Moral ist gelebte, angewandte Ethik. Viele Philosophen beschäftigen sich mit Moralphilosophie, von den alten Griechen bis in die heutige Zeit. Allen voran unser großer deutscher Philosoph Immanuel Kant mit seinem kategorischen Imperativ. Bei Friedrich Nietzsche finden wir den zentralen Gedanken der »ewigen Wiederkunft«. Eine Ethik, die uns empfiehlt, so zu leben, dass man eine »ewige Wiederkunft« nicht befürchten muss. Im Zarathustra schreibt er: »Alles geht, alles kommt zurück; ewig rollt das Rad des Seins. Alles stirbt, alles blüht wieder auf, ewig läuft das Jahr des Seins.«

Viele Philosophen sind erst im Alter so richtig zur Höchstform aufgelaufen: Platon, Schüler und Schreiber von Sokrates, schreibt in seinem 81. Lebensjahr seine wichtigsten Texte. Der griechische Tragödiendichter Sophokles (496–406 v. Chr.) schrieb bis ins hohe Alter seine Tragödien. Der griechische Rhetor Isokrates (436–338 v. Chr.) eröffnete 390 v. Chr. in Athen eine Schule für Redner, die das antike Vorbild für die spätere Rhetorik, die Redekunst, beispielgebend wurde. In seinem 94. Lebensjahr veröffentlicht er sein Buch mit dem Titel »Panathenaikos«, seine Altersschrift.

Ein kleiner Ausschnitt aus dem Buch von Isokrates:

> *»Ich glaube allerdings, dass Menschen besser und wertvoller werden können, als sie es von Natur aus sind, wenn sie im Reden Ehrgeiz entwickeln und danach streben würden, Überzeugungskraft bei ihren Zuhörern zu erreichen und außerdem ihren Vorteil wollten, und zwar nicht den, der von Unverständigen dafür gehalten wird, sondern den, der wirklich diese Bedeutung hat. Dass dies aber so ist, werde ich euch, denke ich, schnell aufzeigen können. Zunächst nämlich wird jemand, der es sich zur Aufgabe gemacht hat, Reden zu halten und zu schreiben, die Lob und Anerkennung verdienen, keine ungerechten, unbedeutenden oder privaten Rechtsstreitigkeiten betreffenden Gegenstand zu seinem Thema wählen.* [...] *Er wird*

außerdem unter allen Gegenständen, die sich auf sein Thema beziehen, die passendsten und nützlichsten aussuchen. Wer sich nun daran gewöhnt, sein Augenmerk darauf zu richten und dies zu untersuchen, wird nicht nur für die jeweils aktuelle Rede, sondern auch für all seine anderen Tätigkeiten die gleiche Fähigkeit erwerben. Somit wird sich bei allen wissbegierigen und in der Redekunst ehrgeizigen Menschen die Fähigkeit, gut zu reden und gut zu denken, gleichzeitig einstellen. Wer aber auf andere überzeugend wirken will, wird auch die Tugend nicht vernachlässigen, sondern wird besonders darauf achten, dass er bei seinen Mitbürgern einen möglichst guten Ruf genießt.«

Danach lebt er noch fünf weitere, erfolgreiche Jahre. Sein Lehrmeister Gorgias von Leontini auf Sizilien (490–383 v. Chr.) vollendete 107 Lebensjahre. Cicero berichtet, dass er niemals in seinem Schaffenseifer nachließ. Leontini war davon überzeugt, dass sein langes Leben wahrscheinlich daran liege, dass er keinen Grund habe, das Alter anzuklagen: »Denn nur Dummköpfe lasten ihre Fehler und ihre Schuld dem Alter an.«

Ich möchte Ihnen jetzt noch ein paar interessante andere Aspekte zum Thema Alter von einigen anderen Philosophen vorstellen. Vieles, was wir schon von Cicero gehört haben, kehrt darin wieder. Alle haben vermutlich sehr gut ›ihren‹ Cicero gelesen und verinnerlicht:

Michel de Montaigne, Politiker und Philosoph, gilt in der europäischen Geistesgeschichte als Begründer der philosophisch-literarischen Gattung des Essays. Sein im Jahr 1580 dreibändiges Werk »Essais« war ein totaler Verkaufserfolg. Es gibt eine neue, sehr anregend zu lesende Einführung von Sarah Bakewell im C. H. Beck Verlag mit dem Titel »Wie soll ich leben? oder Das Leben Montaignes in einer Frage und zwanzig Antworten«. Montaigne hatte ein sehr schlimmes Nierenleiden. Es wird berichtet, dass er dieses Leiden mit einer gehörigen Portion Stoizismus ertragen hat. Er hatte sich den wertvollen Grundsatz von Cicero für sein eigenes Leben ausgesucht: »Man muss lernen zu erdulden, was sich nicht vermeiden lässt.« Er ertrug seine schwere Krankheit und war fest davon überzeugt: »Auch Medikamente bieten letztlich keine Linderung. Denn es gibt kein Mittel gegen die Beschwerden des Alters.«

Arthur Schopenhauer teilt das Leben in zwei Abschnitte ein: »Ist sonach der Charakter der ersten Lebenshälfte unbefriedigte Sehnsucht nach Glück, so ist der zweite Besorgnis vor Unglück.« Der zeitgenössische Lebenskunstphilosoph Wilhelm Schmid ist davon überzeugt, dass uns »viel Ärger« jung hält. Von ihm stammt das Zitat: »Ich glaube, dass Menschen viel Ärger brauchen. Menschen reifen nicht dadurch, dass sie sich aufs Sofa setzen und Zeitung lesen und einen Wein dazu trinken und alles stimmt.«

Wir werden immer älter und bleiben dabei immer fitter, aktiver und mobiler. Und das ist doch ein großes Glück. Schon jedes zweite Kind, das heute geboren wird, hat die Chance, 100 Jahre und älter zu werden. Eine heute 75-jährige Frau hat nach den neuesten Erkenntnissen der Altersforschung noch eine Lebenserwartung von über 19 Jahren. Das heißt, sie kann über 94 Jahre alt werden.

Begonnen haben wir mit der Annahme, dass es Cicero viel Spaß machte, seine Gedanken über das Alter in einem kleinen wertvollen Büchlein zusammenzufassen. Er ging sogar soweit, dass er mit der Abfassung seiner Gedanken seine sämtlichen Beschwerden über das Alter und sein schlimmes Schicksal überwinden konnte. Er fühlte sich dabei sehr behaglich und angenehm. Seine Lobpreisung der Philosophie kam zum Ausdruck und dass man mit dieser »Weisheit der Worte« seine gesamte Lebenszeit verbringen könne. Ich glaube zwar nicht ganz ohne Beschwerden, wie er schreibt, aber mit Freude am Leben. So beende ich dieses Kapitel auch mit dem Schlusssatz dieser mir sehr ans Herz gewachsenen, wertvollen kleinen Schrift: »Das war es, was ich über das Alter zu sagen hatte; mögt ihr zu ihm gelangen, damit ihr das, was ihr von mir gehört habt, durch die Erfahrung der Wirklichkeit gutheißen könnt!«

Die Wissenschaft vom fröhlichen Altern

Fröhlich altern? Ist das überhaupt möglich bei allen Beschwerden, die das Alter gewöhnlich so mit sich bringt? Wie ein gesundes, vitales Altern dennoch möglich werden könnte, stelle ich in diesem Kapitel ausführlich dar unter Einbeziehung neuer wissenschaftlicher Erkenntnisse.

Die alternde Gesellschaft und der demografische Wandel beschäftigen Politik, Wirtschaft und viele Institutionen. Die Schader-Stiftung in Darmstadt setzt sich seit einiger Zeit mit dem Thema »Drohender Fachkräftemangel aufgrund der demografischen Entwicklung« auseinander. Reiner Klingholz vom Berlin-Institut für Bevölkerung und Entwicklung prognostiziert einen Verlust von sechs Millionen Arbeitnehmern und Selbstständigen bis zum Jahr 2020 und gleichzeitig einen Anstieg der Zahl der Rentner um fünf Millionen. Dieser Abwärtstrend bei den Beschäftigten könne selbst durch eine bessere Vermittlung von Arbeitslosen, einem späteren Renteneintrittsalter und einer höheren Erwerbsquote von Frauen nicht gestoppt werden. Deutschland müsse unverzüglich und schnellstmöglich dafür sorgen, dass die Quote der Zuwanderung von außen steigt. Gerade wir Älteren sollten uns im Klaren darüber sein, dass eine Zuwanderung mehr Sicherheit auch für die Renten bedeute und sicherstelle, dass genug Pflegekräfte für pflegebedürftige Menschen vorhanden seien.

Ganz zu schweigen von dem schon heute bestehenden Fachkräftemangel. Gerade im Pflegebereich sind wir aktuell sehr dankbar für die vielen neuen Pflegerinnen und Pfleger aus China, die eine sehr gute Ausbildung haben und eine wertvolle Unterstützung bedeuten. Gerade im Gesundheits- und Pflegebereich schlägt der demografische Wandel gleich doppelt zu. Krankenhäuser, Kurkliniken und Pflegedienste konkurrieren untereinander um eine rückläufige Zahl an Arbeitskräften. Andererseits wächst die Zahl alter und pflegebedürftiger Menschen immer mehr. Wie das einmal die Schweiz handhaben will, ist unerklärlich. Im Februar 2014 entschied sich bei einer Volksbefragung über das Problem der Zuwanderung eine hauchdünne Mehrheit dagegen.

Zum Thema »Die Wissenschaft vom fröhlichen Altern« möchte ich einstimmen mit der Vorstellung eines einzigartigen, sehr heiteren Projektes »DIE KUNST ZU ALTERN« des Frankfurter Fotografen Hans Keller. Im September und Oktober 2012 hatte er über 100 Stiftsfrauen des Frankfurter St. Katharinen- und Weißfrauenstifts zu einem Casting (Auswahlverfahren) eingeladen. Gesucht wurden anfangs eigentlich nur 15 bis 20 Frauen. Wegen der unerwarteten großen Anzahl der Bewerberinnen wurden dann aber insgesamt doch 30 Damen ausgewählt, deren individuellen Geschichten den Fotografen Hans Keller und sein Team begeisterten und faszinierten. Die betagten Damen sollten sich als Newcomerinnen weiblicher Schönheit im Alter fühlen. Alle sehen auch ohne Visagistin viel jünger aus, als sie tatsächlich sind. Doch das ist heutzutage nichts Ungewöhnliches. Zum Fototermin brachten sie ihre eigene Kleidung mit. Das Fotoshooting war auf gut eine Woche angesetzt und wurde zu einem herausragenden, unvergesslichen Erlebnis für die Frankfurter Stiftsfrauen, die zwischen 60 und 101 Jahre alt sind. Die wirklich sehenswerten Bilder dieser Fotosession können Sie sich auf der Homepage des Fotografen ansehen: *blog.hanskeller.com/2013/10/die-kunst-zu-altern-dkza/*

Weiterhin hat mich auch der Roman »Ein liebender Mann« von Martin Walser (*1927) über den alternden Goethe als Protagonisten sehr fasziniert und inspiriert. In einem Interview und insbesondere auf den alternden Goethe in diesem Roman angesprochen, sagte Walser: »Die Fähigkeit, etwas schön finden zu können, ist die wichtigste Fähigkeit überhaupt.« Und das ist in der Tat für uns ältere Menschen eine außerordentlich wichtige Tatsache. Walser meinte das sicher nicht nur in Bezug auf Goethe, der sich im Alter von 74 Jahren in die 19-jährige Ulrike von Levetzow verliebte, sondern ganz allgemein bezogen auf ältere Menschen, die glauben, sich für nichts mehr begeistern zu können. Walser schreibt, dass Goethe sehr stolz darauf war, »noch so viel intus zu haben, dass es zum Sichverlieben reicht«. Goethe fühlte sich in Gesellschaft dieser jungen Frau besonders wohl. Er zeigte sich überall mit ihr und es war ihm völlig egal, was die Leute dachten und tuschelten.

»Schön ist alles, was man mit Liebe betrachtet. Je mehr jemand die Welt liebt, desto schöner wird er sie finden.« Dieses Zitat passt so wunderbar zu dem zuvor beschriebenen »etwas schön finden«. Und es wird noch wertvoller, wenn Sie erfahren, von wem es ist: von Christian Morgenstern (1871–1914), der selbst gewiss kein leichtes Leben hatte. Als er zehn Jahre alt war, starb seine Mutter. Sein Vater hat ihn einem Onkel in Hamburg zur Erziehung anvertraut, unter dem er sehr litt. Er kam dann in ein Internat nach Landshut, in dem noch die Prügelstrafe angewendet wurde. Es ist unglaublich, welche Schaffenskraft Morgenstern aufbrachte in seinem kurzen Leben. Sein Werkregister ist seitenlang. Er verstarb schon mit 43 Jahren, wahrscheinlich hatte er sich bei seiner Mutter angesteckt, die 1881 an Tuberkulose gestorben war.

Eine aktuelle psychologische Studie weist tatsächlich darauf hin, dass ältere und alte Menschen mit der ausgeprägten Fähigkeit, etwas besonders schön zu finden, im Sinne von Staunen, Überraschtsein, und sich für etwas zu begeistern, eine höhere Wahrscheinlichkeit haben, gesund zu altern, als die ewigen Nörgler und Empörten.

Der amerikanische Philosoph Michael Sandel zählte einmal auf, was man sich heutzutage alles für Geld kaufen kann: Wartezeitverkürzung in Schlangen, Rechte zur Luftverschmutzung, Alibis für Seitensprünge; in den USA, dem Land der unbegrenzten Möglichkeiten, gibt es sogar eine exklusive Erlaubnis zur Benutzung der Überholspur in Staus. Der Stuttgarter Philosoph Felix Heidenreich hält dagegen, was man für Geld tatsächlich (noch) nicht kaufen kann: Gerichtsentscheidungen, Transplantationsorgane, Bildungsabschlüsse, akademische Grade, Wählerstimmen und ewige Jugend – auch wenn einige Schönheitschirurgen uns das glauben machen möchten. Geld hat eben doch (noch) nicht oder Gott sei Dank nicht diese fast schon gewalttätige Allmacht.

Einige deutsche Universitäten boten im Sommer 2013 Ringvorlesungen an zum Thema »Abenteuer Alter(n)«. Ich frage mich, ist altern tatsächlich ein so großes Abenteuer? Was ist eigentlich ein Abenteuer? Für solche Fragen schaue ich immer im »Deutschen Wörterbuch« der Brüder Jacob und Wilhelm Grimm nach. Dort kann man lesen, dass ein Abenteuer verknüpft ist mit der Vorstellung eines »ungewöhnlichen, seltsamen, unsicheren Ereignis oder Wagnis«. Doch was hat das mit dem Altern zu tun? Ist nicht unser ganzes Leben ein unsicheres Ereignis oder Wagnis? Gerade im Alter ist man doch eher nicht mehr dazu bereit, allzu viele große Abenteuer einzugehen. Alles hat schließlich seine Zeit. Die Zeit der großen Wagnisse und Risiken ist bei den meisten älteren Menschen vorüber. Ein Risiko einzugehen heißt, bereit zu sein oder zu ertragen, dass es anders kommen kann als erwartet. Das kann man auch im Alter noch. Warum nicht? Gezielte Risiken auf sich zu nehmen gehört zu jedem Lebensabschnitt dazu. Doch je älter man wird, desto sorgfältiger überlegt man, wägt man ab und befragt seine Lebenserfahrung, ob man bereit ist, das eine oder andere Risiko doch noch einzugehen oder nicht. Das ist auch ein großer Vorteil des Alters. Dass das so ist, haben wir bei Cicero schon im vorigen Kapitel lesen können: »Der reife Mensch gelange zu einer Altersweisheit, die er würdevoll mit Ruhe und Gelassenheit ausleben kann. Vorausgesetzt, der Mensch wird nicht arm und krank.«

Sehr oft stelle ich fest, und das nicht ausschließlich bei älteren Menschen, dass sich einige regelrecht einen Sport daraus machen, sich über alles heftig zu empören. Dazu möchte ich wieder Friedrich Nietzsche zu Wort kommen lassen. In seinem Aufsatz »Über Lüge und Wahrheit im außermoralischen Sinne« schreibt er, dass Menschen, die sich ständig empören, eine geradezu fatale Neigung dazu entwickeln. Sie merken bei all ihrer Empörung überhaupt nicht, wie viel Interessantes ihnen entgeht. Manchmal möchte ich die Nachrichten in Radio und Fernsehen schon nicht mehr anhören und anschauen. Aufwiegelnder Journalismus scheint modern geworden zu sein. Am schlimmsten finde ich dann noch die Kommentare von irgendwelchen Redakteuren. Und wie gut man mit »Empörung« auch noch Geld verdienen kann, zeigte im Jahr 2010 Stéphane Hessel, 1917 in Berlin geboren und 2013 in Paris gestorben, mit seinem Essay »Empört euch« (»Indignez vous«). Hessel war bekannt für seine harsche Kritik an den meisten politischen Entwicklungen. Selbst als 93-Jähriger ruft er noch zum totalen Widerstand auf. Das kleine Büchlein hat nur 32 Seiten. Es wurde in viele Sprachen übersetzt und hat auf der ganzen Welt reißenden Absatz gefunden. Protestbewegungen in Spanien, Griechenland, Frankreich und Portugal gegen die Folgen der Finanzkrise berufen sich auf Hessel. Die Occupy-Bewegung hatte ihren Protagonisten gefunden. Das kleine Büchlein erreichte in kürzester Zeit wahnsinnig hohe Auflagen und machte seinen Autor sicher sehr reich, und das im hohen Alter von 93 Jahren.

Vieles von dem, was ich beschreibe, stammt aus Vorlesungen von Frieder Lang, Professor am Institut für Psychogerontologie und Biomedizin des Alterns an der Universität Erlangen-Nürnberg. Unter Gerontologie, aus griechisch »géron«, der Greis und »lógos«, die Lehre, versteht man die Wissenschaft vom Altern oder anders ausgedrückt die Alters- und Alternswissenschaft. Ich nenne es positiv die »fröhliche Alternswissenschaft« und meine damit die sehr individuelle Auseinandersetzung eines jeden einzelnen von uns und was er selbst dazu beitragen kann, dass er schön und gut gelingend altern kann. Sie merken schon, das klingt wieder sehr nach einer Aufgabe. Allerdings werden wir noch sehen, dass es bereits eine gelingende Aufgabe sein kann, wenn wir nur einiges dabei beachten und auch selbst genügend dafür tun.

Der andere Bereich, die Geriatrie, die Alters- oder Altenmedizin bzw. -heilkunde, ist die Lehre von den Krankheiten des alternden Menschen. Dies betrifft vor allem Probleme aus den Bereichen der inneren Medizin, der Orthopädie, Neurologie und Psychiatrie (Gerontopsychiatrie). Darauf kann ich nicht weiter eingehen.

Noch nicht allzu lange gibt es nun einen neuen Fachbereich: die Psychogerontologie. Die Psychologie beschäftigt sich mit der Seele, dem Gemüt eines Menschen, erklärt das Erleben und Verhalten und alle die dafür maßgeblichen inneren und äußeren Ursachen und Bedingungen. Und hier mit dem besonderen Augenmerk auf der psychologischen Alters- und Alternswissenschaft.

Schauen wir uns an, wie Risiken und Chancen eines langen Lebens verteilt sind, was die demografische Entwicklung für den Alternsbegriff bedeutet und wie das Altern wirklich gelingen kann. Was können oder besser müssen wir dafür tun, um gelingend zu altern und Demenz, Alzheimer und Gebrechlichkeiten zu entgehen? Und was hat das alles mit unserem Kopf zu tun – wie denken wir unser Alter?

In der Psychologie des Alterns gibt es zwei grundverschiedene Diskurse. Einmal den der Alternswissenschaft: Er handelt davon, wie wir schön, gut und gelingend fröhlich altern und was wir selbst dafür tun können. Auf der anderen Seite steht das kränkliche Altern. Da geht es in erster Linie um die generelle Frage: Kann ich denn überhaupt etwas gegen altersbedingte Krankheiten und insbesondere gegen die gefürchtete Demenz tun? Prof. Lang ist der Ansicht, dass gerade bei dieser Frage sehr viel Panik und Stimmung gemacht und vieles übertrieben wird.

Außerordentlich wichtig ist, wie wir selbst über das Altern denken. Natürlich bedeutet Altern Verluste. Mit zunehmendem Alter wird das Gehirn weniger stark durchblutet, es erfolgt eine reduzierte Sauerstoffversorgung, die Merkfähigkeit im Kurzzeitgedächtnis ist nicht mehr wie früher und alles geht ein bisschen langsamer. Dennoch birgt das Alter auch eine Menge Chancen auf Gewinne und Wachstum. Das haben wir im vorigen Kapitel bei Cicero gehört. Die moderne Psychologie betrachtet Altern als eine Dynamik, als Zusammenspiel von Gewinnen und Verlusten. In der Biologie und Biochemie bedeutet Altern Degeneration. Der Biologe unterscheidet nicht zwischen degenerativen Prozessen und Alternsprozessen. Deshalb wird in der Gerontologie von Alternsprozessen gesprochen, wenn Degeneration gemeint ist. Ein Prozess, der beides enthält: zum Beispiel Schmerzen am Bein und klare Erkenntnisse im Kopf, ein schlechtes Gedächtnis und gleichzeitig auf der anderen Seite das klare Erkennen von Zusammenhängen. Beides ist möglich und nötig! Vieles kann kompensiert werden. Auch mit einer großen Lebenserfahrung, die unser Gehirn gespeichert hat, und das ist der Vorteil im Alter: Dann können für viele Bereiche Musterlösungen abgefragt werden, die sich Jüngere erst noch mühsam erarbeiten müssen.

Welche eigenen Erfahrungen prägen uns beim Altern? Wie und was wir über das Alter denken, prägt und beeinflusst die Richtung und den Verlauf unseres eigenen Alterns. Das, was wir tatsächlich über unser Alter denken, gepaart mit unserer Lebenserfahrung, prägt unser Altern ganz entscheidend. Was wir für wahr und richtig halten aufgrund unserer Erfahrungen und Erkenntnisse eines langen Lebens, tun wir dann auch.

Wie beeinflussen diese Erfahrungen und Erkenntnisse den Verlauf und die Richtung unseres eigenen Alterns? Wir sollten uns auch einmal klar machen, dass Altern eine individuelle, biografische Einzelleistung ist. Natürlich aber auch eine gesellschaftliche Errungenschaft. Ich denke dabei vor allem an die Leistungen der Medizin, der Hygiene und der Ernährung. Wenn wir alt werden, vergessen wir meistens, dass wir auch schon eine Menge dafür getan haben und vielleicht gerade deshalb ein längere Zeitspanne erreicht haben. Das verstehe ich als eine individuelle, biografische Leistung. Es ist schon eine Leistung, die ersten sechs Jahre des Lebens zu bewältigen, es ist auch eine Leistung, die ersten 14 Jahre zu meistern. Wie viel größer ist dann erst die Leistung, wenn wir zum Beispiel erst einmal 70 oder 80 Jahre überstanden haben. Und wenn es eine biografische Leistung ist, alt zu werden, dann ist es auch zugleich eine gesellschaftliche Leistung. Das ist eine Prämisse, die sich recht gut empirisch belegen lässt. Dazu müssen wir verstehen, dass der Leistungsbegriff in der Psychologie immer die Frage danach stellt, woher die Leistung überhaupt kommt. Vier Quellen gehören unbedingt zum Altwerden: die genetische Ausstattung, die eigene Anstrengung, ein Quäntchen Glück und viele gute Beziehungen. Mit genetischer Ausstattung meine ich die Merkmale und Weitergabe von Erbanlagen von Eltern und Großeltern. Die Anstrengung hängt auch maßgeblich damit zusammen, wie wir von Jugend an gelebt haben und bis heute leben. Cicero war davon überzeugt, dass die Gründe für die meisten Krankheiten im Alter mit einer schlechten Lebensweise zu erklären sind. Erfolgreich altern könne man nur, wenn der Grundstein dazu in der Jugend gelegt werde. Mit dem Glück ist das so eine Sache. Wenn Glück sehr individuell ist, müssen wir für unser eigenes Glück auch einiges tun. Epikur meint allerdings, dass man Glück nur mit anderen zusammen erfahren kann: »Das höchste Glück sollte nicht in einsamer Zurückgezogenheit, sondern im gemeinsamen Philosophieren gefunden werden.« Manche ältere Menschen haben Kommunikationsprobleme und tun sich schwer, neue Beziehungen anzuknüpfen. Da wird oft auch von »Alterseinsamkeit« gesprochen. Dem einen fällt es vielleicht etwas leichter, der andere tut sich schwerer. Aber dafür gibt es heute viele soziale Netzwerke wie Seniorenvereinigungen, Seniorenstudiengänge und Vereine wie die Akademie 55plus in Darmstadt.

Wie die individuellen und hauptsächlich die gesellschaftlichen Perspektiven des Alterns zusammenspielen, kann man sehr gut an einem Beispiel verdeutlichen: Die Lebenserwartung in der DDR war Ende 1989 zur Zeit des Mauerfalls etwa sieben Jahre kürzer als die in der BRD. Diese

Lebenswartung hat sich innerhalb der letzten 20 Jahren angeglichen. Sie ist in der ehemaligen DDR, in den neuen Bundesländern, in dieser enorm kurzen Zeit gleich geworden. Ein Mensch, der im Jahr 1990 60 Jahre alt war, hat diesen Effekt gespürt. Die Lebenserwartung hat sich bei den 70- und 80-Jährigen in der DDR zum Zeitpunkt der Wiedervereinigung an das Niveau Westdeutschlands angeglichen. Wer 1990 zum Beispiel in Halle an der Saale gelebt hat, hat sieben Jahre Lebenszeit dazugewonnen seit der Wiedervereinigung.

Was vor allem in der Psychologie besonders interessiert, ist, wie können altersbedingte Verluste behandelt werden. Das wurde in einer groß angelegten Studie in Berlin in den 1990er-Jahren untersucht. Die Studie bestand darin, dass über den Zeitraum von vier Jahren eine sehr große Gruppe von älteren Menschen aus dem ehemaligen West-Berlin an langen, sehr umfangreichen Untersuchungen teilnahm, die fast alle Bereiche des Lebens abdeckten: von der ärztlichen Untersuchung bis hin zu detaillierten Fragen über den Lebenslauf. Eine entscheidende Frage bei dieser Untersuchung lautete: Wie gehen Sie mit Alltagsaufgaben um? Diese Alltagsaufgaben wurden »adaptive Kompetenz« genannt. Wenn von dieser Anpassungskompetenz im Alter gesprochen wurde, unterschied man im Wesentlichen drei Strategien in einem sogenannten SOK-Modell: Ganz vorn steht die Selektion (S), indem wir uns strikt auf das Wichtigste konzentrieren. Die zweite Strategie ist die Optimierung (O), wir verbessern das, was wir wirklich noch richtig gut können und drittens: wir kompensieren (K). Im körperlichen Bereich bedeutet letzteres mit Sicherheit eine Brille, wenn wir nicht mehr so gut sehen können oder wir schreiben uns mehr auf, wenn wir uns alles nicht mehr so gut merken können, weil das Kurzzeitgedächtnis nachlässt. Mit anderen Worten: Wir gleichen aus, was wir an Fähigkeiten verloren haben. Mit diesen drei Anpassungskompetenzen können wir im Alterungsprozess ständig nachjustieren und ausgleichen, was verloren geht. Ein interessantes Beispiel ist der große Pianist Arthur Rubinstein (1887–1982), der im fortgeschrittenen Alter genau auf diese drei Faktoren baute: Er selektierte sorgfältig, indem er sein zuvor riesiges Repertoire verringerte, er optimierte, indem er noch mehr übte als früher und er kompensierte für seine Zuhörer fast unbemerkt, wenn er manche Passagen etwas langsamer anging, weil er sie nicht mehr so schnell spielen konnte.

Es hängt im hohen Maße davon ab, wie jemand auch schon in seinem bisherigen Leben seine Möglichkeiten ausgeschöpft hat. Das war genau das Ergebnis, das dabei herauskam. Man konnte zwei Gruppen unterscheiden. Zu den einen gehörten die Menschen, die bisher wenig Ressourcen hatten, zur anderen diejenigen mit vielen Ressourcen. Diejenigen, die viele Ressourcen hatten, haben über den Zeitraum von einigen wenigen Jahren ihre Fähigkeiten genutzt und eingesetzt, um ihren Alltag so zu gestalten, dass sie daraus noch mehr Kompetenz ziehen konnten. Also auch noch im Alter von 70, 80, 90 Jahren, denn das war auch der Altersbereich, aus dem die Teilnehmer dieser Studie ausgewählt wurden. Die meisten von ihnen konnten noch erhebliche Gewinne verbuchen. Der Ressourcenbegriff wurde nicht auf die eigenen, von der Natur gegebenen Talente bezogen, sondern nur auf solche Fähigkeiten, die sich im Laufe des erwachsenen Alterns wirklich mehren lassen. In erster Linie lag der Fokus auf den Persönlichkeitsaspekten. Ressourcen wie Gelassenheit, Freundlichkeit, Höflichkeit oder Toleranz gegenüber seinen Mitmenschen oder die Fähigkeit, leicht soziale Kontakte und Netze aufzubauen. Wir können davon ausgehen, dass durch das Maß, in dem man diese Ressourcen mehrt, es tatsächlich auch zu einer verbesserten Anpassungsfähigkeit lebenslang kommt.

Dazu möchte ich eine Bibelstelle zitieren, die in einem Satz zusammenfasst, was gemeint ist. Im Matthäus-Evangelium Kap. 25,26–30 heißt es: »Jedem, der hat, wird gegeben, und er wird Überfluss haben, wer aber nicht hat, dem wird auch das, was er hat, genommen werden.« Für mich ist dieses Gleichnis typisch für gelingendes Altern. Es zeigt, welche große Rolle es spielt, wie wir uns psychologisch auf das Alter vorbereiten, was wir im Laufe unseres Lebens aus unseren Ressourcen machen. Das, was wir mitbekommen oder während eines langen Lebens erfahren haben.

Es gibt eine schöne Anekdote, die ich einmal irgendwo gehört habe und bei meinen Vorträgen immer wieder erzähle: »Sitzen drei Damen, 70, 80 und 90 Jahre alt, zusammen und spielen Karten. Sagt die Jüngste: ›Wisst ihr, wenn ich manchmal einkaufen gehe und im Laden stehe, weiß ich nicht mehr, was ich kaufen wollte und das, was ich dann kaufe, habe ich noch gehabt. Also wenn man alt wird …‹ Sagt die 80-Jährige: ›Ja, ja. Manchmal stehe ich im Flur und habe den Mantel an und weiß nicht mehr: Bin ich gerade gekommen oder wollte ich erst gehen?‹ Sagt die Älteste: ›Bei mir ist es ganz anders, ich behalte noch alles.‹ Die Greisin klopft dreimal auf den Tisch: ›Toi, toi, toi. Mann, bin ich froh darüber, dass ich das alles noch nicht habe. Würde eine von euch mal an der Tür schauen. Ich glaube, es hat gerade jemand geklopft.«

Natürlich gibt es nicht nur positive Nachrichten. Es ist nicht alles nur verbesserbar. Fröhlich altern ist möglich, aber mit einiger Mühe verbunden. Es gibt auch Tatsachen, die sich nicht leugnen lassen, die zugleich in dieses Bild miteinbezogen werden müssen. Sie beziehen sich auf alle menschlichen

Bereiche, auf die gesundheitlichen, körperlichen, geistigen, psychischen und sozialen Verluste des Alterns. Eben solche Verluste, die das Leben so mit sich bringt und die vieles verändern, so dass das, was bisher möglich war, nie mehr oder nur eingeschränkt möglich sein wird. Eine aktuelle Statistik zeigt, dass es praktisch keinen Menschen über 70 Jahre gibt, der nicht mindestens eine ärztlich diagnostizierte Krankheit hat. Und die meisten Menschen, ungefähr 95 Prozent in diesem Alter, haben mindestens fünf ärztlich diagnostizierte Erkrankungen. Fast alle nehmen Medikamente, die sie von ihrem Arzt verschrieben bekommen haben, aber auch solche, die sie in Apothekenzeitschriften lesen und ohne Rezept kaufen. Dazu gehören auch die viel beworbenen Nahrungsergänzungsmittel. Viele selbst verordnete Medikamente sind oft nicht abgestellt auf das Alter und haben ungewollte Wechselwirkungen mit anderen vom Arzt verschriebenen Mitteln. Oft hat der Besuch bei mehreren Ärzten und Fachärzten zur Folge, dass der eine nichts davon weiß, was der andere verschrieben hat. Deshalb fordern auch immer mehr Mediziner die Einführung einer Gesundheitskarte, auf der alle Daten verzeichnet sind und die der Patient bei jedem Besuch vorlegen muss.

An dieser Stelle möchte ich Sie aufmerksam machen auf das Buch »Die verlorene Kunst des Heilens«. Ein hochinteressantes und auch für medizinische Laien äußerst gut zu lesendes und leicht verständliches Buch von Bernard Lown, Professor der Kardiologie an der Harvard Medical School. Lown ist Jahrgang 1921, also selbst schon über 90 Jahre alt. Er hat seinen Arztkollegen eine sogenannte Anleitung zum Umdenken ins Stammbuch geschrieben. Die FAZ rezensiert: »Dieses Buch gehört zum Besten, was zum Thema Krankheit und Medizin zu lesen ist.« Prof. Lown, wie gesagt selbst schon in einem fast biblischen Alter, kritisiert, dass im ärztlichen Alltag die Kunst des Zuhörens zugunsten von MRT und

Kernspintomografen in den Hintergrund tritt. Jungen Ärzten gibt er mit auf den Weg, dass ein Arzt vor allen Dingen zum Zuhören erzogen werden muss, um erfolgreich heilen zu können. Wenn man wirklich jenen, die krank seien, helfen wolle, dann müsse man auch ihre belastenden Lebensumstände aufdecken. Dazu gehören nach Lown auch häusliche Probleme, Arbeitsprobleme und vor allem psychische Konflikte. Das gehe nur, wenn ein ausführliches Arzt-Patient-Gespräch stattfinde und nicht ein Kurzverhör mit geschlossenen Fragen, bei denen der Patient nur mit »ja« und »nein« antworten könne. Lown schreibt, unter den Ärzten kursiere ein zynischer Aphorismus: »Wenn alles andere versagt, dann unterhalte dich mit dem Patienten.« Gerade in der Geriatrie gibt es Erkrankungen, die erhebliche Belastungen bedeuten und den Menschen in besonderer Weise beschäftigen. Darüber müssen sich Patient und Arzt in einem persönlichen Gespräch auseinandersetzen. Eine Statistik beschäftigt sich auch mit dem traurigen Thema Alkoholabhängigkeit im Alter. In Deutschland sind 23 Prozent aller Männer und acht Prozent der Frauen über 65 Jahren alkoholsüchtig. Die Dunkelziffer mag dabei noch viel höher sein.

Das Risiko, an einer Demenz zu erkranken, steigt mit dem Lebensalter. Aber zugleich nicht in so hohem Maße, dass es gerechtfertigt wäre, davon zu sprechen, dass der Mensch nur lang genug leben müsse, um dement oder gebrechlich zu werden. Es ist keineswegs so, dass Demenz ein Schicksal des Alterns ist. Ständig erscheinen neue Forschungsergebnisse. Dennoch ist Prof. Lang der Ansicht, dass der große Durchbruch in absehbarer Zeit leider nicht zu erwarten ist. Äußerst positiv ist jedoch, dass es eine Menge Möglichkeiten gibt, diesen Prozess, der zu Alterskrankheiten führt, zu verschieben, zu verzögern und zeitlich hinauszuziehen. Und ganz entscheidend ist wohl der Zeitpunkt, an dem man damit beginnt. Je früher, desto besser.

Die drei wichtigsten Möglichkeiten und Maßnahmen, die wir leicht selbst durchführen können und für die wir in den meisten Fällen nicht einmal einen Arzt oder Apotheker brauchen, lauten: BEB. »B« steht für Bewegung, »E« für Ernährung und das zweite große »B« für Beziehungen. Prof. Wolf-Dieter Oswald ist sich relativ sicher, dass diese drei Dinge das Altern und insbesondere die krankhaften Seiten des Alterns hinauszögern. Oswald leitet die Forschungsgruppe Prävention & Demenz am Institut für Psychogerontologie der Universität Erlangen-Nürnberg. Er erforschte, dass gerade die gelungene Kombination von diesen drei Mitteln das Alter erheblich hinauszögern kann. Über den gesamten Lebenslauf hin betrachtet, kann man ganz einfach feststellen, wo die Risiken liegen. Es ist wahrlich ein Glück, alt zu werden oder schon älter zu sein, weil man mehr Chancen hat als in jüngeren Lebensjahren. Dort können wir vieles falsch machen, aber weniges richtig. Im Alter können wir wenig falsch machen, aber vieles richtig.

Wie können wir uns schützen? Es geht beim Schutz vor allem um das Vorbeugen. Darum, wie wir Bedingungen herstellen, die uns vor der gefürchteten Demenz schützen oder diese zumindest hinauszögern können. Wie zuvor schon erwähnt, kennt die Wissenschaft noch kein Patentrezept, wie man Demenz mit 100-prozentiger Sicherheit ausschließen kann, sodass jemand, der sich gesund ernährt, gute Beziehungen pflegt und sich richtig bewegt, dann auch nicht dement wird. Aber Oswald sagt auch, dass ziemlich genau feststehe, dass diese drei Dinge zusammen wesentlich dazu beitrügen, dass man kaum oder nicht oder vielleicht auch erst später im Leben dement werde. Der Effekt dieser drei Maßnahmen zusammen liege um ein Vielfaches höher als alle bisher bekannten pharmazeutischen Therapien. Menschen, die sich bis ins hohe Alter immer wieder neuen Ideen zuwenden, die sich bis zur Euphorie für neue Dinge gewinnen lassen, »werden nur selten von einer Demenz heimgesucht«.

Eine ganz simple, sehr praktische Empfehlung gibt der Butzbacher Arzt Dr. Bernhard Stier: Wenigstens einmal jeden Tag mit anderen Menschen zusammen herzhaft zu lachen, bewirke wahre Wunder. Dadurch würden so viele Endorphine (Glückshormone) ausgeschüttet, dass sich das Alter leichter ertragen ließe. Dazu muss man freilich unter Menschen gehen und nicht ganz zurückgezogen leben. Aber auch das muss man erst einmal wollen. Einen Versuch ist es wenigstens wert. Und wenn man dabei erfolgreich ist, möchte man davon immer mehr.

Die Chancen und Risiken aus der Sicht der psychologischen Alternsforschung haben viel damit zu tun, welche Einstellungen und welches Denken wir über das Alter pflegen. Das ist die Geheimwaffe, die vielleicht noch vor Prävention und Vorbeugung liegt. In welcher Weise hängen persönliche Einstellungen vom Wissen über das Alter ab? Davon, wie wir über das Alter und uns selbst denken. Es gibt da auch wieder eine Studie, die genau diese Frage untersucht hat. Sie wurde an der Yale Universität durchgeführt, eine der renommiertesten Universitäten der Welt und die drittälteste Hochschule der Vereinigten Staaten. Die Studie ist bereits zum Klassiker geworden, obwohl sie erst fünf bis sechs Jahre alt ist. Es wurden 560 erwachsene Menschen über einen Zeitraum von 23 Jahren untersucht. Menschen im Alter zwischen 50 und 94 Jahren. Alle befanden sich also schon zu Beginn der Studie in der zweiten Lebenshälfte und ihnen wurden ganz einfach zwei Fragen gestellt: Wie denken Sie über Ihr Alter? Wie zufrieden sind Sie mit Ihrem eigenen Alter? Da gab es Menschen, die hatten recht positive Einstellungen zu ihrem eigenen Alter und es gab andere, die hatten eher eine negative Einstellung und erhebliche Angst davor. Allein durch die Einstellungen konnte man vorhersagen, wer länger leben würde.

Der Unterschied machte fast sieben Jahre aus. Wenn es uns also gelingt, noch ein bisschen mehr von der fröhlichen Seite für uns selbst zu gewinnen, wenn wir täglich trainieren neugierig und optimistisch zu sein, könnten wir sieben Jahre länger leben. Aber natürlich muss man bei dieser Annahme sehr vorsichtig sein. Der Befund lässt völlig offen, woher die Einstellungen kommen. Wer von den Probanden unter welchen Bedingungen und vor allem warum er zu positiven oder negativen Einschätzungen kam. Obwohl bei der Befragung die gesundheitlichen Lebensbedingungen und Randbedingungen mit einbezogen wurden. Nicht erfasst hatte man, woher das Wissen und die Bereitschaft, sich überzeugen zu lassen, kommen. Dem gehen die beiden Professoren Lang und Oswald mit ihren Studenten und Mitarbeitern weiterhin nach. In einer repräsentativen Studie haben sie Menschen gefragt, wie alt sie sich fühlen. Je älter die befragten Menschen waren, umso höher war die Differenz zwischen dem tatsächlichen Alter und dem gefühlten Alter. Besonders interessant wird es, sagt Prof. Lang, wenn man die Menschen fragt, wie alt sie denn gerne wären. Dabei stellt sich nämlich heraus, dass diese Frage bei den jungen Erwachsenen kaum eine andere Antwort erzeugt als bei älteren Menschen. Je älter wir sind, umso mehr wünschen wir uns, jünger zu sein. Aber eher verblüffend ist, dass sich niemand wünscht, noch mal 30 zu sein, wenn er erst mal die 30 überschritten hat. Es wird deutlich, dass individuelles Alterserleben nicht immer deckungsgleich ist mit dem, wie es gesellschaftlich gesehen wird. Lang wollte herausbekommen, woher dieses Denken stammt. Er sagt, sein Team wollte verstehen, wann sich Menschen willig ihrer Altersgruppe zugehörig fühlen und positiv mit dieser Identifizierung leben. Es geht einfach nur darum, wie das ist, wenn man die Leute fragt: »Wie sehr fühlen Sie sich den Menschen ihres Alters zugehörig?« Dann sieht man etwas, das man schon aus dem Alltag kennt: Die meisten älteren Menschen sagen, ich habe nichts mit diesen alten Leuten zu tun. Die sind ja alle so alt. Ich doch nicht. Jetzt ist die Frage, was können wir denn tun, um doch noch eine positive Identifikation mit dem Alter zu erreichen. Das ist im Prinzip ganz einfach! Dieselbe Frage wurde mit einer anderen Formulierung gestellt, also nicht: »Wie sehr fühlen Sie sich den Menschen Ihres Alters zugehörig?«, sondern: »Wie sehr fühlen Sie sich den Menschen Ihrer Generation zugehörig?«. Natürlich ist Generation nicht das Gleiche wie Alter, aber Lang wollte verstehen, woher die Unterschiede kommen und was hinter dem Generationenbegriff steckt. Beim Begriff Generation zeigte sich, dass damit ganz besondere Dinge verbunden werden, die eher positiv identifiziert werden mit den Fähigkeiten und Anstrengungen des eigenen Lebens. Das, was man gemeinsam gemeistert hat im Leben, was man auch in früheren Zeiten bewältigt hat. Und mit den Menschen gleichen Alters verbinden ältere Menschen eher Risiken, Hoffnungen oder auch Sorgen.

Nicht nur in Deutschland beginnen heutzutage viele junge Menschen in jungen und mittleren Jahren über das Alter nachzudenken. Auch über die Fragen des Lebensendes. Meistens geht es darum, wie man das Schicksal in die eigene Hand nehmen kann. Es geht offensichtlich um Eigenverantwortung und Selbstbestimmung als eine Tugend des Alterns. Prof. Lang formuliert das so: »Ich glaube, dass, wenn Menschen alt werden, wir das vor allem stärker als Leistung sehen müssen, dass wir der Vielfalt Herr werden können, wenn wir über die guten und krankhaften Seiten des Alterns sprechen und es geht eben auch darum, besser zu verstehen, wie diese positiv erlebte Eigenverantwortung und Selbstbestimmung, die jeder fühlt und haben möchte im Alter, weiter ausgebaut und entwickelt werden kann. Wir haben erste Befunde, die zeigen, dass das im Prinzip möglich ist. Wobei wir aber daran denken müssen, dass die Forderung nach Prävention nicht einfach einen Appell darstellt. Die Vorbeugung ist das, was die guten und positiven Bedingungen des Alterns überhaupt erst herstellen. Und erst über die vorbeugenden Maßnahmen wird das Altern möglich. Zugleich wissen wir, es ist nie zu spät für diese Prävention. Aber was wir nicht wissen, wo wir erst am Anfang sind, ist, welche Mechanismen sind es eigentlich genau, die in unseren Köpfen dazu führen, dass wir das Altern positiv erleben wollen.«

Die Psychologie des Alterns behandelt die Vielfalt des Alterns, die guten wie die krankhaften Veränderungen. Ziel ist es zu klären, wie Menschen sich zu einer positiv erlebten Eigenverantwortung und Selbstbestimmung im Alter hin entwickeln. Prävention ist die aktive, gestaltbare Bedingung eines guten Alterns. Chancen und Risiken aus der Sicht der psychologischen Alternsforschung haben viel damit zu tun, wie wir uns selbst darauf einstellen, wie wir Einstellungen und Denken über das Alter pflegen. Wissenschaftler sind sich relativ sicher, dass hauptsächlich drei Dinge das Altern und insbesondere die krankhaften Seiten des Alterns hinauszögern: Bewegung, Ernährung und gute Beziehungen. Andreas Lebert, Chefredakteur von »ZEIT WISSEN« fasst das wichtige Thema Bewegung meines Erachtens in einem Satz sehr gut zusammen: »Bewegung wirkt wie eine hochdosierte Arznei. Jede körperliche Anstrengung setzt Kaskaden physiologischer Abläufe in Gang. Bewegung verlängert das Leben, schützt vor Krankheiten, kann sie auch heilen, sogar schwere.« Natürlich spielt beim Altwerden auch die genetische Ausstattung eine nicht unerhebliche Rolle. Oft schauen wir auf Vater und Mutter und sogar auf Generationen davor, wie alt sie geworden sind. Ich bin mir dennoch sehr sicher, dass es trotzdem nicht ganz ohne eigenes Zutun gelingt, also ein bisschen müssen wir uns schon anstrengen. Und zu diesem

Rezept fügen wir noch etwas Glück hinzu. Wenn wir jedoch ein Fazit aus allem ziehen, dann ist es die richtige Einstellung zum Alter und Altern und die sollte in jedem Fall fröhlich sein. Jeder, auch der kleinste Schritt in diese richtige Richtung kann nur positiv sein und wird bestimmt helfen.

Mein Buch schließe ich ab mit dem Gedicht »Vergebliche Mühe« von Eugen Roth (1895–1976):

Ein Mensch, der willens, lang zu leben,
beschließt dem Tod zu widerstreben
und a) durch strenges Selbstbelauern
die Krisenzeit zu überdauern
und b) zu hindern die Vermorschung
durch wissenschaftlich ernste Forschung.
Zu letzterem Zwecke wird bezogen
ein Horoskop beim Astrologen
um nicht bezüglich der Planeten
in eine falsche Bahn zu treten.
Ist so gebannt Saturnens Kraft,
hilft weiterhin die Turnerschaft
die Rümpfe rollend, Kniee beugend
ganz zweifellos wirkt kräftezeugend.
Die Rohkost birgt das Vitamin;
Wein und Tabak – er gibt sie hin.
Auch gilt's den Vorrat an Hormonen
in reifem Alter streng zu schonen.
So braut er sich den Lebenssaft
aus gekochter Wissenschaft. Ein Mensch,
wie dieser, muss auf Erden unfehlbar
hundertjährig werden.
Das Schicksal aber, das nicht muss,
macht unversehens mit ihm Schluss.

Epilog

Im Nachwort wird es Zeit zu erklären, wie es zu dem Titel des Buchs kam. Die Idee »Fröhlich altern«, das Adjektiv »fröhlich« zusammen mit dem Verb »altern«, das ich oft auch als Substantiv »Altern« verwendet habe, kam mir bei einer meiner Vortragsveranstaltungen im Wohnpark Kranichstein in Darmstadt. Viele der Zuhörerinnen und Zuhörer dort sind schon in einem recht hohen Alter. Die meisten sind sehr stolz auf ihr Alter und kokettierten auch damit. Ein Dame, weit über 90, wartete geduldig, bis alle anderen gegangen waren und kam dann regelmäßig nach dem Vortrag auf ein kleines Schwätzchen zu mir. Von ihr erhielt ich immer Komplimente und das schönste für mich war, dass sie mir einmal gestand, nach meinem Vortrag fröhlicher, glücklicher, zufriedener und ausgeglichener zu sein und dass ihr das Alter überhaupt nichts mehr ausmache, wenigstens für eine Weile. Für sie bedeutete altern eine Tätigkeit, ein beeinflussbares Geschehen. Denn sie wollte es bewusst fröhlich tun, deshalb kam sie auch zu meinen Vorträgen. Sie hatte sich die Einstellung von Voltaire zueigen gemacht: »Da es sehr förderlich ist für die Gesundheit, habe ich beschlossen, glücklich zu sein.« Und mir war es gelungen, im Sinne von Mutter Teresa einen Menschen glücklich zu machen: »Lass' nicht zu, dass du jemandem begegnest, der nach der Begegnung mit dir nicht glücklicher geworden ist!« Niemand kann sich dem Degenerationsproblem des Alterns entziehen, doch als Optimist bin ich der festen Überzeugung, dass wir immer eine Wahl haben. Alles im Leben hat seine Zeit. Jugend ist die

Zeit des Werdens, Wachsens und Blühens, Alter bedeutet Reifen, Ernten und Vergehen.

Ich freue mich, wenn viele Menschen mein Buch lesen. Wenn Sie an der einen oder anderen Stelle anderer Meinung sind, bin ich sehr dankbar, wenn ich davon erfahre. In diesem Sinne wünsche ich Ihnen »fröhliches Altern«!

Literaturliste

Glück

Peter Axt/Michaela Axt-Gadermann, Vom Glück der Faulheit, München 2001,
Mihaly Czikszentmihalyi, Flow. Das Geheimnis des Glücks, Stuttgart 2007
Dalai Lama, Goldene Worte des Glücks, Köln 2004
Epikur, Philosophie der Freude, Frankfurt am Main 1988
Maximilian Forschner, Über das Glück des Menschen, Darmstadt 1994
Malte Hossenfelder, Antike Glückslehren, Stuttgart 1996
John Cowpers Pawys, Die Kunst des Älterwerdens,
ders., Die Philosophie des Trotzdem,
ders., Kultur als Lebenskunst,
Wilhelm Schmid, Glück, Frankfurt am Main 2007
Wolf Schneider, Glück! Eine etwas andere Gebrauchsanweisung, Berlin 2007
Martin E. P. Seligman, Der Glücks-Faktor: Warum Optimisten länger leben, Köln 2005

Epikur – der Glücksphilosoph

Epikur, Über das Glück, Zürich 2011
Eduard Erdmann, Grundriss der Geschichte der Philosophie, Zürich 1930
Bernd Lutz (Hg.), Metzler Philosophen Lexikon, Stuttgart/Weimar 1996
www.philolex.de Online–Nachschlagewerk von Philosophen und Denkern, philosophischen Systemen und geisteswissenschaftlichen Begriffen

Bachblüten

Edward Bach, Die nachgelassenen Originalschriften, München 1991
Edward Bach, Heile Dich selbst. Die geistige Grundlage der Original-Bachblütentherapie, Kreuzlingen 2000
Götz Blome, Das praktische Handbuch zur Bach-Blüten-Therapie, Freiburg 1998
Götz Blome, Wirf ab, was dich krank macht, Freiburg 1994
Götz Blome, Das neue Bach-Blüten-Buch, Kirchzarten 2004
Walter Häge, Bachblüten- und Edelsteintherapie, Wiesbaden 1998
Clare G. Harvey/Amanda Cochrane, Die Enzyklopädie der Blütenessenzen, Grafing 1996
Mechthild Scheffer, Bach-Blütentherapie. Theorie und Praxis, München 1992

Sind Träume ein Fenster zu unserer Seele

Sigmund Freud, Die Traumdeutung, Frankfurt am Main 1977
Petra Gehring, Traum und Wirklichkeit. Zur Geschichte einer Unterscheidung, Frankfurt am Main 2008
Brigitte Holzinger, CD Luzides Träumen – CD zum Klarträumen, erhältlich beim Institut für Bewusstsein und Traumforschung, Canongasse 13, A – 1180 Wien, Schöpferisch träumen – Wie Sie im Schlaf das Leben meistern; der Klartraum als Lebenshilfe
Bernd Saletu/Gerda M. Saletu-Zyhlarz, Was Sie schon immer über Schlaf wissen wollten, Berlin 2001
Großes Arabisch-Ägyptisches Traumbuch, Wien 1966
*www.klartraum.de (*Anleitung zum Klarträumen)
www.dasschlafmagazin.de (Wege zum gesunden Schlaf)

Vom Werden und Vergehen

Philippe Ariès, Geschichte des Todes, Darmstadt 1996
Georg Diez, Der Tod meiner Mutter, Köln 2009
Derek Gill, Elisabeth Kübler-Ross, Wie sie wurde wer sie war, Freiburg 1981
Martin Heidegger, Sein und Zeit, Tübingen 2006
Tilman Jens, Demenz: Abschied von meinem Vater, München 2009
Matthias Nöllke/Christian Sprang, Aus die Maus: Ungewöhnliche Todesanzeigen, Köln 2009, *http://ww.todesanzeigensammlung.de*
Rebekka Reinhard, Die Sinn-Diät, München 2009
Bernard N. Schumacher, Der Tod in der Philosophie der Gegenwart, Darmstadt 2004
Hilde und Willi Senft, Hunza, Bergvolk an der Seidenstraße, Graz 1986
Irving Stone, Der Seele dunkle Pfade, München 1971
Arbeitsgemeinschaft Friedhof und Denkmal e. V., Zentralinstitut und Museum für Sepulkralkultur, Weinbergstraße 25–27, 34117 Kassel, *http://www.sepulkralmuseum.de*

»Wer bin ich?« oder »Erkenne dich selbst!«

Aristoteles, Nikomachische Ethik, Ditzingen 1986
Suzanne von Borsody/Hannelore Hoger/Gudrun Landgrebe/Robert Atzorn/Michael Mendl u.v.a. lesen: Das ABC der Lebenskunst, Audio CD-Tonträger, Freiburg 2008
Terry Eagleton, Der Sinn des Lebens, Berlin, 2009
Paul Keller, Ferien vom Ich, Breslau 1915
Anthony De Mello, Weisheit kommt aus dem Herzen, Freiburg 2009
Richard David Precht, Wer bin ich und wenn ja, wie viele? München 2007
Max Scheler, Schriften zur Anthropologie, Ditzingen 1994
Max Scheler, Die Stellung des Menschen im Kosmos, Bonn 2007
ZEIT ONLINE 27/2008 S. 22 *http://www.zeit.de/2008/27/Erleuchtung-27*

Das Leben aufschreiben oder »Wer schreibt, der bleibt«

Bruce Chatwin, Traumpfade, Frankfurt am Main 1987
Ed Diener/Robert Biswas-Diener, Happiness: Unlocking the Mysteries of Psychological Wealth, Blackwell Publishing 2008
Milan Kundera, Die unerträgliche Leichtigkeit des Seins, Frankfurt am Main 1987
Sol Stein, Über das Schreiben, München 2001
Stefan Schwidder, Ich schreibe, also bin ich: Schritt für Schritt zur eigenen Biografie, Fuchstal 2004
Brenda Ueland, Die Lust zu schreiben, Zweitausendeins 2001
Irvin D. Yalom, Und Nietzsche weinte, München 2008
Digitale Bibliothek, Deutsche Autobiographien 1690–1930 auf CD und direkt auf dem Bildschirm, *http://www.deutsche-digitale-bibliothek.de*

Schlau bleiben, ist harte Arbeit

Ralf Bönt, Die Entdeckung des Lichts, Köln 2009
Stanislas Dehaene, Der Zahlensinn oder Warum wir rechnen können, Basel 1999
Hans Günter Gassen, Das Gehirn, Darmstadt 2008
Karl Popper/John Eccles, Das Ich und sein Gehirn, Titel der englischen Originalausgabe: The Self and Its Brain – An Argument for Interactionism, München 1997
Oliver Sacks, Der einarmige Pianist. Über Musik und das Gehirn, Reinbeck 2008
Viktor von Weizsäcker, Warum wird man krank? Ein Lesebuch, Frankfurt am Main 2008
Immanuel Kant, Kritik der reinen Vernunft, Hamburg 2003
Stroop-Test: *www.kommdesign.de/texte/stroop.htm*
Erfahrungsorientierte Körper Psychotherapie *www.hakomi.de*

De senectute – Über das Alter

Hans Bender, Das Insel-Buch vom Alter, Frankfurt am Main 1976
Hartwin Brandt, Wird auch silbern mein Haar. Eine Geschichte des Alters in der Antike, München 2002

Cicero, Cato maior de senectute/Cato der Ältere über das Alter (Lateinisch-Deutsch), Stuttgart 1998
Eduard Erdmann, Grundriss der Geschichte der Philosophie, Zürich 1930
Manfred Fuhrmann, Cicero und die römische Republik, Mannheim 2011
Bernd Lutz (Hg.), Metzler Philosophen Lexikon, Stuttgart/Weimar 2003
Hannelore Schlaffer, Das Alter – Ein Traum von Jugend, Frankfurt am Main 2003
www.philolex.de, Online-Nachschlagewerk von Philosophen und Denkern, philosophischen Systemen und geisteswissenschaftlichen Begriffen
Ausgewählte Zitate von Klassikern und Nicht-Klassikern zu Alter/n sowie Zitate zu Jung und Alt: *http://www.hoepflinger.com/fhtop/fhalter1C.html*
Philip Matyszak/Joanne Berry, Who is who im alten Rom, Darmstadt 2009

Die Wissenschaft vom fröhlichen Altern

Stéphane Hessel, Essay Empört Euch, Berlin 2011
Bernard Lown, Die verlorene Kunst des Heilens, Frankfurt am Main 2004
Martin Walser, Ein liebender Mann, Reinbek 2009
http://hanskeller.com/blog/die-kunst-zu-altern-dkza/

Der Autor

Dieter Heymann, 1945 in Darmstadt geboren, absolvierte nach dem Abitur eine Lehre zum Einzelhandelskaufmann. Anschließend arbeitete er einige Jahre im Außendienst eines Industrieunternehmens. Im Jahr 1970 übernahm er die Leitung des Familienunternehmens »Darmstädter Bettenhaus«. Neben seinem Beruf war er von 1972–1980 Vorstandsmitglied beim Einzelhandelsverband Hessen-Süd e.V., in den Jahren 1978–1982 Mitglied der Vollversammlung der IHK Darmstadt, 1983–1993 Mitglied des Prüfungs-Ausschusses für Einzelhandelskaufleute, 1980–1986 Mitglied des Verwaltungs-Ausschusses des Arbeitsamtes Darmstadt.

Neben seinem Beruf galt sein großes Interesse der Psychologie. In den Jahren 1975–1978 studierte er an der Akademie für Verhaltenspsychologie in München. An der Akademie für natürliche Heilweisen und prophylaktischen Medizin, Dr. med. Götz Blome, St. Märgen, absolvierte er in mehreren Seminaren eine Ausbildung zum Bachblüten-Berater nach dem englischen Arzt Dr. Bach. In den Jahren 2003–2012 war er für ein Magisterstudium in den Fächern Philosophie und Psychologie an der TU in Darmstadt immatrikuliert.

Seit 2006 hat er als Vorstands- und Gründungsmitglied, Fachbereichsleiter und Organisator verschiedener Vortragsreihen am Aufbau des gemeinnützigen Vereins Akademie 55plus Darmstadt e. V. mitgearbeitet.

Dieter Heymann ist verheiratet, hat zwei Töchter und drei Enkelkinder.

E-Mail: *info@dieter-heymann.de*
Webadresse: *www.dieter-heymann.de*